אני קהלת

יואל בן־נון יעקב מדן

אני קהלת

מקהלת קולות בדמות אחת

ישיבת הר עציון
מגיד

Yoel Bin-Nun and Yaakov Medan
I am Kohelet: A Chorus of Voices

עורך אחראי: ראובן ציגלר
עורכת משנה: תמי מגר
עריכה: משה גרוס
הגהה: אייל פישלר
עימוד: שמעון בן־שחר
עיצוב העטיפה: דניאל גדלביץ׳

ספרי מגיד, הוצאת קורן
ת״ד 4044 ירושלים 9104001
טל׳: 02-6330530 פקס: 02-6330534
www.maggidbooks.com

מסת״ב ISBN 978-965-526-222-3
נדפס בישראל תשע״ז Printed in Israel 2017

"ותפארת בנים אבותם"

(משלי י"ז, ו)

"ופרקו נאה... וקולו נעים ומעורב בדעת עם הבריות"

(תפילת שליח ציבור לימים נוראים)

ספר זה מוקדש

לעילוי נשמתו ולזכרו המבורך של

החזן דוד בן יוסף חיים **בדנר ע"ה**

DAVID BODNER *z"l*

בהוקרה באהבה ובגעגוע אין קץ

אשתו פייגה, ילדיו משה שרגא וסימה גולדה

נכדיו נכדותיו ונינו

רעננה - ברוקלין

תוכן העניינים

פתח דבר

לפני כיובל שנים קם באלון שבות בית מדרש ישיבתי לעיון בתנ"ך, יחד עם ישיבת הר עציון בראשית דרכה. בית המדרש קם בעידודו ובברכתו של הרב יהודה עמיטל (זצ"ל), ראש הישיבה המייסד.

בין השאר, לימדתי קהלת. חיפשתי את הפתרון ואת הפשר לחידת קהלת בדרך המאפיינת את התורה ואת המקרא בכלל, בדרך של מקהלות.

מסורות לא עברו מדור לדור על ידי ספרים מקודשים או טקסטים כתובים מכל סוג שהוא. אין פירוש הדבר שלא היו ספרים כתובים. נהפוך הוא! הספר הכתוב נשמר לעדות, ממש כמו שטר, חוזה, ברית. גם הקריאה בספר במעמדים מיוחדים ויוצאי דופן הייתה קריאה של עדות וקבלת ברית[1], אך לא קריאה של לימוד ושמירת מסורת. לכן, גם הגבהת ספר התורה ופתיחתו לעיני העם[2] היא מעיקר תפקידו ושימושו של הספר הקדום, ספר הקודש. הלימוד היה בשינון

1. כמו בהר סיני, ראו שמות כ"ד ז; וקריאת 'הקהל' דברים ל"א כד-כו.
2. ראו נחמיה ח' ה.

"השירה"[3] שלימד משה לבני ישראל "שִׂימָהּ בפיהם" (דברים ל"א יט). המסורת עברה בשירת מקהלה!

במַקהֵלות בָּרְכו אלהים (תהילים ס"ח כז).

הרוצה לדעת את המעיין שממנו שאבו אבות אבותינו, ייכנס לבית כנסת של יוצאי תימן, ויקשיב כיצד הם קוראים את 'שמע', יחד כולם באהבה, בלי שגיאה וטעות, וכיצד הם חוזרים ומכינים ביום שישי שניים מקרא ואחד תרגום: הקורא קורא פסוק, הקהל כולו עונה לו, ואז מתרגמים ומסבירים (כל תרגום הוא גם ביאור).

אחד מחשובי החוקרים במקרא בדור הקודם היה פרופ' משה דוד קאסוטו. הוא היה גם אחד היחידים שהבינו כי העמים העתיקים שרו שירות מקהלה גדולות, ולפיכך ניסה לשחזר ברקע הסיפורים שבמקרא שירות־עלילה קדומות[4] (כמו 'שירת הים' ו'שירת דבורה'), כמו שהיה נהוג במקומות רבים במזרח הקדום. אולם לפי דעתי, אין צורך לחפש ולהמציא שירות־עלילה קדומות, כי המקרא כמות שנמסר לנו, גם הסיפורים וגם פרשיות חוק ומשפט, כולם נאמרו במקהלה, וכך שוננו ונמסרו במסורת הדורות, עם המוזיקה המתאימה לכל סוג של יצירה.

אם כך הוא הדבר במקרא כולו - קל וחומר שהוא כך במגילת קהלת. שהרי שמה של המגילה מעיד עליה יותר מכול. לא רק שדברי קהלת בן דוד נאמרו בהקהל (קהלת רבה פרשה א' ב), ולא

3. על הדעות השונות במקהלת השירה, איך עונים אחרי הקורא, ראו משנה סוטה ה' ד; תוספתא סוטה ו' ב; בגמרא שם ל ע"ב; ובתוספות שם ד"ה רבי נחמיה; על דרכי קריאת ההלל ראו סוכה לח ע"ב ופסחים קיז ע"א.

4. משה דוד קאסוטו, ספרות מקראית וספרות כנענית, כרך א', ירושלים תשל"ב, עמ' 62-90.

רק שהחכמה נקהלה בו (רש"י וראב"ע לקהלת א' א), אלא שדבריו עצמם הם מקהלת קולות, דרמה של ויכוח בתוך דמות אחת, מונולוג דרמטי.

ויכוח נוקב בין דמויות שונות אנו מכירים בספר איוב, שהוא יצירה מקראית־קלסית. הדמויות של איוב ושלושת רֵעָיו, ודמותו של אליהוא החותם את הוויכוח, מתוארות ומוגדרות היטב, ודבריהם תחומים ומובדלים זה מזה. לעומת זה, מגילת קהלת היא יצירה מקראית פוסט־קלסית, כי לא ברור איזה קול מדבר היכן, ואיזה קול יעננו.

בשלב ראשון שאלתי את עצמי, האם יש במקרא תופעה של ויכוח בקולות שונים מתוך דמות אחת? כאשר מצאתי בתהילים (ל"ו ב)[5]: "נְאֻם פֶּשַׁע לָרָשָׁע בְּקֶרֶב לִבִּי..." נחה דעתי. יש במקרא לא רק ויכוחים בין דמויות שונות, אלא גם ויכוחים פנימיים בין קולות שונים בנפש אחת, בדמות אחת.

כבר חז"ל עמדו על הסתירות החריפות שבקהלת, ואמרו (שבת ל ע"ב): "בקשו חכמים לגנוז ספר קהלת מפני שדבריו סותרים זה את זה". כדי שהספר יהיה מובן אפשר לנסות ליישב את הסתירות, כמאמצי המפרשים, אך אני הסברתי אותן כוויכוח פנימי בין קולות שונים, ומצאתי ארבעה קולות שונים במגילה.

אחד מראשוני התלמידים בישיבת הר־עציון ובבית המדרש הישיבתי לעיון בתנ"ך שצמח מתוכה היה הרב יעקב מדן, כיום אחד מראשי הישיבה. הוא קיבל בהתלהבות ובסערה המאפיינים אותו את רעיון הוויכוח בין קולות שונים בנפש סוערת אחת, וכדרכו המשיך

5. סערה נפשית דומה והתמודדות פנימית בין קולות שונים (באותו נושא של הצלחת הרשעים) יש גם בתהילים ע"ג, במיוחד בפסוקים ב-ג; יב-יז; כח.

לפתח את הכיוון הפרשני הזה לפי הבנתו שלו. לימים נסתעפו הענפים וצמחו, כל אחד בנתיבו. ייתכן שהסברו של הרב יעקב מדן אולי קרוב יותר לדרך שבה לימדתי אז את חלוקת הקולות.

אחרי שנים רבות מצאתי שכבר קדמנו בכיוון זה ר׳ יצחק עראמה, בעל ׳עקדת יצחק׳[6], וגם אפיון הקולות ומספרם דומה (4), אך חלוקת המגילה וגם הסגנון ודרכי הפירוש שונים מאוד.

כאשר ביקשו הרב גד וחנה לוי מקרני שומרון להציב זכר לבנם (שילה לוי), שנפל באסון המסוקים, והחליטו להקדיש את הספר למצוות הסוכה, ששילה ז״ל דבק בה במסירות גם בשירותו בלבנון, זכר הרב גד לוי את שיעורי קהלת, וביקש שאכתוב את מאמרי ׳פשר קהלת׳ לספר הזיכרון ׳סוכת שילה׳[7]. ראיתי בכך מילוי חובה של כבוד, וכתבתי כעין מבוא לפירוש המגילה.

בשנים שלאחר מכן הוספתי ותיקנתי בו דברים, וחשבתי שיבוא יום ואולי יזכני ה׳ לכתוב פירוש מלא למגילה.

בקיץ ה׳תשס״ט נחה עלי רוח יצירה והבנתי שאין צורך בפירוש נוסף על כל ספרי הפירושים שנכתבו, ונדרש רק להגדיר מי אומר מה. כך ישבתי חודש ימים וסידרתי את המגילה כמקהלת קולות, בציון הדמויות המדברות בכל פסוק ובחלוקה לשש מערכות. הוספתי פירושים אחדים לביטויים ייחודיים במגילה ורעיונות אחדים לבימוי קהלת כמחזה - ויכוח מקראי בתוך נפש סוערת - שניצב לפנינו

6. ר׳ יצחק עראמה חי בספרד, ובסוף ימיו יצא בגירוש ספרד לאיטליה. הוא הרבה לכתוב על היחס שבין התורה לפילוסופיה (בדרך שונה מזו של הרמב״ם). ׳עקדת יצחק׳ על פרשיות התורה הוא חיבורו העיקרי, והוא כתב גם פירוש על חמש מגילות. פירושו לקהלת מופיע בסוף כרך דברים של עקידת יצחק, מהדורת פרעסבורג, ירושלים תשכ״א.

7. סוכת שילה - אסופת מאמרים לסוכות וקהלת, ירושלים תשס״ב, עמ׳ 199-227.

במלוא החיוניות האקטואלית והרלוונטית לכל הדורות, ובייחוד לדור הזה.

אחרי ניסיונות אחדים של קריאה בציבור בקולות אחדים לפי המחזה, שוכנעתי לגמרי בכוח העצום של מקהלת הקולות להסבר המגילה.

לבקשת אחדים מן השומעים הוספתי גם מדרש עלילה סיפורִי. מדרש זה מתאר בדמיון את מאבק הירושה בסוף ימי שלמה, מתוך ידיעת השבר העמוק, שיגרום בסופו לפילוג המלוכה. צלו של מאבק זה מרחף במגילה כבר במערכה הראשונה: "ושנאתי אני את כל עמלי שאני עמל תחת השמש, שֶׁאַנִּיחֶנּוּ לָאדם שיהיה אחרָי. ומי יודע החכם יהיה או סָכָל, ויִשלַט בכל עמלי שעמלתי ושחכמתי תחת השמש, גם זה הבל. וסַבּוֹתי אני ליַאֵש את לבי על כל העמל שעמלתי תחת השמש" (קהלת ב' יח-כ).

לא כל השומעים התלהבו ממדרש העלילה, הקושר את המגילה לסיפור ההיסטורי שבספר מלכים, אבל הרב יעקב מדן תמך מאוד בכיוון הזה.

מאז, ביקשתי "למצֹא דברֵי חֵפֶץ, וכָתוּב ישֶׁר דברֵי אמת", ובלי "עֲשׂוֹת ספרים הרבה... ולַהַג הרבה יְגִעַת בשר" (קהלת י"ב י, יב), וכללתי בחיבור קטן זה את מאמר ההקדמה המתוקן, את מדרש העלילה ההיסטורי, וכמובן את המגילה עצמה, מסודרת ומחולקת לפי הקולות.

"שַבתי ורָאֹה תחת השמש כי לא לַקַלים המֵרוֹץ ולא לגבורים המלחמה וגם לא לחכמים לחם וגם לא לנְבֹנים עֹשֶׁר וגם לא לידְעים חֵן..." (שם ט' יא), וביקשתי מאת הרב יעקב מדן, תלמיד כחבר, לכתוב גם את החלוקה שלו לקולות השונים ולהוסיף לה הסבר נאות. על אף העומס הכביר המונח על כתפיו, הן כראש ישיבה והן

כראש משפחה, פינה לי כמה מן הלילות "אשר לא שָׁכַב לִבּוֹ" (שם ב' כג), והרי הם כלולים בחוברת זו, כי "טובים השנים מן האחד, אשר יש להם שכר טוב בעמלם" (שם ד' ט).

מעתה, הקורא החי ייתן את לבו לדעת ולתור, ולבקש חכמה וחשבון, ויָבוֹר לו בין קריאת הקולות שלי לבין זו של הרב יעקב מדן, ואולי יקיים בנו "טוב אשר תֶּאֱחֹז בזה, וגם מִזה אל תַּנַּח את ידך, כי ירא אלהים יֵצֵא את כֻּלָּם" (שם ז' יח). אך אנא יזכור כי כל הדברים האלה "נִתנוּ מֵרֹעֶה אחד" (שם י"ב יא).

יואל בן־נון
אלון שבות
ל' בסיוון ה'תשע"ב

במהדורה זו אנו יוצאים מן השלב ההכרחי של גישוש וניסוי (בחוברת שהוצאתי בהוצאה עצמית), ובאים להיכל הספר בהוצאת מגיד־קורן, ביוזמתם הברוכה של המנכ"ל יהושע מילר, ושל יו"ר המערכת, הרב ראובן ציגלר, ובעריכתו הדייקנית של ר' משה גרוס, ובהגהתו הקפדנית של ר' אייל פישלר.

תודה מיוחדת למשפחת בדנר מרעננה, שראתה בהוצאת הספר חשיבות מיוחדת להנחלת העיון בתנ"ך, והשקיעה בהוצאה זו תרומה משמעותית לזכרו של אבי המשפחה, החזן דוד בדנר ז"ל.

ערכנו מחדש את מאמר המבוא שלי 'פשר קהלת' בהרחבת דברים, בשינוי סדר ובהסברה ברורה יותר, וכתבתי מחדש את 'מדרש העלילה' ההיסטורי בשילוב הפסוקים מן המגילה, ושבהם רמזים רבים לסוף ימי שלמה "בן דוד", רמזים שאפשר לטוות מהם עלילה היסטורית בסיוע הדמיון היוצר - מי יֵשֵׁב על כסא שלמה המלך, אחריו, "ומי יודע, החכם יהיה או סָכָל (?) וישלַט בכל עמלי, שעמלתי ושחכמתי תחת השמש... וסבותי אני לְיַאֵשׁ את לִבִּי..." (ב' יח-כ).

בעצת חכמה של העורך סידרנו את 'מדרש העלילה' בסוף הספר כיצירה (תמציתית) בפני עצמה.

הרב יעקב מדן הוסיף למהדורה זו את מאמרו על הקשר בין קריאת קהלת לבין חג הסוכות, מתוך ספרו 'המקראות המתחדשים' (אלון שבות תשע"ה). גם מאמרו של הרב מדן נערך מחדש.

ואולם, המאמץ העיקרי שלי היה בקריאה מחודשת של קהלת כמחזה שיש בו ארבעה קולות. כדי לבחון מחדש את כל פרטי הוויכוח בין הקולות בנפשו של "אני קהלת" קראתי שוב ושוב מתוך נכונות פנימית לשנות, אם אחוש צורך בכך, או אם יובנו פסוקים אחדים טוב יותר כאשר נשמעם מפי אחד הקולות האחרים.

לא מצאתי שום צורך לשנות דבר בחלוקת הקולות הדוברים במחזה, כמו שנתבאר לי בסערת נפש גדולה בקיץ ה'תשס"ט. אני מודה מאוד להוצאת מגיד־קורן שנתנה לי הזדמנות לבדיקה מחודשת, אשר ממנה יצאה המגילה כמחזה בדיוק כמו בראשונה, בתוספת מבוא קצר.

כאן המקום להיענות לבקשת העורך, ולהסביר כבר בפתח דבר: מדוע מחזה?

כל הניסיונות שנעשו מאז ימי חז"ל לפרש את קהלת כרצף הגיוני, קוהרנטי, של יצירה ספרותית שלמה, נכשלו. קהלת סותר את עצמו שוב ושוב, וכל מאמצי המדרש וההרהורים הפילוסופיים אמנם הפיקו הרבה רעיונות יפים אבל לא הצליחו להציב, על דרך הפשט, יצירה שלמה בעלת תכלית מובנית והיגיון רצוף.

המחזה הולך בדרך הפוכה. הסתירות הן הן ליבת היצירה האחת, שעיקרה ויכוח דרמטי, לא בין אנשים שונים, אלא בין קולות שונים בנפש אחת, היא נפש האדם הניצבת עם חכמתה ומעשיה והנאותיה מול המוות, באין מוצא ובאין דרך לדעת "מה טוב לאדם בחיים... אשר מי יגיד לאדם מה יהיה אחריו תחת השמש" (ו' יב).

קל מאוד להבין ולהסכים עם הרעיון הבסיסי של ויכוח בין קולות שונים, ואולי גם להסכים על מספר הקולות ועל המאפיין כל אחד מהם. הרבה יותר קשה לקרוא מחדש את המגילה ולשמוע בתוכה את הקולות השונים בחלוקה מדויקת. הוכחה ברורה על כך היא החלוקה השונה בקריאתו של הרב מדן (שכנראה דומה לחלוקה אשר לימדתי אני בתחילת הדרך, בישיבת הר עציון).

נוסף לכך, הציע בני אליעד לקרוא פרקים אחדים במקהלה משותפת של כל הקולות, וכך לתחם את חלקי המגילה בקריאה יותר דרמטית. הבאתי את הצעתו זו בהערה בתחילת המגילה (א' יא).

עם כל ההבדלים בין הצעות הקריאה של המחזה, העיקר הוא בעצם הגילוי של קהלת כמונולוג דרמטי, שמתנהל בו ויכוח בין קולות שונים בנפש אחת. כמובן, היצירה המופלאה הזאת איננה אלא יצירתו של קהלת, החתומה בחותם המקראי, ואנו רק משתדלים לפרש אותה בענווה.

יצירה זו
וכל הכלול בה,
אני מנבכי לבי
לא הגיתיה.

ברוך השם שחנני דעת,
נטע בי בינה,

נתן בי נשמת חיים,
והאיר את עינַי למצוא מפתחות
נבכי המקהלה בנפש קהלת, שירת יראת אלוהים.

אלון שבות
אדר ה'תשע"ז

פשר קהלת

יואל בן־נון

אמר רב יהודה בריה דרב שמואל בר שילת משמיה דרב:
בקשו חכמים לגנוז ספר קהלת[1], מפני שדבריו סותרין זה את זה[2],
ומפני מה לא גנזוהו?
מפני שתחילתו דברי תורה, וסופו דברי תורה.
תחילתו דברי תורה, דכתיב:
"מה יתרון לאדם בכל עמלו שיעמל תחת השמש"?! ...
סופו דברי תורה, דכתיב:
"סוף דבר הַכֹּל נשמע -
את האלהים יְרָא ואת מִצְוֹתיו שמור, כי זה כל האדם"!...
(שבת ל ע"ב)

1. הכול מודים שהיה פולמוס נוקב על שמירת קהלת במקרא בין חכמי המשנה ביבנה שאחרי החורבן. ראו משנה ידיים ג׳ ה, תוספתא ידיים ב׳ יד, וכן במשנה עדויות ה, ג, שם זו מחלוקת בית שמאי ובית הלל. בית שמאי חתרו להוציא את קהלת, אך התקבלה דעתם של בית הלל להשאירו. ההכרעה נפלה בו ביום שמינו את רבי אלעזר בן עזריה לנשיא. לפי המדרש (קהלת רבה פרשה א׳ ד, ופרשה י"א יג), החכמים רצו לגנוז את קהלת מפני שדבריו מטים לצד מינות. החריגות הלשונית בקהלת מבוארת בקיצור באנציקלופדיה מקראית (ערך קהלת), כרך ז, עמ׳ 72; ראו גם אבא בנדויד, לשון מקרא ולשון חכמים, תל־אביב תשכ"ז, עמ׳ 77-80; ובמבוא לדעת מקרא (מרדכי זר־כבוד), עמ׳ 13-18.
2. לדוגמאות מובהקות של סתירות בקהלת ולכיווני פתרון, ראו ראב"ע לקהלת ד׳ ג; וראו במבוא לדעת מקרא (מרדכי זר־כבוד), עמ׳ 24-39.

אחרי ניסיונות רבים לפרש את הסתירות בדרך המדרש שבגמרא ובדרכים אחרות, הגעתי (בחסדי ה' עליי) למסקנה שבמגילת קהלת מתנהל ויכוח שסופו 'דברי תורה', כלומר יראת אלוהים ושמירת מצוותיו, ו"סוף דבר" זה הציל אותו מגניזה. אבל מי הם המתווכחים?

יש במגילה שני סגנונות של דוברים: "אני קהלת", שמדבר בגוף ראשון, ודובר שמדבר בגוף שני: "שְׁמֹר רגלךָ כאשר תלך אל בית האלהים" (ד' יז); "... כי את האלהים יְרָא" (ה' ו); "אל תְּבַהֵל ברוחך לכעוס ..." (ז' ט); "שלח לחמך על פני המים ..." (י"א א).

במבט ראשון היה אפשר לקבוע כי יש שני דוברים במגילה: ה'אני' המיואש והמתוסכל מול המוות, המעמיד בספק את כל מעשי האדם וחכמתו, ומולו יועץ חכם ומפוקח המוביל בהדרגה אל "סוף דבר" (אך עיקרי דבריו מופיעים כבר בפרק ה'). אלא שמבט מעמיק יותר מגלה יותר מקול אחד בכל סגנון, כי ה'אני' לפעמים פועל, לפעמים מתבונן ולפעמים מבקש ליהנות, ואילו המדבר בגוף שני לפעמים מעמיד בראש את החכמה, הקובעת 'איזון ראוי' גם ליראה: "טוב אשר תאחז בזה, וגם מזה אל תנח את ידך, כי ירא אלהים יֵצֵא את כֻּלָּם" (ז' יח), ומיד אחר כך הוא מתייאש ומפנה מקום ליראה: "כל זה נִסיתי בחכמה, אמרתי אחכמה, והיא רחוקה ממני; רחוק מה שהיה, ועָמֹק עָמֹק מי ימצאנו" (ז' כג-כד). בשני הפרקים האחרונים (י"א וי"ב) נאלם ונעלם כליל סגנון ה'אני', אך הדובר אינו דוגל עוד בחכמה, אלא ביראת האלוהים, שרק היא יכולה לומר דבר משמעותי אל מול המוות.

מכל זה התגבשה אצלי המסקנה, שיש ארבעה קולות בוויכוח הזה: 'העָמֵל', 'החכם', 'הנהנתן', ומולם מופיע במהלך הוויכוח (המתוכנן!) קולו של ירא האלוהים, שנשאר לבסוף לבדו מול המוות.

העמדת כל הערכים במבחן אל מול המוות, והשאלה מה יעשה

בכל עמלי וחכמתי ה"אדם שיהיה אחרָי" (ב׳ יח), היא אחת ההוכחות למבנה מתוכנן מראש, שהמוות נוכח בו מתחילה ועד סוף. בהתחלה שולט סגנון ה׳אני׳, ועמו הייאוש, ולבסוף, דווקא בתיאור הגסיסה והמוות, משתלט סגנון גוף שני יחד עם יראת האלוהים.

לפי ההסבר המוצע כאן, הבעיה הגדולה היא שאין במגילה תיחום ברור של הדוברים, וגם לא אפיון של דמויותיהם, בניגוד ברור לספר איוב, שעם כל הקשיים בו, ברור מי מדבר בכל שלב ומה המאפיין של כל דמות. גם נבואות יחזקאל וזכריה וחזיונות דניאל קשים להבנה, אבל מגמתם ברורה ובדרך כלל ברור מי המדבר בכל שלב. ואילו בקהלת אנו ניצבים לפני חידת הדובר בוויכוח כמו אל מול קיר חלק, וקשה מאוד למצוא מפתח שיבאר לנו זאת.

נפתח בניסיונות השונים לפתרון החידה שנעשו במהלך הדורות.

א. לדמותה של המגילה

לפירושה של המגילה רווחות שלוש תפיסות עקרוניות.

I. דרך הפרשנות המדרשית וההגותית, בין זו שבנויה על מדרשי חז"ל (קהלת רבה ורש"י) ובין זו הבנויה על מדרשים והסברים פילוסופיים (ראב"ע וספורנו). דרך זו מפשטת ומיישרת את ההדורים. אמנם היא דוחקת ומוציאה כתובים רבים מפשוטם, אך היא מחזירה את קהלת לחיק המקרא, הבטוח והיציב, בעל המגמה הברורה. פסוקי הסיום - "סוף דבר הכל נשמע, את האלהים ירא ואת מצותיו שמור, כי זה כל האדם" - נפרשים תחת המגילה כולה, מיישרים ומייצבים אותה ונוטלים את העוקץ השלילי, הספקני, ואולי אף הכפרני שממלא אותה, לכאורה.

כבר במבט ראשון נראה כי דרך זו רחוקה מפשט המקרא, שכן היא נראית כאונסת את הכתובים מתוך מגמה של עצירת הביקורת והספקנות מלחדור לתוך המחנה. כדי לבסס דרך זו וגם לסלק את תחושת ה'אונס' המגמתית יש צורך במאמץ גדול בשילוב עם עמקות פרשנית. מאמץ כזה עשה פרופ' מרדכי זר־כבוד (ז"ל) בפירושו הנמצא (ברובו המכריע) בסדרת 'דעת מקרא'.

II. הדרך הביקורתית פועלת בצורה דומה, אך בכיוון הפוך[3].

היא מוציאה מן המגילה המקורית את מה שאינו מתאים לנימה השלילית והספקנית של דברי קהלת 'ברובד הבסיסי', וכמובן את האפילוג ובו פסוקי "סוף דבר" עמוסי המסקנה הסופית של יראת האלוהים ושמירת מצוותיו, שלכאורה אין להם רקע מתאים במגילה עצמה. כך היא מותירה במקור יצירה ספקנית, אנטי־דתית ואנטי־מקראית, מושפעת על ידי לשון ארמית, ואף על ידי תרבות יוונית. יצירה זו 'תוקנה' לדעתם באורח מלאכותי בידי כונסי כתבי הקודש כדי שתוכל להישאר בכתובים בלי לפגום ביסודות המקרא.

דרך זו מותירה אחריה הריסות בכל מקום שתשלח את ידה בו. אין בה פרשנות נאותה של המקרא כמות שהוא, ובוודאי אין בה נאמנות לתוכן ולהשקפה הנובעים מן הכתוב. העוקץ הכפרני והפופולריות המתלווה אליו בימינו נותנים לה כוח רב.

עם זה, היא מעלה שאלות חשובות, לעתים מכריעות, ואפשר ליטול את ארסיותה על ידי התמודדות ראויה עם השאלות שהיא מעלה.

3. אנציקלופדיה מקראית (ערך 'קהלת'), כרך ז, עמ' 73-81.

III. הדרך השלישית מקבלת את המגילה כפי שהיא ונמנעת מניסיון ׳לפשט׳ אותה, לא על ידי פירושים דחוקים ולא על ידי תיקונים, תרגומים וחיתוכים[4]. דרך זו רואה במגילה לבטים כנים של מאמין אינדיבידואליסט שנפגש בספקות נוקבים ונתקל בסתירות עמוקות אשר אין בכוחו ליישבן. עם זאת, הוא מחזיק באמונתו ומביע בבירור את קוצר דעתו ואת אי־האפשרות ליישב את הספקות ואת ההבלים המתגלים במציאות. אמנם האמונה נפגעת ביסודותיה, ואין לאדם דרך לשקמה, אך אף על פי כן, יש לאחוז בה מתוך נאמנות מלאה גם בשאלות שאינן פתורות.

לדעתו של מ״צ סגל (מבוא המקרא, ירושלים תש״ו, עמ׳ 708): ״החוקרים טועים בניסיונם למצוא בקהלת עקביות פילוסופית לפי היגיון לועזי״. קהלת היא יצירה סובייקטיבית, ומחברה הוא ״בעל מזג חם ונפש פיוטית, שרגשותיה (ורעיונותיה) מתחלפים לפי מצב רוחו והשפעת סביבתו... מזמן לזמן״.

דרך זו, הספקנית, נראית תואמת יותר את פשוטי המקראות, שיש בהם הרהורי ספק וכפירה, ואף יותר מזה. אך עם זה, המסקנה של ״סוף דבר״ בנויה על האמונה המקובלת, אשר בזכותה נכנסה מגילת קהלת לכתבי הקודש.

לדרך זו וריאציות אחדות מבחינת המבנה.

1. היצירה נושאת אופי של ׳יומן׳ שנכתב בפרקי זמן שונים, וכך יש להבין את הסתירות ואת חוסר הבהירות והקשר בתוך המגילה.

2. המגילה כוללת בתוכה הבעות של מצבי רוח שונים של משורר מיואש ומפוקח, שבגללם אין למגילה מבנה בעל קשר בהיר.

4. ראו מ״צ סגל, מבוא המקרא, ספר שלישי, עמ׳ 703-717.

3. בכל זאת, יש מבנה וקשר מסודר בהרצאת העניינים, שיסודם ביראה וחכמה יחד עם שמחת חיים בחשבון מדוד, ויש גם אמונה תוך ספקות ולבטים והכרת קוצר דעתו של האדם מלפותרם[5].

ב. מגילת קהלת: מונולוג רב קולות – מקהלה של ארבעה קולות באיש אחד

ברצוני להציע דרך רביעית. הנחת היסוד הראשונה שלי היא כי המגילה היא יצירת חכמה מתוכננת שיש לה תכלית ומגמה, והיא מבוססת על ויכוח סמוי בין קולות שונים המרכיבים יחד את 'מקהלת קהלת'[6]. הנחה זו מפרשת את השם החריג "קהלת" (בצורת בינוני־נקבה) לא רק על הקָהָל השומע[7], כי אם על 'הקָהָל' המדבר (=המקהלה). לפי הנחה זו, קהלת היא מקהלה של אישיות אחת, ובתוכה קולות שונים המתווכחים ביניהם, וכולם יחד הם "אני קהלת".

את הרעיון המחקרי המודרני, שלפיו יש בקהלת דעות שונות של דוברים שונים, כבר הביא ראב"ע[8], והוא דחה אותו מפני הכתובים המפורשים: "אני קהלת..." (א' יב), "ויֹתר שהיה קהלת חכם..."

5. ראו המבוא של אשר וייזר לקהלת, נדפס גם בספר המבואות לספרי התנ"ך, תל־אביב תשמ"ו, עמ' 300–312.
6. מבין הקדמונים, ר' יצחק עראמה בפירושו 'עקדת יצחק' פירש את המגילה בדרך דומה כוויכוח סמוי. גם ר' מנחם המאירי (במבוא למשלי) ראה את קהלת כוויכוח פנימי מלא מבוכה והתמודדות של המאמין. יש חוקרים המציגים תמונה דומה אך בכיוון הפוך: התמודדות של הספקן מול אמונת החכמה השמרנית, במגמה להטיל בה את ספקותיו, ראו אנציקלופדיה מקראית (ערך 'קהלת'), כרך ז, עמ' 74–75.
7. ראו קהלת רבה פרשה א' ב; ויקרא רבה פרשה כ"ח; ורש"י לפתיחת הספר.
8. בפירושו לקהלת ז' ג; וראו במבוא של 'דעת מקרא', עמ' 26.

(י"ב ט), ועוד. הכיוון המוצע כאן פותר את קושיות ראב"ע וגם שומר על אחדות המגילה. אף שיש במגילה דעות שונות וקולות של דוברים שונים, מכל מקום כולם עולים מתוך "קהלת" אחד. כך משתלבות גישות שונות לדרך אחת, השומרת על הפשט ועל אחדות המגילה כיצירה מתוכננת.

דרך זו מציגה חידה אשר פתרונה רמוז במגילה עצמה, והיא מגרה את הסקרנות של המאמינים ומעוררת בהם עניין, לעומת הדרך הספקנית, אשר קוסמת ללבם של בעלי לבטים, בפרט בדור תהפוכות כשלנו. הנחה זו הביאה אותי לגילויים רבים בתוך המגילה אשר חיזקו בי את הביטחון בדרך פרשנית זו. דרך זו מצמצמת את 'קסם הפיתוי' שיש ביצירה 'אנטי־ממסדית וספקנית' בתוך המקרא, שרובו יציב וחד־משמעי. אולם גם כך נותרת קהלת יצירה חריגה, מלאת אומץ אמוני בלתי רגיל, בעצם העלאת הספקות לכלל ויכוח.

נוסף לזה, לפי תפיסה זו עולה חשיבות היצירה הדרמטית כתופעה ייחודית במקרא ובספרות החכמה, מבחינה אמונית ואמנותית, ובפרט מבחינה חינוכית.

יש לתפיסה זו גם השלכות על דרך לימוד המקרא בכלל. לעומת מחקר השוואתי המשווה את התנ"ך לספרות מקבילה שמחוצה לו, לפי דרכנו יש חשיבות להעמקה במקרא עצמו.

הפתרון של חידת קהלת נעוץ אפוא במערכת ניגודית של ויכוח פנימי. בוויכוח מופיעות דעות ותפיסות שונות במבנה שלם, במגמה לסתור את רובן. יש דעות אשר נשללות בקצרה, ויש דעות שמובאות במכוון באריכות עד אבסורד - כל זה במבנה מתוכנן של מונולוג דרמטי, רב קולות, שלכל אחד מהם יש אחיזה בנפשו של קהלת.

ויכוח מעין זה ניתן למצוא במקרא, בצורה מצומצמת, במזמורי הלבטים בשאלת הגמול בספר תהילים[9]. ממזמורים אלה ברור שרעיון זה - ויכוח בין קולות שונים בתוך נפשה של אישיות אחת - הוא רעיון מקראי מוכר ואינו פרי המודרנה. לפיכך יש מקום לפרשנות כזאת גם במגילת קהלת, בייחוד מפני ששאלת הגמול מופיעה בה כשאלה חשובה.

במגילה נשמעים ארבעה קולות עיקריים, מקהלה של ארבעה אנשים באיש אחד: העמֵל, איש המעשה; החכם המתבונן; הכסיל הנהנתן; וירא האלוהים, המופיע אחרי הייאוש הראשון, וקולו נשאר הקול היחיד שימשיך להישמע ביום המוות, עד הסוף.

כדי להבין את המגילה, עלינו לבחון אותה בכמה מישורים.

תחילה עלינו להתבונן במבנה הכללי של המגילה, גם בהנחות היסוד שלה וגם בהבנת מהלך המגילה מתחילה ועד סוף.

אחר כך נשית את לבנו לביטויי מפתח שבמגילה: "תחת השמש" או "תחת השמים", "הבל" או "רוח".

בשלב השלישי נתמודד עם שלושת התחומים של הוויכוח המתנהל בנפש קהלת - הלוא הם: החכמה, המעשה והשמחה - שהם, לפי פירושנו, שלושה קולות של דמויות מופשטות: החכם, העמֵל והנהנתן[10], המדברות כולן מפי "אני" אחד: "קהלת". כך

9. "נְאֻם פֶּשַׁע לָרָשָׁע בְּקֶרֶב לִבִּי..." (ל"ו ב); "ואני כמעט נָטָיו רגלָי... כי קִנֵּאתי בהוללים..." (ע"ג ב–ג); "אנה אלך מרוחך ואנה מפניך אברח" (קל"ט ז).

10. שיח בין דמויות כאלה, יש לו מקבילות בספרות החכמה הבבלית והמצרית, שקדמה לחכמת יוון דורות רבים, ראו ש' שפרה וי' קליין, 'עתה הגד מה טוב' (דו שיח בין אדון לעבדו), בימים הרחוקים ההם, תל־אביב תשנ"ו, עמ' 580–574. הפילוסופיה היוונית נטתה לעבור למושגים יותר מופשטים, כמו 'הטוב, העָרֵב והמועיל', ראו אריסטו, ספר המידות ספר ח' פרק ב (תרגום ליבס עמ' 189); חלוקה לפי מושגים אלו הובאה אצל ר' יצחק עראמה, עקדת יצחק, שער יב.

נוצר מונולוג רב קולות שעיקרו עימות נוקב בין דמויות ותפיסות שונות המתרוצצות בנפש האדם, ולעומתם, הקול הרביעי המייצג את ירא האלוהים, אשר מתייצב כנגד כולם, ונותר לבדו אל מול המוות. כך עולה ומתבהרת המסקנה הסופית של הספר, המבוססת על יראת אלוהים ומשפטו, שנועדה לשכנע את המלך בן האנוש על כל שלושת פרצופיו.

לסיכום, נוכל לבדוק את השקפת העולם של קהלת על פי כמה מתוך עשרות העימותים הגלויים והנסתרים שבמגילה.

ג. מבנה המגילה

כדי להבין את המבנה הכללי של המגילה יש לשים לב תחילה לכמה דברים.

1. אחד עשר הפסוקים הראשונים הם מעין מבוא, אשר מניח יסודות חשובים להתפתחות היצירה, לקראת 'העלילה', המופיעה כמונולוג רצוף ויכוחים ומתחילה בא' יב: "אני קהלת הייתי מלך בירושלָם".

2. חלוקת הפרקים מוטעית במחצית המקרים בערך, והראשון בהם הוא פרק ב'. מתחילת "אני קהלת" עד סוף פרק ב' יש רצף ברור.

בפרק ג', בשיר העִתים, נפתחת יחידה חדשה.

הפסוק האחרון בפרק ד': "שמֹר רגלך כאשר תלך אל בית האלהים", פותח לא רק יחידה חדשה, אלא סגנון חדש, המבוסס על דיבור בגוף שני, בניגוד מובהק לסגנון ה'אני' ששלט במגילה עד שם. זהו גם המקום שבו אנו שומעים נאום ראשון ערוך ומסודר של הדמות הרביעית בקהלת, דמותו של ירא האלוהים: "כי ברֹב

חלומות והבלים ודברים הרבה, כי את האלהים ירא" (ה' ו), אולם אחריו חוזרים הקולות המוכרים ברצף ברור עד סוף פרק ו'.

גם מי שמתקשה לקבל את פתרון הכפילויות והסתירות על ידי הרעיון של קולות שונים מפיו של "אני קהלת", חייב להודות כי סגנון הדיבור בגוף שני מבטא בוודאי דמות אחרת, השונה מן ה'אני' הדובר עד הנה ומנוגדת לה. דמות זו תהפוך דומיננטית בסוף המגילה. כאן אנו רואים בבהירות עד כמה מושרשים פסוקי "סוף דבר..." בתוך המגילה, ואינם "תוספת של עורך מאוחר, שרצה להכשיר את קהלת"[11], אלא דברי הסיכום של ירא האלוהים, והם חלק אורגני מן המגילה.

3. יש מעין סיכום ביניים במחצית, בסוף פרק ו', והוא נשמר בחלוקת המסורה. אם נקרא את המגילה כמערכת של חיים ומוות, הדגש עובר בתחילת פרק ז' מצד החיים בצל ידיעת הסוף, אל "סוף כל האדם" (ז' ב), שמקרין על החיים. בחלק הראשון, החיים נמצאים במרכז והמוות ברקע, והשאלות העיקריות בוויכוח עולות מהעימות בין העמל והנהנה מעמלו מול שיפוטו של החכם. ואילו בראש פרק ז' הדגש עובר אל המוות ומשמעותו, ועיקר הוויכוח ניטש בין החכם לבין ירא האלוהים על משמעות המוות לאנשים החיים. החכם והירא גם נשארים אחרונים בוויכוח, עד לשיא בפרק י"ב, שעיקרו התמודדות ישירה, נועזת ועמוקה ביותר, עם המוות עצמו.

באופן זה נחלקת המגילה, אחרי הפתיחה, לשני חלקים דומים באורכם (כפי ששמרה לנו המסורה), והם קשורים זה בזה באופן הדוק. פרט לשתי מחציות אלו קשה לקבוע חלוקה מבנית חדה לפי

11. אנציקלופדיה מקראית (ערך 'קהלת'), כרך ז, עמ' 76.

הדרך המקובלת. די לנו בדוגמא אחת כדי להיווכח בקושי שבחלוקה כזאת הרצאת הדברים מפרק א׳ פס׳ יב עד סוף פרק ב׳ היא אחידה ורצופה. אך אפילו הניסיון לקבוע חלוקה בסוף פרק ב׳ הוא בעייתי קצת. קל לראות קשר הדוק בין פרק ג׳ ט-י: ״ראיתי את הענין אשר נתן אלהים לבני אדם לענות בו״, לבין פרק א׳ יג-יד: ״הוא ענין רע נתן אלהים לבני אדם לענות בו״, כך גם בין פרק ג׳ יד-טו: ״ידעתי כי כל אשר יעשה האלהים הוא יהיה לעולם... מה שהיה כבר הוא, ואשר להיות כבר היה״, לבין פרק א׳ ט: ״מה שהיה הוא שיהיה, ומה שנעשה הוא שיעשה״. קשרים אלה מערערים אפילו את החלוקה החדה של סוף פרק ב׳.

ניסיון נוסף לסיים חלק זה בסוף שיר העתים (ג׳ טו) גם הוא לא יצלח, מאחר שפרק ג׳ טז-יז: ״כי עת לכל חפץ, ועל כל המעשה, שָׁם״ כולל את עיקר התשובה לתזה של פרק ג׳ א: ״לכל זמן, ועת לכל חפץ תחת השמים״.

על כן יש לנקוט בעמדה גמישה יותר, שתתאים ליצירה כזאת, ולציין מעברים וציוני דרך בצורה עדינה יותר וחדה פחות מן החלוקה החותכת. הרעיון של ויכוח פנימי בין שלוש הדמויות והדמות הרביעית יכול להסביר היטב את המעברים הללו, את הכפילויות ואת הסתירות הפנימיות שבמגילה ואף את המבנה שלה. בניגוד לאיוב, שהוא יצירה מקראית קלסית, בקהלת מתנהל הוויכוח במבנה ׳חתרני׳, שמייצג ויכוח סמוי בנפש האדם, ולפיכך אין כאן הגדרה פורמלית ומוצהרת מי הוא הדובר בכל פעם, ואין הפרדה בין ה׳קולות׳ של הדוברים השונים. עלינו למצוא את המעברים בעצמנו.

4. לכן סידרנו את המגילה בשש מערכות, שלוש בכל מחצית. שיר העִתים בפרק ג׳ מסמן את המעבר מהמערכה הראשונה לשנייה, בעוד הקשר הדרמטי ביניהן נשמר. המעבר לסגנון גוף שני הוא

המעבר מהמערכה השנייה לשלישית, ובסוף פרק ו׳ מסתיימת המחצית הראשונה.

פרק ז׳ כולו הוא מערכה רביעית, ובה מתעמת החכם עם החכמה: ״אמרתי אחכמה והיא רחוקה ממני״ (ז׳ כג).

בתחילת פרק ח׳ מופיע שוב ירא האלוהים אל מול החכם, והדיון נמשך לאורך המערכה החמישית, ואף מתפתח עם חזרת הדמויות האחרות, עד למיצוי הוויכוח בין הדמויות עת כל אחת מהן משמיעה את דברה המסכם, לקראת סוף פרק ט׳ (טז).

היחידה הבאה היא גם המערכה האחרונה לפי פירושנו. היא מתחילה ב״דברי חכמים...״ (ט׳ יז), ולא ב״זבובי מות...״ (י׳ א), וסימון פרק י׳ מוטעה, כפי שמצאנו בסימון פרק ב׳, פרק ה׳ ופרק ו׳. כך הדבר גם בסימון פרק י״ב.

5. במערכה האחרונה אנו שומעים שני נאומי סיכום: החכם מגן על יתרון החכמה (למרות כל המגבלות, שכבר התבררו גם לו), וירא האלוהים נותר היחיד שמתייצב חזיתית אל מול המוות. הדמויות האחרות עוברות למצב של הקשבה דרוכה, בעוד החכם והירא פונים בכל פעם אל דמות אחרת, כשהם מתכוונים בעצם לדמות ׳המלך׳ הנוטה למות.

פרקים י״א-י״ב (עד פסוק ח), נאומו האחרון של ירא האלוהים, עומדים בניגוד ברור גם למבוא וגם למגילה כולה. השוני הוא גם בסגנון וגם בתכנים - אין בהם עוד שום ביטוי בגוף ראשון, כי ה׳אני׳ סיים את דבריו - והמחזוריות המעגלית שבמבוא נשברת כאן כליל, ועם זה נעלמות גם הקביעות המוצקות של ״אין יתרון״, ״אין חדש״, ״אין זכרון״, המבוססות כולן על ׳ידע מוצק׳ ועל מחזוריות ידועה. במקומן מופיעה עמדת היראה כלפי האלוהים, ושבה חוסר היכולת לדעת הוא העיקר.

6. פסוקי החתימה (י״ב ט-יב) אינם תוספת של עורך, אלא שני הספדים, בעקבות ״וסבבו בשוק הסופדים״ שבתיאור המוות. ההספדים הם חלק אורגני ומתבקש מתמונת המוות שבסיום, וגם חלק אורגני מן המגילה - אחרי המוות שומעים תמיד הספדים.

שני הפסוקים האחרונים (י״ב יג-יד) הם הסיכום של ירא האלוהים, והם מבוססים על נאומו מפרק ה׳ (פס׳ ו): ״כי את האלהים יְרָא״, יחד עם נאומו מפרק ח׳ (פס׳ ד): ״שומר מצוה לא יֵדַע דבר רע״.

המגילה כולה, כולל הפסוקים האחרונים, שלמה ואורגנית, מתוכננת וברורה, ואין בה לא יתר ולא חסר. הכפילויות והסתירות הן הוויכוח בין הדמויות שבנפש קהלת.

ציר אורך: המעבר מ׳אני׳ ל׳אין׳

דרך מתאימה יותר לתאר את המבנה הכללי של המגילה צמוד למגמתה אינה החלוקה ליחידות משנה, אלא מעקב אחרי קווי מתאר בסיסיים וביטויי מפתח לאורך המגילה, ותיאור מבנה משתנה של ויכוח דרמטי כפי שהוא מתנהל בתוך הנפש בצורה גמישה ביותר. קו בסיסי כזה, אשר ייתן לנו מבט גם על הסגנון וגם על התוכן של המגילה כולה, נעוץ בשם הגוף ״אני״ בהופעתו המדויקת בראשית המהלך כ״אני קהלת״ ובחתירה הנגדית להחלשתו עד כדי ביטולו המוחלט בסיום.

בפרקים י״א-י״ב (עד פסוק ח) אין שום הופעה של ״אני״ ולא של שום גוף ראשון. הכול מנוסח בלשון של גוף שני נוכח: ״שלח לחמך על פני המים... תן חלק... כי לא תֵדע... כאשר אינך יודע... ככה לא תֵדע את מעשה האלהים אשר יעשה את הכל... וזכֹר את בוראך בימי בחורֹתיך...״. כך מדבר ירא האלוהים שבקהלת.

בחתימה אפשר לראות נקודת שיא, כאשר מדובר על קהלת בגוף שלישי: "ויֹתר שהיה קהלת חכם... בקש קהלת למצוא דברי חפץ" (י"ב ט-י). נראה כי מדובר כאן בחלק אורגני של היצירה, שמביאה את דברי הסופדים אחרי תיאור המוות[12].

המספיד הראשון מדבר על קהלת המת בגוף שלישי ובלשון אישית, אשר עומדת בניגוד חריף להבלטת ה'אני' בפתיחה. ואילו המספיד השני מדבר בלשון כללית על הערך הגדול של "דברי חכמים" (ברמיזה לחכמת קהלת), ועל הזהירות מ"ספרים הרבה... ולהג הרבה יגיעת בשר".

כך אנו קוראים את המגילה על ציר מוגדר: מ"אני קהלת הייתי מלך...", ועד לביטול גמור של ה'אני' - 'אני > אַיִן' - אל נוכח המוות וכדברי הסופדים.

הפתיחה "אני קהלת" מבטאת דומיננטיות אגוצנטרית מופלגת. היא מודגמת יפה ומגיעה לשיאה במהלך התיאור האישי של גודל הצלחותיו, כעמֵל, כחכם וכנהנתן גם יחד: "הגדלתי, עשיתי, בניתי... נטעתי... עשיתי... קניתי... כנסתי... וגדלתי והוספתי... אף חכמתי עמדה לי... וכל אשר שאלו עיני לא אצלתי מהם, לא מנעתי את לבי מכל שמחה...", עד לסיכום: "...וזה היה חלקי מכל עמלי".

גם המפנה המייאש והמתסכל שבא אחריו: "ופניתי אני בכל מעשי שעשו ידי ובעמל שעמלתי לעשות, והנה הכל הבל ורעות רוח ואין יתרון תחת השמש" רצוף עדיין ב"אני" דומיננטי, וכך נמשך הדבר עד סוף פרק ב', כשפסוק קצר בסוף פרק ב': "כי מי יאכל ויחוש חוץ ממני" מפיץ אור של גיחוך אבסורדי על הגאווה שנכשלה.

12. בכך אני חולק על המפרשים פסוקים אלו כתוספת מאוחרת של עורך או של חז"ל (ראו גם מצודת דוד).

כמה אופייני ששֵם "אלהים" נעדר כמעט כליל בכל התיאור הזה, ונעדר כליל באחד עשר פסוקי המבוא. כל זה עומד בניגוד גמור לפרק הסיום, שם "מעשה האלהים" - "בוראך" וידיעת יראת אלוהים ומשפטו עומדים במרכז.

ניגוד יסודי זה, שעליו בנוי הציר הראשי של המגילה, מופיע בצורה מזערית, ראשונית, כבר בניגוד בין המבוא: "מה שהיה הוא שיהיה, ומה שנעשה הוא שיעשה, ואין כל חדש תחת השמש..." לבין ההופעה הראשונה של ירא האלוהים במגילה (עדיין בסגנון גוף ראשון): "ידעתי כי כל אשר יעשה האלהים הוא יהיה לעולם, עליו אין להוסיף, וממנו אין לגרוע..." (ג' יד-טו). לעומת "אני קהלת" המתנשא והמתייאש, מופיעה בפרק ג' בפעם הראשונה מסקנת הירא, התולה את הכול באלוהים, ואף החכם שבקהלת מתחיל לדבר בשם אלוהים: "ראיתי את הענין אשר נתן אלהים לבני האדם לענות בו" (ג' י). כבר בסיום התיאור של ה'אני' המיואש (בפרק ב') אנו שומעים טון אחר, רך יותר, ומודע ליראת האלוהים: "גם זו ראיתי אני כי מיד האלהים היא" (ב' כד).

נשים לב גם לנקודת מפנה נוספת.

אחרי: "וְסַבּוֹתִי אני לְיַאֵש את לבי" (ב' כ) משתנה הסגנון, והוא עובר לדבר בגוף שלישי על האדם המסכן, אף שכוונתו היא לעצמו: "כי יש אדם שעמלו בחכמה ובדעת ובכשרון... כי מה הֹוֶה לאדם בכל עמלו... כי כל ימיו מכאובים, וכעס עִנְיָנו..." (ב' כא-כג). כאן כמעט ונעלם הדגש החזק של ה'אני', אך הוא חוזר ומופיע דווקא כדי להבליט את יד האלוהים: "גם זה ראיתי אני כי מיד האלהים היא" (ב' כד).

בכל היחידה הזאת, מפרק א' פס' יב עד סוף פרק ב', מופיע הביטוי "אני" חמש עשרה פעמים [15!]. ושבעים ושמונה פעמים

[78!] מופיע דיבור בגוף ראשון: "ראיתי... דברתי... ונתתי את לבי... הגדלתי והוספתי... ידעתי..."; ועוד "לי" [9 פעמים], "לבי" [12 פעמים], ועוד "לפנַי... אחרָי... חוץ ממני". לעומת זה, שם אלוהים מופיע ביחידה זו פעמיים [2], וגם הן רק בסוף, לאחר מפולת ה'אני' והייאוש הגמור.

פרקים ג' וד' דלילים הרבה יותר בהדגשת ה'אני', אך עדיין "אני קהלת" מדבר. הוויכוח האמיתי מתנהל בין שלוש דמויות ה'אני', ואולם, עם זה, מופיע שם אלוהים בפרקים ג' וד' כמעט כמספר הפעמים שמופיע דיבור בגוף ראשון, ובפסוקים שמתאימים לרעיונות המרכזיים בסוף המגילה - יראת אלוהים ומשפטו (בפרט בפרק ג', יד-יז): "והאלהים עשה שיִראו מלפניו..." וכן: "והאלהים יבקש את נרדף", "את הצדיק ואת הרשע ישפֹט האלהים, כי עֵת לכל חפץ, ועל כל המעשה, שָׁם". אכן, זו ההופעה הראשונה במגילה של הדמות הרביעית, ונשמע קולו של ירא האלוהים.

המעבר לסגנון נוכח

בפרק ד' יז (עד פרק ה' ז לפחות) חל מפנה סגנוני חד, מעבר מגוף ראשון לגוף שני: "שמֹר רגלך כאשר תלך אל בית האלהים". סגנון החוקר האישי, הבנוי על ה'אני', נעלם, ומופיע סגנון יועץ המדבר בגוף שני, לא מכוח גדולתו, כי אם מכוח יראת האלוהים - בפסקה זו יש שמונה פסוקים לפחות, שבהם מופיע שם אלוהים שש פעמים בפירוש ופעם אחת ברמיזה ("גבֹהַּ מֵעל גבֹהַּ שֹׁמר"), ובכל אלה אין זכר לגוף ראשון.

ההשפעה של המפנה ניכרת עדיין עד לסוף פסוק יא בפרק ה', מפני שזהו המקום היחיד במגילה שיש בו יחס חיובי ויתרון ברור ומפורש לעבודת האדמה, ו'עובד אדמתו' לא נקרא

'עושה' ולא 'עמֵל'. לכן: "מתוקה שנת העֹבֵד, אם מעט ואם הרבה יֹאכֵל".

ניגוד חד זה, בין סגנון ה'אני' לסגנון הפנייה בגוף שני, הוא הבסיס לפתרון המגילה כולה כוויכוח מתוכנן, ואמנם כאן אנו מוצאים את ראשיתה של המסקנה הסופית: "כי ברֹב חלֹמות והבלים ודברים הרבה, כי את האלהים יְרָא" (ה' ו). המילה "כי" משמשת כאן בשתי משמעויות מנוגדות: "כי ברֹב חלֹמות והבלים ודברים הרבה, כי (=אכן), את האלהים יְרָא"[13], וניגוד זה מול מסקנות ה"הבל" של ה"אני" מעצים את מסקנתו של ירא האלוהים.

מפרק ה' פסוק יב עד סוף פרק ו' חוזר ומופיע סגנון ה'אני' החוקר על שלושת פרצופיו, והוא מעלה שורה של מקרים רעים שקורים לאנשים מצליחים, וכרגיל (במקרא, כמו גם בחיים), שאלות הגמול מציפות ערעור על האמונה ב"גָבֹהַ מעל גָּבֹהַ שֹׁמֵר" (ה' ז), שבה סיים ירא האלהים. עם תמונת הנפל מיטשטש סגנון ה'אני', ויש חזרה אל תמונות ההבל של אחד עשר פסוקי המבוא, ולבסוף, כסיכום ביניים, תיאור חיי הצל של האדם: "אשר מי יגיד לאדם מה יהיה אחריו תחת השמש" (ו' יב).

סגנון הנוכח של היועץ החכם

פרק ז' פותח את חלקה השני של המגילה אף הוא בסגנון של גוף שני. הוא דומה לסגנונו של ירא האלוהים בפרק ה', אם כי בכיוון שונה, המאפיין את משלי החכמה והמוסר שבחכמת בני קדם (בדומה לסגנון ספר משלי). 'היועץ החכם' מנסה לתת מענה לשאלה שנותרה

13. ראו בספרו של אבי מורי ז"ל, יחיאל בן־נון, ארץ המוריה - פרקי מקרא ולשון (אלון שבות התשס"ו), עמ' 429-436.

פתוחה בסוף המחצית הראשונה: "כי מי יודע מה טוב לאדם בחיים...". לכן פרק ז' מבוסס על שורת עצות חכמה שפותחות ב"טוב": "טוב שם משמן טוב... טוב ללכת אל בית אבל... טוב כעס משחוק... טוב לשמוע גערת חכם...". זו תשובתו של 'יועץ חכם' לתמונות המדכאות של המוות, לשאלות הגמול הקשות נוכח הכישלונות הגדולים, ולשאלה "מה טוב לאדם" לעשות בחייו החולפים כצֵל.

אך הסיכום לשורת העצות שבפרק ז' מאכזב גם הוא: "כל זֹה נִסיתי בַחכמה, אמרתי אֶחְכָּמָה, והיא רחוקה ממני ..." (ז' כג-כד), כלומר, כל עצות החכמה לא יוכלו להתמודד עם השאלות הקשות, ובמיוחד אין מענה לשאלות הגמול, כפי שייאמר במפורש בסוף פרק ח' (יד-יז).

סיכום זה, יחד עם הופעה קצרה של ה'אני' בפס' טו: "את הכל ראיתי בימי הבלי", לקראת דברי ביקורת של החכמים על הצדיקים ויראי האלוהים, יוצרים ניגוד נוסף, הפעם בין שני היועצים המדברים בגוף שני: בין דבריו של ירא האלוהים (ד' יז - ה' ז): "שמור רגלך..." עד "כי גָבֹהַ מֵעל גָּבֹהַ שֹׁמֵר", לבין דברי 'היועץ-החכם', הבנויים על ניסיונו, חכמתו והצלחותיו כפי שהם מתגלים בראש פרק ז'.

בעימות המרומז בין שני היועצים, החכם והיָּרֵא, היָּרֵא מתבסס על יראת אלוהים ורואה בה את הפתרון היחיד לשאיפות הגדולות ולהבלים המרובים: "כי את האלהים יְרָא", לעומתו, החכם רואה כי "יש צדיק אֹבֵד בצדקו, ויש רשע מאריך ברעתו". לכן החכם מבקר את הפרזת הצִדקות - הוא מציע איזון בחיים, וסומך על שיטת החכמה שתאזן בין הצדקות לרשעות ובין החכמה לסכלות: "אל תהי צדיק הרבה, ואל תתחכם יותר, למה תִּשּׁוֹמֵם. אל תרשע הרבה, ואל תהי סָכָל, למה תמות בלא עִתֶּךָ. טוב אשר תאחז בזה, וגם מזה אל תנח את ידך, כי יְרֵא אלהים יצא את כֻּלָּם". והנה זה פלא, היועץ

החכם מודה בכישלונו, וכעדותו המפורשת: "כל זֹה נִסיתי בַחכמה, אמרתי אֶחכָּמָה והיא רחוקה ממני. רחוק מה שהיה, ועָמֹק עָמֹק, מי ימצאנו" (ז' כג-כד).

אבל גם החזרה של חכם־קהלת אל סגנון ה'אני' החוקר: "סַבּוֹתי אני ולבי לדעת ולָתוּר, וּבַקֵּש חכמה וחשבון..." (ז' כה) מסתיימת בחידלון ובחוסר ישע של החכמה, שעם כל יתרונותיה אינה מצליחה לדעת ולמצוא פתרון כולל לחיי האדם "וגם אם יאמר החכם לדעת (=מענה לשאלות הגמול), לא יוכל למצוא" (ח' יז).

במהלך חיפושים אלו אנו פוגשים לראשונה את קהלת מדבר בלשון אישה: "ראה זה מצאתי אמרה קהלת... אשר עוד בקשה נפשי ולא מצאתי" (ז' כז-כח).

בעולם החכמה, האישה היא משל ידוע גם לחכמה וגם לסכלות, וכך הוא מציג את 'האישה הטובה', היא החכמה, זו שבנפשו, כשהיא מנוגדת ניגוד חריף ל'אישה הרעה' "אשר היא מצודים וחרמים", 'אשת זנונים', שרק איש חוטא "יִלָּכֶד בה", ואותה הוא מוצא "מר ממות" (ז' כו). משל זה מוכר היטב מן הקובץ הראשון בספר משלי (א'-ט', ופרק "אשת חיל" במשלי ל"א), והופעתו בקהלת חשובה ומעידה על כוחה של החכמה ועל הציפייה הגדולה ממנה. אבל שוב אנו שומעים אכזבה: "אדם [חשוב] אחד מאלף מצאתי, ואשה (=חכמה) בכל אלה לא מצאתי" (ז' כח); אולם האחריות לכישלונות נופלת על האדם: "לבד ראה זה מצאתי, אשר עשה האלהים את האדם ישר, והמה בִקשו חִשבֹנות רבים" (ז' כט).

ראשית פרק ח' מחזירה אותנו אל האווירה של תחילת פרק ה', דרך הניגוד החד בין 'אני' ל"פִּי מלך שְׁמֹר...", כלומר הדרישה לקיום מצוות.

הפרק פותח בשאלה "מי כהחכם, ומי יודע פשר דבר"?

והתשובה היא: "אני [יודע פשר דבר, והוא:] פי מלך שמֹר"; דווקא שומרי מצווה, הלוא הם יראי האלוהים, הם החכמים באמת.

גם כאן, שמונת הפסוקים הראשונים של פרק ח' מבטאים את הפתרון שאליו חותרת המגילה ואת הדרך אליו, ממש כבראשית פרק ה', ומשלימים את מסקנת הסיום: "כי את האלהים יְרָא" (ה' ו); "פי מלך שמֹר" ו"שומר מצוה, לא יֵדע דבר רע" (ח' ב, ד) מצטרפים יחד ויוצרים את דברו האחרון של ירא האלוהים: "סוף דבר הכל נשמע, את האלהים יְרָא ואת מצותיו שמור, כי זה כל האדם" (י"ב יג). כך אפשר להצביע בבירור על התפתחות המסקנות של ירא האלוהים מתוך הוויכוח בנפש קהלת במהלך המגילה, מן היראה אל השמירה.

סיכומי דמויות ה'אני'

ושוב מופיעה תגובת נגד לדברו של ירא האלוהים, שכן מפרק ח' פס' ט חוזר סגנון ה'אני' החוקר, והחכם שבו מביא לשיא את שאלת הגמול, הלוא היא קושיית אי־הצדק הנראה בעולם (ח' י–יא): "רשעים קְבֻרים וָבָאוּ" [בְּשַׁלווה אל קברי אבותיהם], ועוד בחייהם "ממקום קדוש יהלכו", וכל זה מפני שאלוהים מאריך אף, ובני אדם מנצלים זאת לרעה, "על כן מלא לב בני האדם בהם לעשות רע". יתר על כן, ה'אני' החכם־החוקר מצטט את התשובה השגורה בפי יראי האלוהים (ח' יב–יג): "כי גם יודע אני אשר יהיה טוב ליראי האלהים אשר ייראו מלפניו. וטוב לא יהיה לרשע, ולא יאריך ימים, כַּצֵּל', [ב]אשר איננו ירא מלפני אלהים", ומיד הוא דוחה ציטוט זה בתוקף, כי "את כל זה ראיתי ונָתוֹן את לבי... יש הבל אשר נעשה על הארץ אשר יש צדיקים, אשר מגיע אליהם כמעשה הרשעים, ויש רשעים שמגיע אליהם כמעשה הצדיקים, אמרתי, שגם זה הבל" (ח' ט–יד).

זהו בעצם עימות ישיר בין 'הירא' ו'החכם' בנפש קהלת. אולם

׳פתרון׳ הקושיה, כעבור שני פסוקים, בהעדר יכולת התשובה אצל האדם, גם לא אצל החכמים, משאיר את שניהם בלא פתרון: ״וראיתי את כל מעשה האלהים, כי לא יוכל האדם למצוא... וגם אם יאמר החכם לדעת, לא יוכל למצוא״ (ח׳ יד-יז).

המוות הזהה לכל בני האדם, ״לצדיק ולרשע, לטוב ולטהור ולטמא...״ (ט׳ ב), מוליד ניסיון נוסף לתת מענה לתוהה בסגנון גוף שני, הפעם בכיוון הפוך של חיבור להנאות החיים. הפתרון מופיע בארבעה פסוקים (ט׳ ז-י), שהם תמצית השקפתו של הנהנתן יחד עם העמֵל, וזהו סיכומם האחרון (דבר אופייני לקהלת, שהשקפת החיים של הדמויות מופיעה כסיכום, ולא כפתיחה): ״לך אכל בשמחה לחמך, ושתה בלב טוב יינך, כי כבר רצה האלהים את מעשיך. בכל עת יהיו בגדיך לבנים, ושמן על ראשך אל יחסר. ראה חיים עם אשה אשר אהבת כל ימי חיי הבלך, אשר נתן לך תחת השמש... כי הוא חלקך בחיים, ובעמלך אשר אתה עמֵל תחת השמש״.

העמֵל מוסיף את תמצית מחשבתו שלו על היכולת לעשות ולפעול רק בעולם הזה ״תחת השמש״: ״כל אשר תמצא ידך לעשות בכֹחך, עשֵׂה, כי אין מעשה וחשבון ודעת וחכמה בשאול אשר אתה הֹלך שמה״ (ט׳ י). אין טעם לחפש תשובות לשאלות החיים והמוות ולשאלות הגמול, ולכן יש בעולמנו מקום רק לשמחת החיים בעשייה ובהנאות.

אך מיד חוזר סגנון ה׳אני׳: ״שַׁבתי וראֹה תחת השמש״, ומכין את הקרקע לביטול העצמי - הוא טוען שגם שמחת החיים והמעשה איננה נתונה ביד האדם, כי איננו שולט על המוות, וזה יכול לבוא לפתע: ״כי לא לקלים המרוץ, ולא לגבורים המלחמה, וגם לא לחכמים לחם, וגם לא לנבֹנים עֹשר... כי עת ופגע יקרה את כֻּלָּם, כי גם לא ידע האדם את עִתּוֹ...״ (ט׳ יא-יב).

כאן מציג החכם שבנפש קהלת את סיכומו שלו במשל "עיר קטנה..." (ט' יד-טז) על "איש מסכן חכם", שיכול להציל את העיר מידי "מלך גדול" (שהוא בוודאי גדול במעשיו ובהנאותיו, כפי שתואר קהלת עצמו בתחילת המגילה, ב' ד-י). לכן, בלי ספק, "טובה חכמה מגבורה", וכמובן מכל המעשים ומכל ההנאות. אבל גם כאן יש בעיה, כי "חכמת המסכן בזויה, ודבריו אינם נשמעים", וגם אם תינצל עיר בזכותו, לא יהיה לזה זיכרון, ו"אדם לא זכר את האיש המסכן ההוא". לפיכך גם לחכמה יש ערך [עד המוות!] רק עם עושר ומעמד חשוב , כמו שנאמר מפי החכם לעיל: "טובה חכמה עם נחלה" (ז' יא).

המערכה האחרונה מתחילה בפרק ט' (יז). בחלקה הראשון נמצא נאומו האחרון של החכם בשבח החכמה השומרת על האדם מפני הסתבכות, ועיקרו הוא שמירת הלשון והזהירות מן השליטים. המעשים וההנאות לא יוכלו לשמור על האדם - רק החכמה תעזור לו ותשמור עליו.

בכל זאת מופיע בה גם ניסיון אחרון במגילה של חקר בסגנון ה'אני': "יש רעה ראיתי תחת השמש" (י' ה). החכם שבנפש קהלת מגייס את משלי היועצים הידועים, והם משתלבים בעמדה אריסטוקרטית נגד מהפכנים בכלל, ונגד "עבד כי ימלך" שארץ רוגזת תחתיו (משלי ל' כב), ובלשון קהלת: "ראיתי עבדים על סוסים, ושרים הֹלכים כעבדים על הארץ" (י' ז). החכמה מלמדת זהירות פוליטית, והמלך השומע את דברה בוודאי ישתכנע כי החכמה היא בת בריתו היחידה באמת... עד המוות!

בחלק השני של המערכה האחרונה (בראשית פרק י"א) נעלם כליל סגנון ה'אני' ומתחיל נאומו האחרון של ירא האלוהים, אשר הופך עתה לדמות דומיננטית. דמות זו מחליפה את כל משלי החכמה ומתמודדת מול דמותו של החכם. שניהם אמנם מדברים בגוף שני, אך

בשני כיוונים הפוכים. היועץ החכם מזהיר מפני שליטים בשר ודם, וירא האלוהים מפנה את הזהירות ואת החכמה כלפי "בוראיך" (י"ב א).

המחזוריות המעגלית של זריחת השמש ושקיעתה, של הרוח הסובבת ושל הנחלים הזורמים אל הים יוצרים תחושה של ידיעה ברורה ומוחלטת על הצפוי, כפי שמובא בפתיחת המגילה (א' ב-יא): "מה שהיה הוא שיהיה", "והארץ לעולם עֹמדת". אך דווקא הידע הזה מתגלה בהמשך כמייאש: "אין זכרון לראשֹנים, וגם לאחרֹנים שיהיו לא יהיה להם זכרון...". לעומת תפיסת עולם זו, בנאומו האחרון של ירא האלוהים מתגבשות שתי מסקנות מכריעות:

1. אין האדם יודע כלום, בוודאי לא את "מעשה האלהים אשר יעשה את הכל" (י"א ב, ה, ו). וזו תשובה לשאלה שנשאלה גם בסיום החלק הראשון: "כי מי יודע מה טוב לאדם בחיים..." (ו' יב). תשובה זו מערערת את הביטחון העצמי שהיה בפתיחה: "...עד אשר אראה אי זה טוב לבני האדם אשר יעשו..." (ב' ג). מסקנה זו מבוטאת היטב בששת הפסוקים הראשונים של פרק י"א, בתמונות המים והרוח, ואחר כך בתמונות האור והשמש, שעומדת לשקוע. כך נשברת המעגליות הצפויה והמתסכלת של הפתיחה.

2. חדלון האדם מול המוות הוא מוחלט. הוא מביא את מסקנת "אינך יודע" (י"א ה, ו) לדרגה של ביטול עצמיות גמור. להמחשת מסקנה זו מוצג חיזיון דרמטי המתאר את הגסיסה והמוות [מול תקוות האדם, בעיקר הצעיר] בבהירות חדה ואכזרית[14]. בחיזיון זה

14. בני אליעד (מורה ומחנך בזכות עצמו) מעיר בנקודה זו, שיש בסיום, דווקא מבט הרואי ולא רק התבוננות חדה ואכזרית. קריאה כזאת פותחת פתח (לדעתו), להסתכלות אופטימית על החיים בסוף המגילה.

המוות נוכח ברקע של מגילת קהלת מתחילתה ועד סופה, והמבט על המוות הולך ומשתנה ממבט של ייאוש על "האדם שיהיה אחרי" (ב' יח), דרך השאלה "מי יגיד לאדם מה יהיה אחריו תחת השמש" (ו' יב), ודרך הפיקחון האכזרי,

מתגלם גם חדלונו של ה'אני', החכם והחוקר, ועל אחת כמה וכמה העמֵל והנהנתן, ומוגבלותם מובלטת בתוך דבריו של ירא האלוהים: "שמח בחור בילדותך, ויטיבך לבך בימי בחורותיך, וְהַלֵּךְ בדרכי לבך, ובמראה עיניך - ודע כי על כל אלה יביאך האלהים במשפט!... וזכֹר את בוראיך בימי בחורֹתיך, עד אשר לא יבֹאו ימי הרעה, והגיעו שָׁנים, אשר תאמר אין לי בהם חפץ" (י"א ט - י"ב א). ב"אין לי בהם חפץ" מקופל חדלון ה'אני' מול הזקנה והמוות.

אולם גם ירא האלוהים ימות ככל האדם!

אילו היה לפנינו תיאור שבו ירא האלוהים עולה לשמים, הייתה המגילה כולה מאבדת את כל חשיבותה לבני האדם; אלא שכולם מתים - גם יראי האלוהים. יתרונו של ירא האלוהים הוא שהוא יכול להתבונן במוות ביושר ובעיניים פקוחות ולמצוא את הדרך הטובה בחיים לנוכח המוות. כי יש בידיעה המוחלטת של משפט האלוהים ביום המוות, שהיא תמצית יראת האלוהים, כדי ליישר את דרכיו, מעשיו והנאותיו של האדם בעולם, יותר מכל חכמה אנושית. ידיעת המשפט הצפוי מעניקה לאדם קנה מידה ברור ל"מה טוב לאדם בחיים... ויעשֵׂם" (ו' יב).

טוב לאדם לעשות את כל מה שהוא מוכן להתייצב מאחוריו ביום הדין, כל מה שאדם לא יתבייש בו לנוכח משפט האלוהים. המצפון האנושי אכן משדר לאדם אותות אזהרה מול אותם מעשים, ששום אדם באמת לא ירצה 'לשלם את מחירם' בעת ה'תשלום' האחרון.

הדטרמיניסטי: "...כי עֵת ופגע יִקְרֶה את כֻּלָּם..." (ט' יא); בסיום מופיע תיאור הגסיסה והמוות שכולו יראת אלוהים, אבל עצם היכולת להישיר מבט אל המוות היא הרואית, מלאת משמעות לחיים, גם לחיים אופטימיים.

חזיון הגסיסה והמוות מפנה את מקומו לחתימה (מי"ב ח). לעיל הזכרנו שיש בחתימה שיא של אפקט אומנותי בביטול ה'אני', עד כדי מחיקת "אני קהלת", שבו נפתח הדיון. בשלושה פסוקים, במספד שבסוף המגילה, מדובר על קהלת בגוף שלישי: "אמר הַקּוֹהֶלֶת"; "ויֹתר שהיה קהלת חכם..."; "בִּקֵּשׁ קהלת למצוא דברי חפץ", בהנגדה ברורה לשימוש בגוף ראשון ברוב המגילה. בפס' ט אנו מוצאים ארבעה פעלים בגוף שלישי נסתר, וההבדל מתחיל בתיאור קהלת: "היה קהלת חכם" אל מול 'הייתי' שבסגנון ה'אני', ובפעלים: "בִּקֵּשׁ" במקום 'בִּקשתי'; "לִמַּד דעת את העם" במקום 'לִמדתי'; "וְאִזֵּן וְחִקֵּר" במקום 'וְאִזנתי וְחִקרתי'; "תִּקֵּן מְשָׁלִים" במקום 'תִקנתי'.

חיזוק נוסף של הניגוד נזכר בדברי החיתום של 'הסופדים הסובבים בשוק'. כאן אנו מוצאים הופעה ייחודית של גוף ראשון שאין כמוה בקהלת, והיא מתאימה דווקא לסגנון גוף שני, ומופיעה לרוב בספר משלי, בעיקר בראשיתו: "ויֹתֵר מֵהֵמָּה בְּנִי הִזָּהֵר" (י"ב יב). זוהי לשון רכה של פנייה אל נוכח (אולי אל הבן האָבֵל) בהטיית גוף ראשון - "בני", והיא מנוגדת בתכלית הניגוד לסגנון הקשה והאכזרי של ה'אני' (ב' יח-יט): "ושנאתי אני את כל עמלי... שֶׁאַנִּיחֶנּוּ לָאדם שיהיה אחרָי - ומי יודע, החכם יהיה או סכל...". "האדם שיהיה אחרָי", מול "בני" - "בני", לעומת "אני".

לא ייפלא שניגודים אלה מאפשרים הופעת שם אלוהים בשני הפרקים האחרונים חמש פעמים, ועוד פעמיים ברמז - "בוראיך" ו"רֹעה אחד" - תוך היעלמות גמורה של ה'אני'.

בדרך זו של מעקב אחרי הקו היסודי של הופעת ה'אני' לעומת היעלמו ביראת האלוהים, ובמקביל לכך אחרי הקו של סגנונות הפנייה אל גוף שני (נוכח) במקומות שונים במגילה מול סגנון ה'אני' החוקר - אנו מקבלים מבנה כללי ברור של כל המגילה. התכנון המדוקדק שלה

מתברר גם בהקבלת התמונות בפתיחה ובסיום, תוך הנגדה חזקה, ותוך כדי כך מתבהרת המגמה הרעיונית של המגילה, שמונחת כבר בתחילתה. יחד עם זה התפרשו גם פסוקי החתימה, דברי הסופדים, ודברו האחרון של ירא האלוהים כקשורים בטבורם למגילה.

ד. המסגרת: המבוא מול הסיום

עתה עלינו להשלים את המבנה ולהציג את המסגרת האמנותית והרעיונית של המגילה, אשר מבוססת על הנגדה ברורה בין תמונות הפתיחה והסיום. כך נוצרה מסגרת לוויכוח הפנימי והסוער שמתנהל בנפשו של קהלת בין הקולות השונים.

בפסוקי המבוא מופיעות ארבע תמונות:

1. הדורות המתחלפים והארץ;
2. השמש;
3. הרוח;
4. הנחלים והים (המים).

בפרק הסיום (י"א-י"ב ח), בדברי ירא האלוהים, מופיעות אותן ארבע תמונות, אבל בסדר הפוך ובהדגשות שונות ומנוגדות, תוך שבירת המעגליות הסגורה שבפתיחה:

המים;

הרוח;

השמש;

הארץ - והמתים.

סדר התמונות לא רק הפוך בסיום, אלא גם עבר שינוי לשילוב התמונות זו בזו: המים והרוח מופיעים יחד בתמונת גשם וסערה שעוקרת עצים, החושך מחשיך את השמש ואת האור, גם אור ירח וכוכבים נחשך, ושמים אינם מתבהרים אחרי הגשם, "העבים" אינם מתפזרים, וממשיכים להסתיר את האור לעולם, כי המוות הוא חושך גמור, ואין בו מחזוריות מעגלית.

בפתיחה, הכול סובב וזורם במחזורים מעגליים המאפשרים גם לדעת בביטחון מה צפוי ומה יהיה. למשל, לדעת שאין יתרון בעמל, אין כל חדש תחת השמש, ואין זיכרון לראשונים ולאחרונים, כי הכול נשכח.

ואילו בסיום, התמונות בלתי־הפיכות, מתארות חץ חד־כיווני, ולכן אין לדעת דבר על הצפוי, "כי לא תֵדע מה יהיה רעה על הארץ... ככה לא תֵדע את מעשה האלהים אשר יעשה את הכל". העץ הנעקר לא ישוב לצמוח, המים היורדים מן העבים לא ישובו אל הענן, הזקן לא יהפוך צעיר, הצעירות חולפת כהבל, הגוסס לא יראה עוד את השמש, הבשר יהפוך לעפר וישוב אל הארץ "כשהיה", "והרוח תשוב אל האלהים אשר נתנה".

תחיית המתים אינה נזכרת כלל, והתיאור מתעלם, כנראה בכוונה, מאפשרות כזאת, ואולי אף שולל אותה, לפחות במובן הפשטני, הילדותי, המעגלי, שקהלת חותר לנפץ אותו.

הדבר היחיד שידוע בסיום באופן מוחלט הוא המוות ומשפט האלוהים. בפתיחה לעומת זאת, לא נזכר כלל שם אלוהים!

ההקבלות בין הפתיחה לסיום מצטרפות למסגרת מתוכננת של המגילה, וקריאה מקבילה של הפתיחה מול הסיום מגלה לנו את תכנית המגילה ואת מגמתה.

פתיחה (א׳ ב-יא)	סיום (י״א א - י״ב ח)
הֲבֵל הֲבָלִים אמר קֹהלת, הֲבֵל הֲבָלִים הכֹּל הָבֶל.	
1. דור הֹלך ודור בא, והארץ לעולם עֹמדת.	...תן חלק לשבעה וגם לשמונה, כי לא תֵדע מה יהיה רעה על הארץ (י״א ב). ...וְיָשֹׁב העפר על הארץ כשהיה, והרוח תשוב אל האלהים אשר נְתָנָהּ. הֲבֵל הֲבָלִים אמר הקֹהלת, הכֹּל הָבֶל (י״ב ז-ח).
2. וזרח השמש ובא השמש, ואל מקומו שׁוֹאֵף, זורח הוא שם. הולך אל דרום, וסובב אל צפון -	...ומתוק האור, וטוב לעינים לראות את השמש. כי אם שנים הרבה יחיה האדם, בְּכֻלָּם ישמח, וְיִזכֹּר את ימי החשך, כי הרבה יהיו - כל שֶׁבא הבל (י״א ז-ח).
	...וּזכֹר את בוראיך בימי בחוּרֹתיך... עד אשר לא תֶחשַׁך השמש והאור, והירח והכוכבים, ושבו הֶעָבים אחר הגשם (י״ב א-ב).
3. [15]הולך אל דרום וסובב אל צפון - סובב סֹבב הולך הרוח, ועל סביבֹתיו שב הרוח.	שֹׁמֵר רוח לא יזרע, ורֹאֶה בֶעָבים לא יקצור. כאשר אינך יודע מה דרך הרוח... ככה לא תֵדע את מעשה האלהים אשר יעשה את הכֹּל ... (י״א ד-ה).

15. בפסוק זה יש דו־משמעות מכוונת, מפני שגם השמש וגם הרוח הולכים ״אל דרום״ וסובבים ״אל צפון״; לכן הובאו מילים אלו פעמיים, גם בשמש וגם ברוח.

4. כל הנחלים הֹלכים אל הַיָם, והַיָם איננו מָלֵא, אל מקום שֶהנחלים הֹלכים שם הם שבים ללכת.	שלח לחמך על פני המים, כי בְרֹב הימים תמצאנו... אם יִמָלְאוּ הֶעָבִים גשם על הארץ יָרִיקו, ואם יִפול עץ בדרום ואם בצפון, מקום שיִפול העץ שם יְהוּא (י"א א, ג).
5. כל הדברים יְגֵעים לא יוכל איש לְדַבֵּר, לא תִשְׂבַע עין לראות, ולא תִמָלֵא אֹזן מִשמֹעַ.	שְׂמַח בחור בילדותך, ויטיבְךָ לִבְךָ בימי בחורוֹתֶיךָ, והַלֵךְ בדרכי לִבְךָ, (ובמראי) [ובמַראֵה] עיניךָ, ודע - כי על כל אלה יְבִיאֲךָ האלהים בַּמשפט (י"א ט).

כאמור, אחד עשר הפסוקים הראשונים של המגילה, אשר משמשים פתיחה וגם מסגרת למגילה כולה. הביאור המקובל לפתיחה מתייחס בעיקר לתיאור העולם כסובב במעגל נצח שאין בו כל התחדשות (ואף לא זיכרון), מעין רקע לייאושו של קהלת מהבלי העולם. הניגוד לתפיסה זו הוא שבירת המעגליות. דווקא שבירה זו מאפשרת, ואף מחייבת, את יראת האלוהים ואת ידיעת משפטו כהכרעה בסיום המגילה, ואפילו את שמחת החיים.

בפתיחה שלטה התפיסה המעגלית־המחזורית של הטבע והזמן. יש בה ביטחון גמור (וכוזב!) על אודות "מה שהיה" ועל אודות "מה שיהיה". מעניין לראות איך דווקא תפיסה זו מובילה לאכזבה גמורה, לפסימיות עמוקה ולייאוש גלוי.

לעומת זאת, בתפיסה החד־כיוונית של הטבע והזמן יש עמימות גדולה, חוסר יכולת להִינבא מה צפוי, אי־ודאות כוללת

על כל המשתמע, ויחד עם זה יראת אלוהים ומשפטו, הנותנים פשר ומשמעות לחיי האדם ומעשיו בעולם.

במילים אחרות - ידיעה ודאית ומלאה של הטבע במעגליו מותירה את האלוהים מחוץ לתמונה אבל (בניגוד עמוק לתפיסות המודרניות) מובילה לפסימיות גמורה ולאבדן משמעות. ולהפך, אי־ודאות בעולם הטבע ושבירת המעגליות מזקיקה את האדם ליראת אלוהים ומעניקה משמעות ואף שמחה לחיי האדם.

ביאור זה, על פי המשמעות הפשוטה של תמונות הטבע, נכון, אך אינו ממצה.

הרחבת התיאור של הטבע החוזר על סיבוביו בשלוש מתמונות הפתיחה: השמש (פסוק ה), הרוח (פסוק ו) והמים (=הנחלים והיָם, פסוק ז) רומזת למשמעות רחבה יותר של התמונות כמשלים. הבנת התמונות שבטבע איננה מסבירה מדוע קהלת פתח ספר חכמה וחקר, שעיקרו דן בבעיות האדם ואורחות חייו, בתיאור פיוטי־מזמורי, אף כי פסימי, של הטבע הסובב.

גם הקשר בין פסוק ז לפסוק ח: "כל הדברים יְגֵעִים, לא יוכל איש לדבר, לא תשבע עין לראות, ולא תִמָּלֵא אֹזן מִשמֹעַ", אינו מחוור דיו לפי הביאור הזה. ומעל לכול, תמונות הסיום (פרקים י"א-י"ב) הפוכות בסדר ובמשמעות, ומובילות לכיוון אחר.

אכן, קהלת סותר את הרושם הראשוני הנובע מפסוקי הפתיחה (כבר בהופעות הראשונות של ירא האלוהים), ובעיקר הוא מתרחק מן הקביעה: "מה שהיה הוא שיהיה, ומה שנעשה הוא שיעשה, ואין כל חדש תחת השמש". כדרכו, הוא עושה זאת בדרך הוויכוח הסמוי בתוך המונולוג רב הקולות, בעזרת פסוקים מקבילים ונוגדי משמעות: "ידעתי כי כל אשר יעשה האלהים הוא יהיה לעולם, עליו אין להוסיף וממנו אין לגרוע, והאלהים עשה שיִּרְאוּ מלפניו. מה

שהיה כבר הוא, ואשר להיות כבר היה, והאלהים יבקש את נרדף" (ג' יד-טו). שֵם "האלהים" מופיע בפרק ג' במקום "תחת השמש", כלומר, היציבות והקביעות שבטבע היא מעשה האלוהים, ולא שרירות מעגלית של "טבע" מנוכר.

עיקר השינוי הוא שיראת אלוהים ומשפטו - שני היסודות של פתרון המגילה - נכללים בחוקיות היציבה, ומאפשרים פריצה מתוך מסגרת החוקיות הקבועה אל חופש הבחירה ואל ההתחדשות, החבויים דווקא בהשלמת האדם עם היראה והמשפט והכְוונת כל מעשיו לפיהם. יש לציין שהביטויים המקבילים לפתיחה מנוסחים בפרק ג' בלשון פתוחה ועתידית: "ואשר להיות כבר היה", "כל אשר יעשה האלהים, הוא יהיה לעולם". ניסוח זה מותיר פתח לשינוי על פי יראת אלוהים, שגם אותה הוא עשה: "והאלהים עשה שיִרְאוּ מלפניו". על כן מובן שביטויי היראה והמשפט באו לשם הניגוד ולפריצת המעגליות, במקום "ואין כל חדש תחת השמש" שהושמט.

אולם כל זה עדיין אינו מספק תשובה מלאה לפסוקי הפתיחה.

האור והשמש - החיים או החכמה?

הפתרון המלא של תמונות הפתיחה והסיום צריך לבוא מן המגילה עצמה, והוא אומר, לדעתי, שתמונות השמש, הרוח והמים הן משלים לחיי האדם, ממש כפי שתמונת הסיום, המקבילה בהיפוכה, היא משל מורכב על שלבי גסיסתו של האדם עד מותו. פירוש המשל האחרון מופיע בצמוד למשל (י"ב ה): "כי הלך האדם אל בית עולמו, וסבבו בשוק הסופדים", ואילו פתרון המשל הפותח מוסתר קצת יותר.

תמונת המשל: "וזרח השמש ובא השמש, ואל מקומו שואף זורח הוא שָׁם" (א' ה).

הנמשל מופיע בפסוקים רבים, שמצטרפים לעניין אחד כפול - האור הוא החכמה, והשמש היא החיים:

1. "וראיתי אני, שיש יתרון לחכמה מן הסכלות כיתרון האור מן החֹשך, החכם עיניו בראשו והכסיל בחֹשך הולך..." (ב' יג-יד); "טובה חכמה עם נחלה ויותר לרֹאֵי השמש (=והיתרון לחכמים), כי בצל החכמה - בצל הכסף, ויתרון דעת - החכמה תחיֶה בעליה" (ז' יא-יב).

הנמשל לאור בעיניים הוא החכמה והחכם, שמתברר במגילה כסובב וחוזר, רואה ומבין, ובכל זאת אינו מוצא את הפתרון השלם (ראו ז' כג-כד).

2. "אם יוליד איש מאה ושנים רבות יחיה... ונפשו לא תשבע מן הטובה, וגם קבורה לא היתה לו - אמרתי, טוב ממנו הנפל. כי בהבל בא ובחֹשך ילך, ובחֹשך שמו יְכֻסה. גם שמש לא ראה ולא ידע, נחת לזה מזה" (ו' ג-ה).

הנמשל לשמש הוא החיים, וכך הדבר גם בתיאור החיים והמוות שבסיום המגילה: "ומתוק האור וטוב לעינים לראות את השמש. כי אם שנים הרבה יחיה האדם בְּכֻלם ישמח, ויזכֹר את ימי החֹשך כי הרבה יהיו..." (י"א ז-ח); "וזכֹר את בוראיך בימי בחורֹתיך... עד אשר לא תחשך השמש, והאור, והירח, והכוכבים, ושבו העבים אחר הגשם" (י"ב א-ב).

כאשר השמש היא החיים, מובן גם שכל "תחת השמש" במגילה פירושו: בחיים האלה. שני הנמשלים מתחברים לאחד בתיאור המוות, השווה לחכם ולכסיל (ראה ב' יג-טז). יתרונו של החכם הוא "כיתרון האור מן החֹשך", אבל יתרון זה נעלם בחושך המוות, וגם זה גורם לייאוש הגדול של קהלת כחכם.

המים והים - העָמָל 'האין־סופי' או הדיבור שלא נגמר?

הפתרון הראשון של משל תמונת המים הוא העמל והנפש: "כל הנחלים הֹלכים אל היָם, והיָם איננו מלא, אל מקום שהנחלים הֹלכים, שם הם שבים ללכת" (א' ו).

והנמשל: "ואִלּוּ חיה אלף שנים פעמים וטובה לא ראה, הלֹא אל מקום אחד הכל הולך. כל עמל האדם לפיהו, וגם הנפש לא תִמָּלֵא" (ו' ו–ז). עמל האדם, אין לו קץ, ממש כזרימת הנחלים, ולעולם אינו משביע את הנפש , כפי שהיָם אינו מתמלא.

"הים" הוא הנפש המלאה תאוות, וכל נחלי העמל לא ימלאוה לעולם, כי "אין אדם מת וחצי תאוותו בידו" (קהלת רבה א' יג, ג' י).

הנמשל השני של הים והנחלים כתוב ממש ליד המשל עצמו, בפתיחה: "כל הדברים יְגֵעים לא יוכל איש לדבר... ולא תִמָּלֵא אֹזֶן מִשמֹעַ" (א' ח). כל נחלי הפטפוט של הכסילים המרבים לדבר [כמבואר בפרק י' יד] לא ימלאו לעולם את האוזן המתאווה לשמוע, ממש כמו הנפש המתאווה לאכול.

אבל הים הוא גם המוות, שכל החיים זורמים אליו (ו' ו): "הלֹא אל מקום אחד הכל הולך", ושוב הכול מתאפס בים המוות אשר בולע גם את מעשי האדם ועמלו וגם את כל דיבוריו ופטפוטיו.

הרוח - הבל הדיבור או רוח האדם?

פתרון משל הרוח - רוח האדם החי והדיבור היוצא מפיו כ'הבל': "הולך אל דרום, וסובב אל צפון, סובב סֹבב הולך הרוח, ועל סביבֹתיו שב הרוח" (א' ז).

הנמשל העיקרי, רוח האדם, מפורש בכתוב: "כי מקרה בני האדם, ומקרה הבהמה, ומקרה אחד להם, כמוֹת זה כן מוֹת זה, ורוח אחד לכל, ומותר האדם מן הבהמה אין, כי הכל הבל. הכל הולך אל מקום אחד, הכל היה מן העפר והכל שב אל העפר. מי יודע רוח בני האדם העֹלה היא למעלה ורוח הבהמה הירדת היא למטה לארץ" (ג' יט-כא).

וגם: "אין אדם שליט ברוח לכלוא את הרוח, ואין שלטון ביום הַמָּוֶת, ואין משלחת במלחמה, ולא ימלט רשע את בעליו" (ח' ח).

ובסיום: "וישֹב העפר על הארץ כשהיה והרוח תשוב אל האלהים אשר נתנה" (י"ב ז).

והנמשל האחר, רוח שווא, כמו ההבל היוצא מן הפה, כמו דברי הבל ומעשי הבל שמתפזרים לריק, מתפרש בפסוקים רבים: "הבל ורעות רוח" (א' יד; ב' יא; ב' יז; ב' כו; ד' ו; ו' ט - א' יז; ד' טז), ונאמר גם על העמל שמתפזר לבלי תועלת: "ומה יתרון לו, שיעמֹל לָרוח" (ה' טו), ולבסוף גם הרוח החומק, הבלתי־נתפס, שאין לדעת את דרכיו ומהלכיו: "כאשר אינך יודע מה דרך הרוח... ככה לא תדע את מעשה האלהים אשר יעשה את הכל"! (י"א ה).

לשלושת המשלים שבפתיחה יש שלושה צמדי נמשלים: החכמה והחיים הם האור והשמש, ושניהם מתבטלים בחושך המוות. נחלי העמל ונחלי הפטפוט מנסים למלא את ים התאווה שבנפש [דרך הפה והאוזן], וגם הם כָּלים ונעלמים בים המוות. והרוח, רוח שווא והבל, מצד אחד מתפזרת ונעלמת, חסרת תוחלת ויתרון, אבל מצד שני גם אין לדעת את דרכה, כי רק האלוהים יודע, והוא משיב אליו את הרוח אשר נתן באדם ביום המוות. הרוח היא גם המפתח לפתרון המגילה, כי רק ירא האלוהים יכול לומר מה יקרה לרוח האדם ביום מותו.

שלוש הדמויות שקולותיהן נשמעים בוויכוח בתוך "אני קהלת" - החכם, העמֵל, והנהנתן - קרובות מאוד לשלושת צמדי הנמשלים, על כל פנים לפי המובן של אור החכמה, נחלי העמל, ורוח דיבורי ההבל המתפזרת ונעלמת. אולם פסוק הנמשל, הצמוד לתמונות המשל בפתיחה, פותר באופן שונה מעט את שלושת המשלים, ומפרש: "כל הדברים יְגֵעִים לא יוכל איש לדבר [כנגד הרוח המדברת הבלים], לא תשבע עין לראות [כנגד השמש והחיים], ולא תִמָּלֵא אֹזן משמֹע [כנגד נחלי הפטפוט]" (א' ח).

כאשר שמש החיים תשקע, וייעלמו בחושך המוות כל דיבורי ההבל וכל עמל השווא, תישאר רק רוח האדם, זו אשר יודעת את יראת אלוהים ומשפטו, והיא תשוב אל מקורה, "כי זה כל האדם" (י"ב יג).

ה. ביטויי מפתח: "תחת השמש", "תחת השמים".

לאחר ניתוח המבנה, נוכל לעקוב ביתר קלות אחרי פתרונם של שני ביטויי מפתח, ואלה הם הביטויים הראשיים במגילה:

1. "תחת השמש", "תחת השמים".
2. "הבל", "רוח".

שמים

הביטוי "תחת השמים" מקבל את פתרונו המלא בפרק ה' פס' א: "אל תְּבַהֵל על פיך ולבך אל ימהר להוציא דבר לפני האלהים, כי האלהים בשמים ואתה על הארץ, על כן יהיו דבריך מעטים". כזכור, זהו המפנה החד הראשון מבחינת הסגנון והתוכן בדרך אל הפתרון - המעבר מגוף ראשון לגוף שני. מיד בראשית חטיבת הפסוקים הזאת פותרת

המגילה את משמעות הביטוי "תחת השמים" במובן של עולם ואדם המרוחקים מאלוהים.

הדרש הנפלא שהביא רש"י (א' ג), האומר כי "תחת" בענייננו פירושו "במקום", תמורת השמש או השמים [כמו "עין תחת עין" (שמות כ"א כד)] מוסיף על הפשט - לא רק מרוחק מאלוהים, אלא גם מנותק, ובכל מקרה, "תחת השמים" חייב להתפרש בזיקה ישירה אל "כי האלהים בשמים".

ראוי להזכיר כאן את פירושו של הגר"א, שהמילה "שמים", יסודה במילה 'שָם'[16], ומשמעותה ריבוי מופלג של 'שָם', במילה אחת: 'מרומים' (='גבהים'), ובלשוננו היום: 'מרחבים'. "בראשית ברא אלהים" את כל אשר 'שָם' (=מרחבי היקום, והעולמות הרוחניים) ואת כל אשר 'כאן', "בארץ" (="תחת השמים", בעולם החומר שלנו). לכן הביטוי "תחת השמים" פירושו: 'בריחוק מן השמים', בצמצום המרומים, וכל המרחבים והגבהים הקשורים בשם אלוהים, ומשמעות זו מונחת ביסוד המגילה.

מכאן יובן הניגוד בין (ג' א): "לכל זמן, ועֵת לכל חפץ תחת השמים", שלפיו "מה יתרון העוֹשֶׂה באשר הוא עָמֵל" (שם ט), לבין (שם יז): "את הצדיק ואת הרשע ישפֹּט האלהים, כי עֵת לכל חפץ ועל כל המעשה שָׁם", שלפיו יש עת ומשפט "שָׁם" (=בשמים). ניגוד זה הוא המקור לפירוש האמור של הגר"א.

16. אדרת אליהו לפסוק הראשון בבראשית. גם ספורנו ורש"ר הירש פירשו כך. הגר"א הסתמך בפירושו לבראשית על הפסוק (קהלת ג' יז): "כי עֵת לכל חפץ ועל כל המעשה, שָׁם", המפרש "שָׁם" אל מול "תחת השמים", וגם הקביל אליו את הפסוק (ה' ח): "כי גָבֹהַּ מֵעל גָבֹהַּ שֹׁמֵר, וגבֹהים עליהם".

שמש

מורכב יותר ועמוק יותר הוא הפתרון של הביטוי המקביל "תחת השמש", אשר מופיע במגילה שלושים וארבע פעמים (34!). ביטוי זה מתפרש בסוף המגילה, בזמן התמונה הקשה של גסיסה ומוות.

בניגוד מובהק לפסוק (י"א ז): "ומתוק האור, וטוב לעינים לראות את השמש", שבו פותחת תמונת הסיום בקטע האור והשמש, עומדת לבסוף האזהרה: "וזכֹר את בוראיך בימי בחוּרֹתיך, עד אשר לא יבֹאו ימי הרעה, והגיעו שנים אשר תאמר אין לי בהם חפץ. עד אשר לא **תחשך השמש**, והאור, והירח, והכוכבים..." (י"ב, א-ב). הקִרבה בצליל בין "תחת השמש" ל"תחשך השמש" מגבירה את עצמת הניגוד. ניתן את דעתנו: הלוא תוספת של 'תחת השמש' לפרק י"ב א: "עד אשר לא יבֹאו ימי הרעה, והגיעו שנים אשר תאמר אין לי בהם חפץ" הייתה טבעית מאוד לקהלת, ולא במקרה נעלם הביטוי דווקא כאן, במקום שבו "**תחשך השמש**" של האיש המת, ולא תזרח עוד.

השמש במגילה מציינת את **החיים!**

אם כן זהו האפקט השולט בתמונה זו, האפקט "האמנותי" החזק ביותר במגילה: **כיבוי השמש, חשכת השמש**, יחד עם כל העולם שעומד 'תחת השמש', עם חדלון ה'אני', אפסות הידיעה והחכמה והכרת גבולות המעשה ומגבלות השמחה בחיים. במילים אחרות: כל העולם האנושי שמנסה לבנות את עצמו במושגים של הניסיון החומרי, ולהסביר את עצמו רק מתוכו, מתמוטט **בחשכת השמש** שביום המוות. אם האדם לא ייאחז במה שמעבר לחיים, בכל מה שנמצא "שָׁם", ובפרט בידיעת המשפט ויראת אלוהים (שפירושה גם שמירת הדיבור וגם שמירת המצווה) אין לו עוד במה להיאחז.

רוח

כך נוכל להבין גם את הניגוד הפותר את בעיית הרוח.

תחילה נשאל שאלה נוקבת: על פי צורת מותם הזהה, המקרית[17], של האדם והבהמה, שמא (ג׳ יט-כא): ״ורוח אחד לכל... והכל שב אל העפר... מי יודע רוח בני האדם הָעֹלָה היא למעלה, ורוח הבהמה הַיֹּרדת היא למטה לארץ״?

קודם שניתנת תשובה חד־משמעית מופיעה הנגדה המשקפת את הוויכוח בין הדמויות: מצד אחד, הרוח המתפזרת, כמו ההבל, מבטאת חוסר משמעות וחוסר יציבות (ה׳ ט): ״וגם זה רעה חולה, כל־עֻמַּת שבָּא, כן ילך, ומה יתרון לו שיעמֹל לָרוח״, כל הדברים מופיעים כחסרי ערך, ״רעות רוח״ או ״רעיון רוח״. מצד שני, אנו שומעים צליל אחר של רוח חופשית וגמול צודק (ח׳ ח): ״אין אדם שליט ברוח לכלוא את הרוח, ואין שלטון ביום המות... ולא ימלט רשע את בעליו״, וגם (י״א ה): ״כאשר אינך יודע מה דרך הרוח... ככה לא תדע את מעשה האלהים אשר יעשה את הכל״.

כל זה בא ללמדנו כי יש רוח ויש רוח. יש רוח חסרת ערך ומשמעות, שהיא כאוויר המתפזר וכולה אכזבה רבה. אך יש רוח אחרת, עמוקה ומופלאה יותר. וליתר דיוק: יש צד פלאי ברוח כמו שיש בה צד ריקני. בעקבות הנגדה זו באה התשובה של ירא האלוהים לשאלה הקשה בפרק המתאר את המוות באומץ מפליא (י״ב ז): ״ויָשֹׁב העפר על הארץ כשהיה, והרוח תשוב אל האלהים אשר נתנה״.

17. ״מקרה״ בקהלת פירושו מוות, ראו ג׳ יט: ״כי מקרה בני האדם ומקרה הבהמה, ומקרה אחד להם, כמות זה כן מות זה...״.

"הכל הבל"

עתה נבוא לפתרון מילת המפתח "הבל", שמופיעה (בכל צורותיה) במגילה שלושים ושמונה פעמים (38!)

פרופ' מרדכי זר־כבוד הראה היטב בפירושו[18] את גיוון המשמעויות (שמונה!) של "הבל", אך עם זאת פירושו הבסיסי הוא: 'הבל הפה', אוויר חם (כדברי הרמב"ן בדרשתו[19]). ברוב הופעותיה של מילה זו במגילה יש לה מובן שלילי של חוסר יציבות, כל מה שחולף ועובר, ואף של דבר רע (ח' יד): "יש הבל אשר נעשה על הארץ אשר יש צדיקים אשר מגיע אליהם כמעשה הרשעים...". אך דווקא בסופו של פסוק זה בא ה"הבל" לידי פתרונו: "אמרתי שגם זה הבל", ויש לפרש: דבר בלתי־נתפס. שאלת הצדק שבהשגחה גם היא "הבל", כלומר: בלתי־מובנת ובלתי־נתפסת, כאותו ההבל היוצא מן הפה.

פירוש זה של זר־כבוד לפסוק הקשה מתאשר על ידי ההקשר (ח' י) שמדבר על אי־אפשרות של האדם להבין את מעשה האלוהים: "וראיתי את כל מעשה האלהים, כי לא יוכל האדם למצוא את המעשה אשר נעשה תחת השמש, בכל אשר יעמֹל האדם לבקש ולא ימצא, וגם אם יאמר החכם לדעת, לא יוכל למצֹא".

הביטויים "הבל" ו"הבל־הבלים", המקיפים יותר, מעמידים אותנו על חוסר היציבות, על חוסר הטעם ועל החולף בכל מה שקיים בעולמנו. אך עם זאת, הם גם פותחים את עינינו לַבלתי־נתפס שבבריאה ולקוצר דעתו של האדם.

18. ראו במבוא למהדורת 'דעת מקרא', עמ' 14.
19. כתבי הרמב"ן, הוצאת מוסד הרב קוק, ירושלים תשכ"ח, דרשה על קהלת, כרך א, עמ' קפה.

פתרון זה של "הבל", שיש בו דגש שלילי מאוד לאורך כל המגילה, ורק במקום אחד הוא מתפרש במשמעות חיובית של 'בלתי־נתפס', מציב בפנינו שאלה חשובה: האם ניתן לראות בפסוק אחד או בקבוצת פסוקים כעין פתרון גם אם הוא עומד בניגוד ל'אווירה' הכללית במגילה? האם סביר להניח שהתשובה, אם ישנה, תינתן בצמצום כזה, לעומת האווירה הגורפת של הספקנות ואבדן המשמעות?

תשובתי לכך היא חיובית, והיא נעוצה באופיו הדרמטי של הספר כ'מחזה' ('מונולוג רב קולות'). הפתרון ניתן באמת בצמצום גמור לעומת השאלות הנוקבות, ובכל זאת נשמר האיזון בתוך היצירה. כאשר אוזני השומעים קשובות למהלך הוויכוח בין הקולות השונים בנפשו של קהלת, השימוש החוזר באותם הביטויים, במשמעויות שונות ומנוגדות, יוצר אצלם תהודה של קשר, בהתאם להקשר הדרמטי ולעצמת ההבעה בכל פסוק ופסוק. על כן אין להתפלא אם פסוק אחד מקבל במחזה הדגשה השקולה כנגד יותר משלושים פעם שהביטוי בא בגוון השלילי. ברוב המגילה ה"הבל" הוא שלילי, אך הוא מופיע פעם אחת מכרעת במובן חיובי של 'בלתי־נתפס', "אמרתי שגם זה הבל" (ח' יד).

גם ה"שמש" באה פעם אחת (י"ב ב) באור חיובי ובהנגדה חריפה ל"תחת השמש" שבכל המגילה: "וזכֹר את בוראיך... עד אשר לא תחשך השמש והאור...", והופעה יחידה זו מכרעת את הוויכוח בהכרעה דרמטית.

מקהלת הקולות של קהלת היא באמת 'מחזה'. מחזאי ובמאי מסוגלים להציג ניגודים כאלה בדרך דרמטית, בחילופי דברים בין הדוברים השונים, ובהדגשות, המובנות מתוך הוויכוח. מפני הסתירות הרבות אין טעם לחפש במגילה רצף פרוזאי קוהרנטי, אלא ויכוח

והכרעה דרמטית, גם בין ספקות (עד ייאוש) לבין פתרון. כל ניסיון לקרוא את המגילה כיצירת פרוזה, ואפילו פרוזה שירית, או כדיון פילוסופי או תיאולוגי מביא אותנו אל מבוי סתום בהבנת קהלת, מול הסתירות והכפילויות הרבות ולנוכח חוסר הבהירות אפילו של מגמתו.

ו. עיון מרחיב: שלושת דוברי ה'אני'

עתה נוכל לחזור ולעיין בתוכן המגילה בהרחבה באמצעות שלושת הדוברים שקהלת מגלם בדמותו האחת: "אני קהלת".

1. החכם.
2. איש המעשה והעמל.
3. השמח, הנהנה בחייו מעמלו (וגם מעמל אחרים), והוא נקרא גם "כסיל" (ובפינו: נהנתן), מפני שאינו רואה יתרון בחכמה וגם לא בעשייה.

שלוש הדמויות מקיפות בווריאציות שונות את חיי האדם לצורותיהם השונות. כל אחת משלושתן מתמודדת עם שאלת היסוד של טעם החיים ומשמעותם ("איזה טוב לבני האדם אשר יעשו תחת השמים, מספר ימי חייהם" [ב' ג]), ומנסה לתת תשובה. אך אינה עומדת במבחן ה'אני' החוקר שמיוצג בדרך כלל בקולו של החכם, ומעבירה את שרביט הדיבור ל"רעותה הטובה ממנה".

ניסוח ה'אני מאמין' של שלוש הדמויות איננו מופיע בתחילת המגילה, אלא דווקא סמוך לסופה, כעין סיכום במקום פתיחה. המגילה עוסקת במשבר הקיומי של קהלת, כדגם (=תבנית, משל) לאדם בכלל, ולכן, כל דמות מעלה כבר בראשית הופעתה את השבר

המאיים על תפיסת עולמה. רק לקראת הסיום והמיצוי של דבריהן, הדמויות מנסות להיאחז בהשקפותיהן הראשוניות, לפני שהן מפַנות את הבמה להכרעה ממבט אחר, שאיננו ממוקד ב'אני'.

החכם מציג (בפרק ז' א-כב) את משלי החכמה החשובים ביותר בעיניו בנוגע לחיים ולמוות, למידות הטובות ולאיזון הרצוי בין צדיקות והיפוכה, אך מודה לבסוף (שם כג-כד) ביושר כי: "כל זֹה נִסיתי בחכמה - אמרתי אֶחְכָּמָה, והיא רחוקה ממני. רחוק מה שהיה, ועמֹק עמֹק מי ימצאנו".

מפרק ט' פס' יז ובפרק י' (כולו) הוא חוזר ומשמיע את תמצית "דברי חכמים", בעיקר בנוגע לניהול ממלכה ולהתמודדות עם 'הסכלות'. זהו גם דברו האחרון של החכם במגילה, לפני שהוא 'מעביר את השרביט' אל ירא האלוהים. אולם עוד קודם לכן הוא מודה (בסגנון ה'אני') שגם "אם יאמר החכם לדעת, לא יוכל למצוא" "את כל מעשה האלהים" (ח' יז), ו"גם זה הבל" (שם י), כלומר, בלתי-ניתן להבנה מלאה.

העמֵל מכריז את תמצית השקפתו (ט' י): "כל אשר תמצא ידך לעשות בכֹחך - עֲשֵׂה! כי אין מעשה וחשבון ודעת וחכמה בשאול אשר אתה הלך שמה". אולם הוא מודה מיד שהעושים לא תמיד מצליחים, וחמור מזה - אדם עלול ליפול ולמות לפתע, "לעֵת רעה", "כדגים שנאחזים במצוֹדה רעה, וכַצפרים האֲחֻזוֹת בַּפָּח", ולכן אין משמעות להמלצתו לעשות כל מה שאפשר כל עוד אפשר, שהרי "לא יֵדע האדם את עִתו" (ט' יא-יב).

דברי הנהנתן במגילה רציניים וחכמים הרבה יותר ממה שאפשר לחשוב במבט ראשון, והוא מציע (ט' ז-ט): "לֵך אכֹל בשמחה לחמך, ושתֵה בלב טוב יינך, כי כבר רצה האלהים את מעשיך. בכל עת יהיו בגדיך לבנים, ושמן על ראשך אל יחסר. ראה חיים עם אשה אשר

אהבת". כאן מתערב קול החכם בסגנון "אני קהלת" ומוסיף: "כל ימי חיי הבלך, אשר נתן לך תחת השמש, כל ימי הבלך, כי הוא חלקך בחיים, ובעמלךָ אשר אתה עמֵל תחת השמש".

חסרונן של הצהרות אלה בפתיחה, והצורך להבין את השקפתה ואת המלצותיה של כל דמות דווקא מתוך ההתמודדות עם המשבר, מאפיינים את המגילה וגם תורמים למתח הדרמטי - הכול מתחיל בשבר, ורק לאט-לאט ניתן להבין כל אחת מן הדמויות במלואה.

מעניין לגלות: במהלך המחזה מופיעים ניסיונות שונים להגיע לפתרון באמצעות חיבורים של שתיים מן הדמויות שמצטרפות יחד לאמירה משותפת, ולפעמים אף על ידי שילוב של שלושתן כאחת. בסופו של דבר הכול מוביל לייאוש ולאכזבה (אשר תוכננה מראש), כדי לפנות את הדרך לדמות הרביעית של ירא האלוהים.

"אני קהלת הייתי מלך על ישראל, בירושלים" נאמר מפי שלוש הדמויות כאחד. אחר כך אנו שומעים סקירה קצרה של כל אחת משלוש הדמויות על המשבר שלה. תחילה שופט ה'חכם' עם 'העמֵל' לרעה את עולם המעשה: "הכל הבל", מאכזב ובלתי יציב. ו'העמֵל' אף מוצא במעשים הנעשים עיוותים ושגיאות, שאין להם תקנה (א' יג-טו).

ביקורת זו על חוסר השלמות ועל העיוותים שבכל מעשה היא ביקורת קבועה ונצחית המצביעה על חולשתן של כל תפיסות העשייה. אלה לעולם אינן שלמות, ולעולם נזקקות להשפעת החכמה כדי לדעת מה טוב לעשות בחיים וכיצד ניתן לתקן את המעוות, אם ניתן. כדרך החכמים, קהלת מעדיף את החכמה (א' טז-יח), אך הוא נואש גם ממנה. בעוד המעשה לעולם אינו שלם ומלא עיוותים שאינם ניתנים לתיקון, הרי החכמה לוקה בכאב מתמיד על חוסר היכולת להוציא לפועל דבר שלם, כפי שהחכמה יכולה לתאר אותו

בתכניותיה. ככל שהאדם מתבונן יותר ומשווה את המציאות אל האידיאל, גדל הכעס והכאב על עיוותי המציאות, ואף על הריחוק והניתוק בין החכמה למציאות.

הייאוש הכפול מוליד את הבריחה אל הנאות החיים, אל חיים שבהם האדם אינו צריך להתאמץ ולא לתת את הדעת על תיקון העולם (ב׳ א-ב). אולם הנהנתן יודע היטב איך מתעוררים מדרך משפילה זו: "לשחוק אמרתי מהוֹלָל, ולשמחה מה זה עֹשָׂה" (ב׳ ג). הפירוש של "מהולל" ודאי קשור להוללות, אבל מסתבר שהוא רומז גם ליללה, ומכאן ניתן להסיק כי נהנתן רב ניסיון כבר יודע שהוללות מחוסרת חשבון מובילה בדרך כלל ליללה גדולה. כך קורה לאדם אשר נגמל מהתמכרות לסם או לכל דבר אחר מְמַכֵּר, או אם מתברר לו שהמשאבים אשר אפשרו לו חיי הוללות כָּלים והולכים. אז מתגלות תוצאות קשות, בפרט כאשר מגיע תור הייסורים.

כאן מופיעה מעין פשרה בסגנון חכמה קלסי, שמבקש תמיד לאחוז בשני הקצוות באיזון סביר (כפי שייאמר בהמשך המגילה: "טוב אשר תאחֹז בזה, וגם מזה אל תנח את ידך" [ז׳ יז]), והפשרה נשמעת מפי החכם והנהנתן יחד: "תַּרתי בלבי למשוך ביין את בשרי, ולבי נֹהֵג בחכמה ולאחוז בסכלות, עד אשר אראה אי זה טוב לבני האדם אשר יעשו תחת השמים, מספר ימי חייהם" (ב׳ ג) - גם חכמה, וגם סכלות.

אולם פשרה זו הופכת מהר מאוד לניסיון מגלומני של "אני קהלת" המלך, בכל הדמויות החבויות בו - גם מעשים גדולים, גם חכמה, גם הנאות - לאור אפשרויותיו הבלתי מוגבלות של המלך שלמה.

העמֵל שבו מתאר בהתלהבות איך "הגדלתי מעשי"; החכם שבו אומר: "אף חכמתי עמדה לי"; והנהנתן שבו מצהיר בגאווה: "וכל

אשר שאלו עיני לא אצלתי מהם, לא מנעתי את לבי מכל שמחה..." (ב' ד-י). כך קהלת המלך יכול גם להגדיל מעשה וגם לאחוז בחכמה ובהנאות החיים עד בלי גבול.

הניסיון הגיע לשיאו, ונפל! אבל אי־אפשר לטעון שלקהלת (=שלמה) המלך לא היו תנאים או אמצעים מספיקים כדי לנסות את השילוב 'המנצח', ולחשוב שתוצאותיו יהיו טובות. הכישלון של הניסיון מוכרח להיות בשיטה. ביסוד הניסיון הונחה המחשבה כי הצירוף המושלם של מעשים, חכמה ושמחה הוא הפתרון השלם. וממילא, גם בחיים שאינם שלמים, השמחה וההנאה מן העמל ירככו את חוסר הנחת על חוסר השלמות, ימתיקו את הכעס וירגיעו את המכאוב.

מתברר כי שילוב כזה אינו אפשרי. אי־אפשר להקים בחכמה מפעל רב מעשים ולעמול בהקמתו ובקיומו עד אין קץ, בלא מטרה שיש לה תקווה וסיכוי לדורות הבאים, אלא שאי־אפשר לדעת מה יהיה בדורות הבאים, ולפיכך עומדת שאלת העתיד בכל תוקפה: מה יעשו בעמלנו הדורות הבאים אחרינו? זהו קו השבר בעיונו של קהלת, ועל כן התגובה היא (ב' יח-יט): "ושנאתי אני את כל עמלי שאני עמֵל תחת השמש, שאניחנו לאדם שיהיה אחרי. ומי יודע החכם יהיה או סכל וישלט בכל עמלי, שעמלתי ושחכמתי תחת השמש, גם זה הבל". אם זה שיבוא אחריי [בני?] יקלקל את הכול [והתרגום מזכיר, כמתבקש, את רחבעם בן שלמה], הלוא יתברר למפרע שכל החכמה והעמל היו לשווא! פילוג הממלכה בידי רחבעם וירבעם העמיד את כל הישגי שלמה, על כל תפארת חכמתו, גודל מעשיו והנאת החיים שלו, בפני מחיקה. מכיוון שתופעה כזו מתרחשת בהיסטוריה לעתים תכופות, הקו של ייאוש כלפי כל הנעשה בחכמה, "בדעת ובכשרון" (ב' כא), מתחזק.

לנקודה זו יש השלכות מרחיקות לכת. בעולם שכולו תחת השמש אי־אפשר לקבל שום קנה מידה שאינו מעוגן ומוכח במציאות. אבל ערכו של רוב העמל והמעשה מתברר רק אחרי שנים רבות או אפילו כמה דורות. במצב זה יכולים הדורות הבאים לעקור מן השורש ולבטל כל ערך ומשמעות של מעשים גדולים שנעשו בידי הדורות הקודמים. אם כן, איך ניתן לדעת מה ראוי וטוב לאדם לעשות בחייו? מה בר־ערך ולאיזה מפעל יש משמעות? רק מי שיודע עתידות מראש יכול לתת תשובה לזה. אך בעולמם של בני אדם התשובה לשאלות אלה היא שלילית. אי־אפשר לדעת! גם אילו היה מי שיגלה לנו איך ייראה מפעלנו בעוד מאה שנה, לא נדע מה יקרה אחרי מאתיים ויותר, ולעולם לא תהיה בידינו תשובה מלאה על ערך מעשינו.

החכם שבקהלת עובר אפוא מציפייה לקבל פתרון מוחלט אל המבט היחסי, ומסיק כי אמנם אין פתרון ואין יתרון מוחלט, אך לחכמה יש יתרון יחסי: "כיתרון האור מן החֹשך", וזה משום ש"החכם עיניו בראשו, והכסיל בחֹשך הולך" (ב' יג–יד). אך מה בצע ביתרון יחסי כזה להשקיט את הנפש, כאשר האדם עומד אל מול בעיית הבעיות של המין האנושי כולו, הצל המאיים, 'המוות': "כמקרה הכסיל גם אני יִקרני, ולמה חכמתי אני אז יֹתֵר" (שם טו)? ואם תאמר שהחכמה נשארת גם אחרי המוות, תן דעתך שאין זה מובטח, כי "בשכבר הימים הבאים הכל נשכח, ואיך ימות החכם עם הכסיל" (שם טז). שוב הכול תלוי ביורש, ואם הוא יהיה סכל - הוא יאבד גם את חכמת אבותיו־קודמיו.

כבר כאן קהלת עולה בעצמה רבה על הדרך שתוליך אותו אל "סוף דבר": כל התשובות, כל האידאולוגיות, כל ההסברים וכל הפתרונות מתמוטטים בעמידה אל מול המוות. רק בהתחמקות

התודעה האנושית מהתמודדות עם המוות מתקיימים כל המעשים, ההנאות עם החכמה, כל מאוויי האדם ושאיפותיו. אפילו עצמתו של שלמה המלך, עם עושרו וחכמתו, אינם יכולים לפתור את הבעיה. אל מול המוות כולם שווים. לפיכך לחוקר הישר, העמֵל בכל כוחו וגם רוצה ליהנות מעמלו ועם זה להעמיק בחכמה, לא נותרת בְרֵרה אלא לחתור לאיזון צנוע יותר ולוותר על יומרותיו. להשתמש בחכמתו ולעמול כדי צרכי קיומו, אך לא יותר, ולהניח מקום רב לראות טוב בחייו. הנהנתן פותח (ב׳ כד): ״אין טוב באדם [אלא רק] שיאכל ושתה״, העמֵל מצטרף: ״וְהֶרְאָה את נפשו טוב בעמלו״, אך החכם מזכיר מיד כי גם איזון צנוע כזה אינו מובטח כלל: ״כי מיד האלהים היא״, ומעטים זוכים בו. וכאן יש נקודת מפנה: זו הפעם הראשונה שהמילה ״נפש״[20] מופיעה במגילה, וגם הביטוי ״מיד האלהים״ מבטא נימה חדשה של קבלה מתוך ענווה, לעומת הניסיון להגדיל מעשים, וליהנות מכל מה שיש.

המפנה הראשון במגילה, זה שכבר הזכרנו לעיל בקשר להרפיית הדגש מן ה׳אני׳. מוביל לאיזון צנוע יותר. במקום היומרה האנושית־המלכותית להרבות חכמה, להגדיל מעשים וגם ליהנות הנאה שלֵמה, בא האיזון הצנוע שמכוון לחיים טובים בתוך החלק שאלוהים נותן לאדם ״תחת השמש״. זוהי ׳פשרה׳ האוחזת אמנם בעמל אך גם בסכלות, ונוהגת בחכמה אבל מוותרת על יומרה לשלמות. דרך מוסרית זו, אשר ספר משלי מרבה כל כך להמליץ עליה, מטופחת מכאן ואילך יותר ויותר כמוצא היחיד, עם היותה במודע חסרת שלמות, וגם איננה מובטחת לכל אדם. מלבד זאת, אין בה תחושה

20. ׳נפש׳ כאן היא הנהנית מהטוב שבעמל, ולכן היא דומה במשמעה ל׳נפש׳ החומרית, המוכרת אצל פילוסופים ומקובלים כאחד.

של פתרון מלא. הלב לא ינוח ולא ישקוט אל מול גזרה שכלית של 'פשרה מאוזנת', שאף היא איננה מובטחת. יש בה מעט מכל דבר, אך עתידה מוטל בספק.

אכן סיום הפסוק (ב' כד) באמירה: "גם זה ראיתי אני כי מיד האלהים היא" כבר עשוי להוביל למחשבה שבלי יראת אלוהים ובלי עזרתו, לא יוכל האדם להגיע גם לאיזון צנוע כזה. צניעות זו באורחות החיים מחפשת ראייה אל מעבר לחיים והישענות על יראת אלוהים, שתהיה מוקד שאיפותיו של האדם. בכך יש רמיזה ראשונה לכיוון ההכרעה בסוף המגילה, שתתבסס על יראת אלוהים וידיעת משפטו, וכדבריה של הדמות הרביעית, ירא האלוהים.

העימות בין שלוש הדמויות והרמז לדמות הרביעית לא תם בסוף פרק ב', אלא נעשה פחות חריף ומרוכז. מפעם לפעם אנו מגלים תוספת בהצעת האיזון של ההסתפקות במועט תוך הדגשה של שמחת האדם בחלקו. לעומת הניסוח הראשון (ב' כד-כו): "...והֶראה את נפשו טוב בעמלו", מובאת בפרק ג' (יב-יג) הצעה נוספת: "לשמוח ולעשות טוב בחייו" (בלי שום קנה מידה לעשיית טוב כזאת). הניסוח הבא (ג' כב) מתרכז בשמחת האדם במעשיו: "כי הוא חלקו", ומפתח בכך את יסוד השמחה למדרגה המוסרית הידועה: "איזהו עשיר, השמח בחלקו" (משנה אבות ד' א).

בהמשך (ה' יז) באה הערכה מקיפה יותר: "טוב אשר יפה, לאכול ולשתות ולראות טובה בכל עמלו שיעמול תחת השמש, מספר ימי חייו אשר נתן לו האלהים, כי הוא חלקו". גם טוב וגם יפה. לעומת זה, יש הפרדה בין האיש הפשוט השמח בחלקו לבין העשיר הזוכה ליהנות ולשמוח מעמלו, אשר זו מתת אלוהים באמת. ההתבוננות במציאות מורה כי "איש אשר יתן לו האלהים עֹשר ונכסים וכבוד, ואיננו חסר לנפשו מכל אשר יתאווה - ולא ישליטנו

האלהים לאכֹל ממנו, כי איש נכרי יאכלנו, זה הבל וחלי רע הוא" (ו' ב). אך מי שירצה לעמול במידה וליהנות בצניעות, בדרך כלל זה אינו נבצר ממנו. מסתבר שטעמו של השינוי בהערכה נעוץ בנאום של ירא האלוהים המופיע קודם לכן (ד' יז - ה' ח).

האומנם "עֵת לכל חפץ"?

המערכה השנייה פותחת בשיר העִתים (ג' ב–ח), שהוא דוגמה טובה למשלים אשר קהלת "אִזֵּן וחִקֵּר", כלומר, משלים שקהלת שמע מן החכמים הידועים, חקר אותם והביא מהם במגילה לפי העניין והצורך[21]. לכן, מסתבר שאת שיר העִתים השמיעה 'מקהלה חיצונית' או (כמוצע כאן) שני חכמים מן החוץ, אחד השמיע את ה'עֵת' הטובה, האופטימית, והשני, את ה'עֵת' הרעה, הפסימית. אלה מתחלפים בשיר באופן דרמטי, פעם פותח האופטימיסט ("עת ללדת... עת לטעת... עת לחבוק... עת לשמור... עת לאהֹב"), ופעם פותח הפסימיסט ("עת להרוג... עת לפרוץ... עת לבכות... עת לקרוע... עת מלחמה"), והיפוכו בסיומים. השיר מאוזן (מלשון 'מאזנים') בין שני הקטבים, ורק הפתיחה הטובה בראשונה והסיום הטוב באחרונה ("עת ללדת - ועת למות..... עת מלחמה - ועת שלום") מצביעים על שאיפת הטוב.

על רקע שיר העִתים ואחריו פורץ מחדש הוויכוח בין שלוש הדמויות. העמֵל זועק (ג' ט): "מה יתרון העושה באשר הוא עמֵל", שהרי הכול נקבע על ידי ה'עֵת' ואינו נתון לבחירת האדם; החכם שוב מצטער על (שם י–יא): "אשר לא ימצא האדם את המעשה אשר עשה האלהים מראש ועד סוף", ולכן גם לא יֵדע בכל עת מה ה'עֵת'

21. כך הסביר יפה פרופ' מרדכי זר־כבוד (מבוא לפירוש 'דעת מקרא', עמ' 11) בעקבות ראב"ע שפירש "אִזֵּן" מלשון 'אוזן', כלומר מה ששמע באוזן.

קובעת; ואילו הנהנתן חוזר לנוסחת הפשרה שמצא, ומוסיף עליה (עם העמֵל) גם מעשה טוב (שם יב): "ידעתי כי אין טוב בם, כי אם לשמוח, ולעשות טוב בחייו". החכם חוזר ומזכיר שאין ביטחון בכל זה, כי להשיג [אפילו רק] את כל זה - "מתת אלהים היא" (שם יג).

כאן מופיעה לראשונה הדמות הרביעית, החבויה, קולו של ירא האלוהים, ולראשונה פורץ ויכוח בינו לחכם. זהו ויכוח מפורסם על יראת אלוהים ומשפטו אל מול אי־הצדק בעולם. הוויכוח הזה מופיע במגילה לפחות שש פעמים (ג' יד-יז; ה' ז; ז' יג-יח; ח' ה-יד; ט' ב-ג; ט' י-יב; י"א ט), וכמעט תמיד זהו קולו של החכם, או של ירא האלוהים, או של שניהם.

ירא האלוהים פותח ברעיון ידוע מפתיחת המגילה, אולם הוא מעגן אותו במעשה האלוהים ולא במחזוריות הטבע הקבועה (ג' יד): "ידעתי, כי כל אשר יעשה האלהים הוא יהיה לעולם, עליו אין להוסיף וממנו אין לגרוע". על כך הוא מוסיף את עיקר ידיעתו, אשר משנה לגמרי את משמעות הרעיון הראשון: "והאלהים עשה שֶׁיִּרְאוּ מלפניו". יראת האלוהים היא חלק מן העולם ומן האדם, והדבר קשור בוודאי ל'פחד המוות'.

גם החכם אומר את הרעיון הידוע מן הפתיחה בניסוח אחר (ג' טו): "מה שהיה כבר הוא [=הוא שיהיה], ואשר [עתיד] להיות כבר היה". מסתבר כי החכם אומר זאת בהתפרצות לתוך דברי הירא, שתופס במידה רבה את מקומו ואת סמכותו. ירא האלוהים שוב כולל בקביעה זו את אחד מעיקרי אמונתו - את משפטו הצודק של אלוהים, כחלק קבוע ממה שהיה ויהיה: "והאלהים יבקש את נרדף". כאן בוודאי מגיב קולו של החכם, ואומר (שם טז): "ועוד ראיתי תחת השמש - מקום המשפט שמה הרֶשע, ומקום הצדק שמה הרֶשע", וקולו של ירא האלוהים עונה לו (שם יז): "אמרתי אני בלִבי, את הצדיק ואת הרָשע

ישפֹּט האלהים, כי עֵת לכל חפץ ועל כל המעשה, שָׁם". כבר ראינו לעיל כי ביטוי מיוחד זה הוא ניגודו המפורש של השקפת החכם בראש שיר העתים (שם א): "לַכֹּל זמן, ועֵת לכל חפץ תחת השמים".

פסקה זו בקהלת אינה מובנת כלל, אלא אם נאמר שהיא מייצגת ויכוח סוער בנפשו של קהלת. הצגת הקולות והדמויות שבוויכוח, ואפיונן כ'חכם' מול 'ירא אלוהים' פותרת את הסתירות ומנהירה את הדיון.

בהמשך, קולו של ירא האלוהים נעלם ונאלם (עד שיופיע מחדש בנאום מסודר, בסגנון גוף שני, מד' יז עד ה' ז לפחות). החכם נותר עם העמֵל, ושניהם תוהים אם יש הבדל מהותי אפילו בין אדם לבהמה (וכל שכן בין צדיק לרָשע), שהרי כולם מתים באותו האופן (ג' יח-כא). תהייה זו מחזירה את הדיון לסוף פרק ב' בעצמת יתר, כי בפרק ב' מתים כאחד החכם עם הכסיל, וכאן מתים בשווה האדם והבהמה. לפיכך, מסקנת הסיום במערכה זו, בניסוחו של הנהנתן (אולי יחד עם העמֵל), מתבקשת (ג' כב): "וראיתי כי אין טוב מאשר ישמח האדם במעשיו, כי הוא חלקו", ולזה מוסיף שוב החכם: "כי מי יביאנו לראות במה שיהיה אחריו".

שלוש הדמויות בעימות החברתי

בתחילת פרק ד' חוזרות שלוש הדמויות לעימות חריף, הפעם על רקע של מוסר חברתי. לעומת הרקע המוסרי האישי שבפרקים ב'-ג', בפרק ד' שאלת 'העשוקים' שנעשים תחת השמש עם המצוקה הגדולה של "דמעת העשֻׁקים" היא השאלה הגדולה, והיא לא נשאלת כאן בהקשר של תמיהה על דרכי ההשגחה, על הצדק והמשפט של האלוהים בעולם, אלא בקשר לפתרונות האנושיים, המוסריים והחברתיים המוצעים לבעיה.

כדרכו, קהלת אינו מרחיב בפרטי העניין, אלא יורד לשורשו במשפט אחד. אחרי שהוא מתאר את עצמת הייאוש הצומח ממראה "דמעת העשֻקים", שאין מה לעשות בשבילם, בפס' ד הוא מציב אבחנה חריפה: "וראיתי אני את כל עָמָל, ואת כל כשרון המעשה, כי היא קנאת איש מֵרֵעהו". ביסוד העמל הגדול שמשקיע האדם מונחות הקנאה והתחרות, והן מולידות תוך כדי מֵרוץ את העשוקים ואת דמעותיהם, הלוא הם הנפגעים הגדולים ממרוץ העמל והמעשה, אשר ניזון מן הקנאה של איש ברעהו.

הביקורת על העָמָל כבר הופיעה בפרק א', אך יש הבדל בין ההופעה שלה שם להופעה שלה בפרק ד'. במערכה הראשונה, הביקורת של העמֵל נגד השקפתו שלו היא כפולה (א' טו): "מְעֻות לא יוכל לתקֹן", כלומר בכל מעשה יש שגיאות ופגמים, ושום מעשה אינו מושלם. אולם קשה מזה הוא שגם המעשה הנכון, הטוב והחכם לא יחזיק מעמד לבטח, והדור הבא עלול להרוס את כל מה שקיבל בירושה. בפרק ד' הביקורת מתמקדת במחיר ההצלחה, שהיא "דמעת העשֻקים". כמה דמעות של עשוקים ונרמסים נמסכות ביסוד כל המעשים שעשיתי? - שואל העמֵל בקולו מתוך 'אני קהלת'.

מנגד, צומחות אסכולות 'הסכלות', השואפות לבסס את החיים על השמחה וההנאה, ולא על העמל והחכמה: אם התחרות, "קנאת איש מרעהו", היא המניע למרוץ, והעשוקים וסבלם הם הקרבן - אולי נוכל לפתור חלק מבעיות הסבל בעולם, אם רק נעקור את הקנאה וניחלץ ממנה! אמנם ניצור חברה ענייה, אבל האנשים בה יהיו שמחים בחלקם, לא תהיה בהם "קנאת איש מרעהו". אולי תהיה זאת חברה מאושרת, בין אם היא תהיה שוויונית, ובין אם כל אחד יקבל בהכנעה ובהשלמה את 'חלקו בחיים' מתוך אמונה.

דרך כזו, בין אם היא לובשת צורה שוויונית [של קומונה

עתיקה, או של קומוניזם מודרני], בין אם היא מופיעה בתור 'פריקת עול' ניהיליסטית, המתמרדת נגד המרוץ הכלכלי־חברתי, ובין אם היא מופיעה בלבוש רוחני (כמו בזרמים אחדים בהודו), בעיקור הקנאה על ידי אמונה ב'גורל' שנקבע מראש, על ידי הכוכבים או באמונת הגלגול - כל דרך כזו מביאה את החברה הנוהגת כמו 'הכסיל' למצב שהיא אוכלת מן הקרן, מירושת אבות שעמלו עבורה, או מרכושם של האחרים. אם חברה שלמה חיה בלא מרוץ העמל המוזן על ידי קנאה, בלא תחרות ובלא עושק, הרי היא 'אוכלת את בשרה' פשוטו כמשמעו (ד' ה-ו): "הכסיל חֹבק את ידיו, ואֹכל את בשרו, [ואומר][22]: טוב מלֹא כף נחת, ממלֹא חפנים עמל ורעות רוח".

קשה למצוא הגדרה קולעת יותר מ"אֹכֵל את בשרו" לניסיונות האנושיים לפתור את הסבל של העשוקים על ידי יצירת חברה שאין בה עושק מפני שאין בה תחרות, אך בסופו של דבר האנשים בה אוכלים את בשרם ויוצרים חברה של מסכנים.

מנגד, אנו שבים ומתבוננים אל הקצה השני, האבסורדי לא פחות, של העמל המטורף, ש"אין קץ לכל עמלו".

מכל זה נובעת מסקנה מוכרחת (ד' ט): "טובים השנים מן האחד", והשניים הם 'העמֵל' ו'השמח', שתיים מתוך שלוש הדמויות - אמנם בתחום החברתי אי־אפשר בלא עמל, אך יש לשמור על האיזון ולהותיר מקום לשמחת החיים. אלה הם 'השניים' אשר כל אחד מהם יוכל להקים את חברו אם ייפול, וגם יוכלו לשכב יחד "וחם להם" כמו זוג מאושר. "ולאחד איך יֵחָם"?

כך לפי פירושנו שזורים משלים אלה בוויכוח באופן אורגני.

22. כפי שפירש ראב"ע שם (ו) את הקשר בין שני הפסוקים.

אמנם, למען השלמות יש לנו צורך בכל שלושת הכוחות באיזון נכון, כי רק "החוט הַמְשֻׁלָּשׁ לא במהרה יִנָּתֵק" (ד' יב)[23]. הנה למשל אנו מוצאים "מלך זקן וכסיל" אשר יש לו מעשים גדולים וגם הנאה מהם, אבל הוא עלול ליפול לפני "ילד מסכן וחכם"[24] (שם יג), ואף על פי ש'השניים' (=העמֵל והשמח) ההולכים יחדיו חזקים יותר מכל כוח בודד, בכל זאת 'החכם', במצבים מיוחדים (=הילד 'החכם-המסכן') יכול לנצח גם את 'השניים'. אין לו עושר, לא 'מעשה', וגם לא הנאה מפירות מעשיו, אבל ייתכן שישרוד ואף יעלה לגדולה, בעוד למלך הזקן "אשר לא ידע לְהִזָּהֵר עוד" אין סיכוי. הפתרון השלם זקוק לשלושת הכוחות.

עם כל זה, הניסיון לאזן את שלושת הגורמים באיזון עדין וצנוע גם הוא לא יצלח, כי "החיים הַמְהַלכים תחת השמש" (ד' טו) אינם ששים לחיבור המאוזן של 'עמל, שמחה וחכמה', ואינם לומדים את הלקח. הם יעדיפו להלך עם "מלך זקן וכסיל", על אף הסיפורים על "הילד השני אשר יעמֹד תחתיו", ולא ישמחו בשינויים גדולים שמחוללים צעירים חכמים בעלי נפש מהפכנית [ואפשר שנרמזת גם כאן דמותו של רחבעם בן שלמה וכישלונו בשמירת איחוד הממלכה].

בעקבות הקושי הגדול לשמור על "החוט המְשֻלש" בחיי החברה, מתבקש המהפך הגדול בסגנון ובתוכן. המהפך מגיע בנאומו של ירא האלוהים (שמתחיל בד' יז). הוא מדריך ללכת הליכה

23. כך מתברר כי הפסוקים בפרק ד' ט-טז הם משל אשר נקשר בדרך אורגנית להרצאת הדברים על ידי הנמשל.

24. ה'מִסכֵּן' קרוב לעבד, שהרי הוא עובד בערי המִסכְּנוֹת (ראו שמות א' יא), וחי במִסכֵּנוּת (ראו דברים ח' ט). דמותו של יוסף בהיותו עבד במצרים עולה בזיכרוננו בתור "ילד מסכן וחכם".

שמורה וזהירה לבית האלוהים, ולדבר בצניעות ובזהירות כלפיו (ה׳ א), ובסופו של דבר להציב אידאל של יראת אלוהים (ה׳ ו), ועמו אמונה בהשגחה ובמשפט של "גָבֹהַ מֵעל גָבֹהַ".

כאן אנו פוגשים ביטויים של 'עבודה' בפעם הראשונה והיחידה במגילה, כנראה בהשפעת סגנונו ואמונתו של ירא האלוהים, ודרכם מופיע רמז לפתרון אישי וחברתי באורחות החיים, אשר יסודו בהבנה שה'עבודה' היא ערך מעצב לחיים טובים. 'העמָל', בעל הגוון השלילי של צער, הבל ושקר, וגם 'המעשה', הניטרלי, אשר מופיעים תדיר לכל אורך המגילה, מפַנים מקום ל'עבודה', הרוויה משמעות וערך [עד כדי קדושה במושג 'עבודת אלוהים']: "מתוקה שנת העֹבֵד אם מעט ואם הרבה יֹאכֵל, והשָׂבָע לעשיר איננו מניח לו לישון" (ה׳ יא), "ויתרון ארץ בכֹּל הוּא, מלך לשדה נעבד" (ה׳ ח). השדה נעבד, וגם מלך זקוק לו. זהו "יתרון ארץ", והעובד - מתוקה שנתו.

זהו קולו של ירא האלוהים בסוגיה החברתית [המוכר לנו גם מספר משלי]. אורח חיים זהיר וצנוע של אנשי 'עבודה' יראי אלוהים יכול לכונן חברה שמצמצמת את רדיפת הכסף חסרת הגבולות, וממילא יהיו בה פחות עשוקים ודמעות.

בין שני פסוקי ה'עבודה' נשמע קול הפוך. מסתבר שפסוקי הביניים הם קריאות תגר של דמויות ה'אני', שמזכירות את החברה המצויה (ה׳ ט-י): "אֹהֵב כסף לא ישבע כסף, ומי אֹהֵב בהמון לא [ישבע] תבואה, גם זה הבל. ברבות הטובה רבו אוכליה, ומה כשרון לבעליה [שיישאר בלא כלום], כי אם ראוּת עיניו (=חכמתו)". קריאות תגר אלה מדגישות באופן דרמטי את החידוש של ירא האלוהים, ואת הניגוד העצום בין 'עושה' - ל'עובד', בין 'מעשה' - ל'עבודה'.

כל זה מאלפנו בינה ומראה היכן נעץ קהלת את הפתרון לחידותיו גם לאורך המגילה ולא רק ב"סוף דבר" (בפרק י"ב).

באווירה של יראת אלוהים והכרת משפטו, ובשינוי מוסרי־חברתי של 'עבודה' במקום 'עמל', גם הספקן יכול להתייחס אחרת לשאלות העולות מ"דמעת העשֻׁקים", ולבטוח, כי אמנם "גבֹה מעל גבה שֹמֵר, וגבֹהים עליהם" (ד' ז).

כאשר ירא האלוהים מסתלק, הוויכוח בין שלוש דמויות ה'אני' חוזר, והוא מתרכז בצרות העושר, ככל הנראה בהשפעת הסיום של דברי הירא. הירא יצר הנגדה חדה בין 'העובד', ששנתו מתוקה, ל'עשיר', שאיננו יכול לישון מרוב דאגות של שובע. בתגובת המשך מתוארים מקרים שונים של אנשים שלא זכו לראות טוב מכל עמלם ומעושרם המופלג, וכל סיפור קשה מקודמו, עד לסיכום. בשלב זה של הוויכוח לא מדובר עוד באנשים הפשוטים, לא בעשוקים ולא בחברה, כי אם בעשירים מופלגים, שלכאורה מחזיקים בידם את כל מפתחות העולם, ובכלל זה גם פתרונות לכל השאלות שעלו בוויכוח. לאמיתו של דבר, הסיפורים על גורל העשירים מראים כישלונות נוראים וטרגיים, ובמקרה קיצוני, עד כדי האיש שיוליד "מאה, ושנים רבות יחיה... ונפשו לא תשבע מן הטובה, וגם קבורה לא היתה לו - אמרתי: טוב ממנו הנפל..." (ו' ג-ה), שלא ראה כלום מכל "המעשה הרע אשר נעשה תחת השמש" (ד' ג).

חתימת המחצית הראשונה של המגילה בנויה לפי הביטויים האופייניים לחידת הפתיחה: הבל, חֹשך, שמש, מקום, הכל הולך, כל עמל, לא תִמָּלֵא, מה שהיה, מה יֹּתֵר לאדם, תחת השמש. חלק מביטויים אלה אפשר למצוא בקהלת בכל מקום, אבל הריכוז התמציתי הזה מופיע דווקא בפתיחה ובחתימות. השוואה זו גם סייעה לנו בהבנת חידת הפתיחה, ועל כך כבר דובר לעיל.

במחצית השנייה של המגילה, הוויכוח מתמקד בין החכם לבין ירא האלוהים, ושתי הדמויות האחרות מופיעות לעתים כשומעות,

כאשר החכם או הירא פונה אליהן (לפי ההקשר והתוכן), כאילו כבר מוצה הדיון על עמל והנאות. אולם במערכה החמישית (פרקים ח׳-ט׳) יחזרו ויופיעו גם העמֵל וגם הנהנתן וישמיעו את תפיסת עולמם העיקרית בתור נאום סיכום, כפי שהסברנו לעיל.

בעזרת הדמויות השונות המדברות מתוך "אני קהלת" גילינו את מהלך הוויכוח המרומז המתנהל במבנה גמיש, אך אחיד ומתוכנן. גם כפילויות הנראות מיותרות ופסוקים הנראים בלתי קשורים התחברו לרצף הגיוני. קהלת נוגע בבעיות היסוד של האנושות הישר בנקודת המוקד של כל בעיה. הוויכוח, שמתנהל כמונולוג רב קולות, מתנהל באמת בלבו של כל אדם, בכל זמן. השאלות הן נצחיות, והפתרונות רלוונטיים.

ז. פרק הסיום: המוות כמנוף להבנת החיים

נוסיף עתה להתבונן בהשקפת עולמו של קהלת דרך שתי הקבלות ניגודיות נוספות, מתוכננות גם הן, אשר מובילות אל הפתרון המוצע בסוף המגילה: יראת אלוהים ומשפטו.

"לכל חפץ יש עֵת - ומשפט"

תחילה נתבונן ב"עֵת" וב"חפץ" ונרחיב בשיר העִתים[25].

אחד הפירושים האפשריים לשיר העִתים הוא השתלטות התפיסה ההדוניסטית של הנאת החיים המְרַבית על שתי התפיסות האחרות, המעשה והחכמה. תפיסה כזו יכולה להיות ניזונה גם

25. שיר שקהלת "אִזֵּן", כלומר, 'שמע', והביא אל המגילה ממקום אחר, כפי שפירש פרופ׳ מ׳ זר־כבוד, על דרך ראב"ע, לעיל הערה 19.

מאמונה עיוורת בגורל עיוור, אשר שולל את טרחת העמל ואת ביקורתה של החכמה, כי ממילא הכול קבוע מראש - "לַכֹּל זמן, ועֵת לכל חפץ תחת השמים" (ג׳ א).

הרוצה למצות את הנאות החיים ואת שמחתם ולקיים את "כל אשר שאלו עינַי, לא אָצַלתי מהם" (ב׳ יא), יודע כי יש צרות ומרורים, בכי ואבל בחיים, אולם המחשבה כי "עֵת לכל חפץ" וזמן לַכֹּל מקהה את עוקצן של הבעיות ומשחררת את האדם מהתמודדות. כשאין התמודדות ואין משמעות, יש רק ניצול אפשרויות ומיצוי הנאות.

המוות עצמו הופך בשיר העִתים כביכול ל"חלק מהחיים", אשר אינו משבית כלל את מנוחתם של הנשארים בחיים, שנזכרו בקטעים האחרים: כי "עת ללדת, ועת למות... עת להרוג, ועת לרפוא... עת מלחמה ועת שלום" (ג׳ ב-ח).

אך האם שיר העִתים מקובל על קהלת?

קל להוכיח שלא!

תחילה חכם-קהלת מסתייג ואומר (ג׳ יב): "את הכל עשה יפה בעִתּוֹ", כלומר האלוהים ולא האדם, "אשר לא ימצא... את המעשה אשר עשה האלהים מראש ועד סוף". ומיד אחר כך הוא מציב אנטיתזה חד-משמעית, בדברו של ירא האלוהים (שם יז): "אמרתי אני בלבי את הצדיק ואת הרָשָׁע ישפֹּט האלהים, כי עֵת לכל חפץ ועל כל המעשה שָׁם".

יש ניגוד עמוק בין "עֵת לכל חפץ תחת השמים" לבין "עֵת לכל חפץ... שָׁם". ניגוד זה מוכיח שוב כי פתגמים רבים מובאים בקהלת לשם סתירתם. אפילו האריכות השירית הנפלאה של עשרים ושמונה "עִתים" מכוונת ליצור עימות שיביא להצבת דעה נגדית. במקום "עֵת לכל חפץ תחת השמים" יעמוד "עֵת לכל חפץ ... [דווקא] שָׁם", "גבֹהַ מֵעל גבֹהַ" (ה׳ ז).

את משמעות ההתנגשות היסודית הזאת מפתח ומסביר ירא האלוהים בתחילת פרק ח׳: ״שומר מצוה לא יֵדע דבר רע, ועת ומשפט יֵדע לב חכם. כי לכל חפץ יש עֵת ומשפט, כי רעת האדם רבה עליו״ (ח׳ ה-ו).

במקום ״עֵת לכל חפץ״ משמיע היָרא מהפך: ״לכל חפץ יש עֵת ומשפט״. עֵת במשמעות של קֵץ ונתינת דין וחשבון במשפט.

ההיפוך הסגנוני מבטא גם היפוך תוכני, והוא מחריף כאשר מתפרש ה׳עֵת׳ במובן של ׳קֵץ׳ (ט׳ יב): ״כי גם לא ידע האדם את עִתו, כדגים שנאחזים במצוֹדה רעה, וכַצפרים האֲחזות בַּפָּח, כָּהֵם יוּקָשים [מלשון מוקש] בני האדם לעֵת רעה, כשתִּפּוֹל עליהם פתאֹם״.

׳עֵת׳ במשמעות של זמן אשר כָּלֶה ומגיע לקִצו בעת משפטו, הופך לגמרי את משמעותם של פתגמי שיר העִתים. המשמעות הפשטנית של ״עֵת לכל חפץ תחת השמים״ (ג׳ א) מסלקת כל יתרון של ״העֹשה, באשר הוא עמֵל״ (שם ט) ומערערת כל משמעות מוסרית. אולם, ייתכן שמאחורי המשמעות הרגילה מסתתרת מגמה אחרת וחבוי פירוש נוסף: ׳לכל זמן, ועֵת משפט לכל חפץ׳ - ואפילו - ׳קֵץ לכל חפץ, לכל יצר ולכל גאווה תחת השמים׳, כי יש סוף לחיים, ו״לכל חפץ יש עֵת ומשפט״, ועֵת זה מביא את האדם אל מתן דין וחשבון, אל שכר ועונש. על כן, אם אדם יזכור שנכונות לו ״שנים אשר תאמר אין לי בהם חפץ״ (י״ב א), ממילא כבר כעת (בצעירותו) הוא צריך לתת את הדעת לָעֵת ולמשפט.

המוות, בעיית הבעיות של האדם, הסלע שכל הפתרונות נשברים אליו, משמש במגילה מנוף אדיר להובלת הקורא אל המסקנה המוכרחת: בלי יראת אלוהים אין חיים בעלי ערך ומשמעות.

משחק המילים ב׳עֵת׳ וב׳חפץ׳ עוד לא תם. אחרי: ״כי עֵת לכל חפץ, ועל כל המעשה שָׁם״ (ג׳ יז), דהיינו בזמן ׳העֵת והמשפט׳ -

מתברר לנו בפרק ה׳ (פס׳ ז) כי יסוד המשפט מוביל אל האמונה בגמול הצודק גם אם הוא בלתי מובן לנו: ״אם עֹשֶׁק רָש וגזל משפט וצדק תראה במדינה, אל תתמה על החֵפֶץ, כי גבֹה מֵעל גבֹה שֹמֵר, וגבֹהים עליהם״.

״סוף כל האדם״ או ״סוף דבר״ שהוא ״כל האדם״?

עוד ניגוד אחד משלים את משמעות הפתרון שבסיום המגילה וקושר את החלק השני של המגילה (מפרק ז׳) מתחילתו אל סופו: ״טוב ללכת אל בית אֵבֶל מִלֶּכֶת אל בית משתה, באשר הוא **סוף כל האדם**, והחי יתן אל לבו״ (ז׳ ב).

יש לאבל יתרון יחסי על פני המשתה כשם שיש יתרון לחכמה מן הסכלות, אך אין זה פתרון שלם. ואכן, קהלת איננו משאיר משפט זה למסקנה. הוא חוצה את הביטוי ״סוף כל האדם״ ומפלגו לשניים בלשונו של ירא האלוהים: ״**סוף** דבר הכל נשמע, את האלהים יְרָא ואת מצותיו שמור, כי זה **כל האדם**״ (י״ב יג).

זו הבחנה בין ״**סוף כל האדם**״, המעמיד את האדם בפני ההכרח לחשוב על משמעות קיומו, ובין ״**סוף דבר**״ שהוא ״**כל האדם**״ אשר מעוגן ביראת אלוהים ובהכרת משפטו.

מכאן גם ברור ש״**סוף דבר... כל האדם**״ הוא חלק אורגני מן המגילה, מפני שהוא מכוון כנגד ״**סוף כל האדם**״ בתחילת פרק ז׳, ויוצר מסגרת ברורה, ספרותית ורעיונית למחצית השנייה של המגילה. בתחילה אנו עומדים בפני הסוף (=המוות) מתוך חוסר אונים ופיכחון אכזרי, אך ב״סוף דבר״ אנו ניצבים בפני המוות בדרכו של ירא האלוהים, מתוך יראה ומשפט, מתוך אומץ ותודעת משמעות ומטרה, ומתוך אמונה ״**כי זה כל האדם**״.

עיקרי הניגודיות הזאת המוצגת כאן בפשוטה של המגילה עמדו כנראה מאחורי דרכם של חכמי המדרש (קהלת רבה א' ה, ויקרא רבה פרשה כ"ח), אף כי לא נאמרו בדרך פשט, אלא כמדרש, וכך מביאם רש"י בתחילת המגילה: "תחת השמש אין יתרון, אבל למעלה מן השמש יש יתרון"!

ואנו מוסיפים בדרך הפשט: "שָׁם", ב'עֵת למשפט', יש יתרון, כי יש יראת אלוהים.

קהלת בונה ניגודים אלה בתוך המגילה באמצעות הוויכוח בין הקולות השונים. כמו במקרים רבים אחרים, המדרש (המלאכותי, כביכול) יכול להיות גם תוצאה של הבנה פרשנית מעמיקה.

ח. בין קהלת למשלי

לפי דרכנו, מגילת קהלת יכולה לשמש מבוא מצוין לספר משלי. היא מובילה את הקורא עד לפתחו של ספר משלי ממש, לא רק מבחינת התוכן, אלא דווקא מבחינת הסגנון. סגנון ה'אני' החוקר, האופייני לקהלת, מתחלף לו תוך כדי ההכרעה לסגנון היועץ, המדבר אל השומעים בגוף שני, והוא אופייני למשלי. בסוף המגילה, בדבריו של ירא האלוהים, אין כלל לשון של 'אני', והסגנון מתקרב לסגנון משלי.

עוד הגדיל הסיום של קהלת עד שהשתמש במילת הפנייה: "בני", שיש בה הֶמְיָה של רחמים ואהבה. והנה, "בני", בהיותה מילת פתיחה, היא ביטוי שולט דווקא בספר משלי, בפרט בחלקו הראשון (פרקים א'-ט'), והוא מתאים מאוד ללשון 'נוכח' של סגנון היועץ החכם ושל ירא האלוהים.

לעומת זה, הפסימיות ונטיית החקר של "אני קהלת" מציגים במקום "בני" את "האדם שיהיה אחרָי" (ב' יח), ביטוי קר ומנוכר, ואפילו אכזרי.

רק פער עמוק אחד נותר בין קהלת לבין משלי -

מגילת קהלת כתובה כולה בשֵם אלוהים (=שֵם כללי ואוניברסלי), ולא נזכר בה שֵם ה' אפילו פעם אחת. הנהגת שם ה', השֵם המיוחד, שהוא שֵם פרטי מיוחד לקשר הישיר בין האדם לה', מתגלה רק בחכמת המוסר שבמשלי, כמו שהיא מתגלה לעם ישראל בתורה ובדברי הנביאים.

בסיום המגילה, עם התרת הספקות, מתחלפת הוודאות השלילית, עם הייאוש והפסימיות, בהלך הרוח של ביטול ה'אני' מתוך ענוות אמת וקבלת מרות ומשמעת, אל נוכח חושך המוות. ועדיין, מנקודת הסיום של קהלת דרוש צעד אחד נוסף כדי להפוך את 'הצמצום', את הכניעה ליראת אלוהים, לאור חסד של רצון שיש עמו גם נכונות ואהבת ה'.

בגישה כזאת יש מהפך לעומת תפיסות רווחות אשר רואות בקהלת ערעור על האמונה התמימה, בעוד התמימות הדתית ממלאת את ספר משלי באופן מיוחד. מי שקורא את משלי כספר של מוסר תמים ואת קהלת כערעור ספקני ומפוקח, קורא בקהלת רק את הקולות של ה'אני' ומתעלם מדבריו המכריעים (במגילה) של ירא האלוהים.

לפי גישתנו, נכון יותר לראות זאת בדיוק להפך: קהלת מוביל את החוקר הספקן בעל כורחו הישר אל סִפּוֹ של ספר משלי. הספק קדם לאמונה, והמחקר הספקני הוביל אל יראת האלוהים וקבלת משפטו. דרך ירא האלוהים החותם את קהלת אפשר לצעוד צעד ענק נוסף אל האור והחסד, שבסגנון שם הוי"ה, בחכמת ספר "משלי

שלמה בן דוד, מלך ישראל". כך אפשר למצוא כבר בתחילת משלי (א' ז-ח): "יראת ה' ראשית דעת... שמע בני מוסר אביך, ואל תִּטֹּשׁ תורת אִמֶּךָ".

ט. לשונה וזמנה של מגילת קהלת

בלשונו של קהלת אנו מוצאים תופעות שהולמות את הלשון העברית המדוברת בימי בית שני[26], כפי שתיאר זאת חוקר הלשון העברית, אבא בנדויד.

הדבר בולט באוצר המילים, בצורות הפעלים, בסיומות של שמות מופשטים, בשימוש נרחב בצורות פעלים ב'בינוני', בכינויי הגוף, במילות חיבור ובהשפעות של הלשון הארמית והפרסית, ויש אומרים, שגם היוונית.

אין זאת אומרת שלשון המקרא אינה מופיעה בקהלת. אדרבה, העברית המקראית היא העיקר, אבל השפעת העברית העממית של בית שני בולטת וחזקה.

נזכיר כמה דוגמאות:

א. "עֲדֶן לא היה" (ד' ג), במקום "טרם יהיה בארץ" (בראשית ב' ה).

ב. "אִי לָךְ ארץ שמלכך נער..." (י' טז), במקום "אוֹי לְךָ מואב..." (במדבר כ"א כט).

ג. ו"ו ההיפוך, המאפיינת את הפעלים בלשון המקרא תמיד, נמצאת בקהלת פעמים בודדות! (כגון, א' יז, ד' א, ד' ז).

26. ראו אבא בנדויד, לשון מקרא ולשון חכמים, עמ' 77-80, ובמבוא של 'דעת מקרא', עמ' 13-18.

ד. סיומות "-וֹן", ו"-וּת" לציון שמות מופשטים, כמו שמצוי מאוד בלשון המשנה: יתרון, חסרון, רעיון־רוח, כשרון, שלטון, זכרון; סכלות, הוללות, ילדות, שחרות, שפלות, רעות־רוח.

ה. ריבוי פעלים בבינוני בתיאור עומד, בניגוד לשיטת הפעלים המקראית, שהיא פעילה. למשל: "דור הֹלך ודור בא, והארץ לעולם עֹמדת[27]... שואף, זורח הוא שם. הולך אל דרום, וסובב אל צפון... כל הנחלים הֹלכים אל הַיָם..." (א' ד–ז).

ו. צירוף כינויי הגוף אל הפועל, כמו בלשון חכמים: "דִּבַּרתי[28] אני עם לבי" (א' טז); "אמרתי אני בלבי" (ב' א, טו; ג' יח); "וראיתי אני" (ב' יג, כד; ה' יז), ורבים כאלה; גם "זורח הוא שם"; "שם הם שבים ללכת" (א' ה, ז), וכד'.

ז. מילת החיבור "אשר", הרגילה בלשון המקרא, מופיעה בקהלת 89 פעמים, בעיקר בצירופים ידועים בלשון המקרא, ולצדה מופיעה ש' השעבוד "שֶׁ־" 68 פעמים, בעיקר בצירופים של הלשון המאוחרת[29]. מכאן המסקנה, שלשון קהלת נמצאת במעבר בין 'לשון מקרא' לעברית העממית של בית שני, שממנה צמחה אחר כך 'לשון חכמים'.

27. בלשון המקרא היו אומרים: 'דור יֵלֵךְ ודור יָבֹא, והארץ לעֹלם תעמֹד'; וכן: 'כל הנחלים יֵלכו אל הים...'.

28. ירמיהו (כ"ה ג) אמר: "ואדבר אליכם... ולא שמעתם".

29. לפי הספירה של אבא בנדויד.

ח. עשרות מילים שבאו מארמית, כמו: "גוּמָץ" (י' ח); "מדינה" (ב' ח; ה' ז); "פשר" (ח' א); "כבר", ובייחוד "בְּשֶׁכְּבָר" (א' י; ב' יב; ובייחוד ב' טז, ועוד); "תקיף" (ו' י).

ט. מילים פרסיות מובהקות כמו: "פרדסים" (ב' ה); "פתגם" (ח' יא).

י. דוגמה בולטת הביא אבא בנדויד מן האופן שבו מובאים בקהלת פסוקים מן התורה:

"כי תִדּׂר נדר לה' אלהיך, לא תאחר לשלמו, כי דרׂש ידרשנו ה' אלהיך מעמך, והיה בך חטא. וכי תחדל לנדׂר, לא יהיה בך חטא. מוצא שפתיך תשמׂר ועשית, כאשר נדרת לה' אלהיך נדבה אשר דברת בפיך" (דברים כ"ג כב-כד).

פסוקים אלה חוזרים בקהלת מפי ירא האלוהים בסגנון שלו[30]:

"כאשר תִּדּׂר נדר לאלהים, אַל תאחר לשלמו, כי אין חפץ בכסילים - את אשר תִּדּׂר, שַׁלֵּם. טוב אשר לא תִדּׂר, מִשֶּׁתִּדּׂר ולא תשלם. אַל תתן את פיך לַחטיא את בשרך, ואַל תאמר לפני המלאך כי שגגה היא, למה יקצׂף האלהים על קולך, וחִבֵּל את מעשה ידיך" (ה' ג-ה).

אילו היה לפנינו רק 'פשוטו של מקרא' היינו יכולים לומר שמקהלת "אני קהלת" והמגילה כולה מוקדשת לדמותו רבת הפנים והחכמה

30. ראו והשוו כיצד מצוטט האיסור "לא יומתו אבות על בנים ..." שבספר דברים (כ"ד טז) במלכים-ב (י"ד ו).

של שלמה, הוא "קהלת בן דוד מלך בירושלָםִ", והפסוק "אני קהלת הייתי מלך על ישראל בירושלָםִ", כמו גם "דברי קהלת בן דוד מלך בירושלָםִ", נאמרו לזכרו ולכבודו מפי המקהלה המגלמת את דמותו, כמו במחזה.

אבל חז"ל סירבו לקבל פירוש כזה, ואמרו (קהלת רבה א' ב): "שלושה שמות נקראו לו: ידידיה, שלמה, קהלת", ועוד אמרו (שם): "למה נקרא שמו קהלת? שהיו דבריו נאמרין בהקהל, על שם שאמר 'אז יַקְהֵל שלמה' (מלכים-א ח' א)...".

זהו אחד מן המקרים שבהם מתפלגים מאמינים ומשכילים. אלה ואלה בטוחים שדברי חז"ל ומסקנות חכמי המדע (=הלשון) סותרים מכול וכול. המאמינים דבקים בחז"ל, והמשכילים בחכמי המדע. די לשאול אדם שלמד מעט 'מתי חי קהלת?' כדי לדעת מה השקפת עולמו ברוב הנושאים שבין אמונה ותורה לחיים המודרניים. כאן עלינו לשאול: האם יש גשר בין אמונה והשכלה בשאלה זו?

פעם שח לי פרופ' משה בר־אשר, איש אמונה והשכלה כאחד ובר סמכא מובהק בתורה ובלשון העברית, כי אפשר שכל המגילות, ובפרט קהלת, נמסרו בעל פה במשך דורות בלשון 'פתוחה'. לשון התורה והנביאים הייתה 'חתומה', כי נתקדשה במילותיה ובתבניות הלשון המיוחדות לה, אבל בלשון הכתובים לא דקדקו כל כך, והמגילות היו 'פתוחות' במשך דורות רבים לניסוח חופשי יותר. רק בימי הבית השני 'נחתמה' לשון המגילות מכוחם של אנשי הכנסת הגדולה ותלמידיהם. כך ספגה מגילת קהלת את תבניות הלשון העממית של בית שני, ואף מילים ארמיות ופרסיות[31], ונראית כאילו

31. וכך הדבר גם בשיר השירים.

נתחברה אז, אף שמקורה קדום. הלוא כך הדבר גם בהלכות תורה שבעל פה, שנמסרו מדור לדור עד שהגיעו אלינו בלשון חכמים, ורק משעה שהותרה תורה שבעל פה להיכתב, 'נחתמו' ההלכות בלשון המשנה והמדרשים, כל שלב לפי זמן 'חתימת' חיבורו.

הסבר זה פותר את הסתירה הגדולה בבת אחת.

כעין זה כתב בשעתו פרופ' יחזקאל קויפמן[32] בדבריו על קדמותה של ספרות החכמה בכלל וקהלת בפרט ועל המקבילות בין קהלת לחכמת מצרים ומסופוטמיה: "את ספר קהלת אנו חושבים למאוחר רק בגלל לשונו, ולא בגלל ענייניו. חומר עתיק נתגבש כאן בצורה מאוחרת, ואפשר שאין הוא אלא עיבוד של ספר ישראלי קדום יותר".

בדרך זו עשויים להתפרש גם ביטויים שקשה להבין כיצד נאמרו מפי שלמה, כגון: "וגדלתי והוספתי מכל שהיה לפנַי בירושלָם" (ב' ט), והלוא רק דוד עצמו היה לפניו! ניסוח כזה יכול להתאים לאחד המלכים הגדולים האחרונים מבית דוד[33], מעין האמור במשלי (כ"ה א): "גם אלה משלי שלמה, אשר העתיקו אנשי חזקיה מלך יהודה".

הוויכוח על קהלת בזמן חז"ל

כך מובנת היטב מסקנתם של חז"ל, שקהלת נתקדש עם חתימת המקרא בידי אנשי הכנסת הגדולה בימי בית שני. יש לכך גם הוכחה חיצונית ברורה במגילות שנמצאו במדבר יהודה, שם נמצאו קטעים מכל ספרי המקרא פרט למגילת אסתר (ונחמיה), ובין היתר נמצאו

32. תולדות האמונה הישראלית, כרך ב', עמ' 646.
33. כפי שהציע מ' אליועיני, מחקרים בקהלת ובמשלי, ירושלים תשל"ז, עמ' 10–21.

גם שני קטעים מקהלת[34]. ברור מהממצא שהמגילה נתקדשה לפני ימי קומראן, קרוב לוודאי בימי 'הכנסת הגדולה', והוויכוח עליה בימי התנאים לא היה על הכנסתה אל כתבי הקודש, אלא מול ניסיון להוציא אותה משם.

באותו אופן ממש פרץ הוויכוח על יחזקאל, דור אחד לפני כן (בסוף ימי בית שני), כמתואר בתלמוד בכמה מקומות (בבלי שבת יג ע"ב; חגיגה יג ע"א; מנחות מה ע"א): "אמר רב יהודה, אמר רב: ברם זכור אותו האיש לטוב, וחנניה בן חזקיה שמו, שאלמלא הוא, נגנז ספר יחזקאל [מפני] שהיו דבריו סותרין דברי תורה! מה עשה? העלו לו ג' מאות גרבי (=כדים גדולים של) שמן, וישב בעלייה ודרשן".

מה חולל אפוא את הוויכוח הגדול בין החכמים בדור יבנה, שביקשו לגנוז[35] את קהלת, דורות רבים אחרי שנתקדש (בבלי שבת ל ע"ב; משנה ידיים סוף פ"ג, אבות דרבי נתן פרק י"א)?

חכמים חששו שמא קוראי המגילה בבית הכנסת ולומדיה בבית המדרש לא יבינו אותה וילמדו מן המגילה היתרים למעשים שליליים ולדעות חריגות. הסכנה הייתה גדולה במיוחד בדור משבר, כמו הדור שאחרי חורבן הבית השני. על כן ביקשו לגנוז את המגילה על סתירותיה (=הוויכוח הסמוי בין הקולות השונים) ועל הניגוד [המדומה] שבינה לבין התורה. המחלוקת התנהלה באמצעות ויכוח על גזרת חכמים שלפיה הספרים המקודשים "מטמאין את הידיים", ולנוגע בספרים אסור לגעת במאכלי קודש ותרומה עד

34. נמצאו במערה 4, מסומנים כ־4Q109-110 ; פורסמו בסדרת D.J.D. כרך XVI (Oxford 2000) לוח 26, pp. 221-227.

35. כבר הוכיח יפה פרופ' י"מ גרינץ, מבואי מקרא, תל־אביב תשל"ב, עמ' 38-46, שגניזה אינה אלא בדבר של קודש. ומכאן הוכיח שקהלת לא הוכנסה למקרא בדור יבנה, אלא נמנעה אז, די בקושי, הוצאתה ממנו.

שיטהר בנטילת ידיים. מטרת הגזרה הייתה להרחיק את הספרים[36] מהמאכלים של קודש. ההכרעה בעניין קהלת, ש"מטמאת את הידיים", כלומר נשארת בקדושת התנ"ך, הייתה הכרעה קשה, כנרמז במשנה (ידיים ד' ו).

לבסוף, הדרשנים בדורות המאוחרים יותר, בדור של קהלת רבה, דרשו את המגילה שלא כפשוטה, באופן שכל פסוק ופסוק יעלה בקנה אחד עם המסקנה הסופית. החכמים ויתרו בכך על הניגוד הדרמטי שבתוך המגילה, ובנו דרך מדרשית להסביר את פסוקי המגילה לציבור הרחב, שלא ירד לחקירה של חכמת המשל, החידה והרמז השולטים במגילה זו. לכן, במדרש 'קהלת רבה' כבר לא ניכר המתח הגדול שאפף את המגילה בדור יבנה[37].

36. לדעתי, בגזֵרה זו, שנראתה לצדוקים אז אבסורדית, כפי שכתוב במשנה (ידיים ד' ו), נוסד 'ארון הספרים היהודי'. ההכרח ההלכתי להפריד באופן קבוע בין אוכל לספרי קודש קבע מקום נפרד לארון הספרים בכל בית יהודי. זו גדולתה של הלכת חז"ל.

37. כך שמעתי מפי פרופ' אביגדור שנאן.

קהלת כמקהלת קולות בתוך דמות אחת

יואל בן־נון

בכל התרבויות העתיקות שרו במקהלות והשמיעו דברי חכמה בשיר, וגם בדוגמאות שונות של מחזות. גם חלק משמעותי של פעולות הנביאים היה מחזה, מעין מה שכתב הרמב"ם (מורה הנבוכים ב' מו) על הושע ומשל "אשת הזנונים", והדברים ברורים יותר בהליכת ישעיהו (פרק כ') "ערום ויחף", במוסרות ובמוטות על צווארו של ירמיהו (פרק כ"ח) עם שבירתם בידי חנניה בן עזור לעיני הצופים, וכמובן במופתיו של יחזקאל. שם ברור שהיה קהל צופה ומקשיב למחזות הנביאים.

אמנם הרמב"ם סבר כנראה שכל משלי הנבואה הוצגו רק לעיני רוחו של הנביא[1], אולם בדברי יחזקאל ברור שהיה קהל, ועצם השליחות הנבואית מחייבת מאמץ של השפעה על הציבור, בטרם יבואו ימי הרעה, ומחזה נבואי בוודאי עורר הדים ויצר ויכוח. אי אפשר היה לטעון שהנבואה לא התריעה בעוד מועד.

1. ראו מורה הנבוכים ב' מו-מג, מו (מהד' מ' שורץ, עמ' 403-407, 416-419).

רבים סבורים (בטעות, לדעתי) שתיאטרון התחיל רק אצל היוונים, בעוד העולם היהודי עסק רק בהפשטות של בית המדרש. אבל עולם התנ"ך קדם לבית המדרש של חז"ל, וחלקים גדולים מ'חידושי' היוונים היו ידועים כבר בימי האבות (למשל, גיאומטריה ואסטרונומיה, לא פחות ממשלי חכמה).

מכאן נבעה הכרעתי לקרוא ולפרש את קהלת כמחזה עתיק. במחזות עתיקים לא היו כותבים הוראות בימה והוראות לשחקנים - אלה היו בבחינת 'תורה שבעל פה', ולכן הוספתי אותם מדעתי, במקום פרשנות קונבנציונאלית. אי אפשר לשפוט מחזה עתיק לפי כלים מודרניים.

את הקריאה המוצעת כאן, לפי הקולות השונים, ניסינו פעמים אחדות בנוכחות קהל מבוגר וקהל צעיר, והשומעים הופתעו לגלות איך הקולות השונים הופכים מגילה סתומה ליצירה מובנת לאוזן. אין שום תחליף לשמיעה - בכל משפחה או כיתה אפשר לחלק תפקידים ולקרוא (לפחות) מערכה ראשונה, ומערכה אחרונה. אחרי השמיעה, כדאי לקרוא שוב את המבוא - 'פשר קהלת', ואז לחזור אל המחזה בקריאה על ידי דוברים שונים.

מערכה ראשונה (פרקים א'-ב'):

נכנסים שלושה דוברים: חכם, עמֵל, נהנתן (שנקרא גם כסיל)

(1) **פותחים שלושתם במקהלה:** דִּבְרֵי קֹהֶלֶת בֶּן דָּוִד מֶלֶךְ בִּירוּשָׁלָם.

(2) **חכם:** הֲבֵל הֲבָלִים אָמַר קֹהֶלֶת, הֲבֵל הֲבָלִים הַכֹּל הָבֶל.

(3) **עמֵל:** מַה יִּתְרוֹן לָאָדָם בְּכָל עֲמָלוֹ שֶׁיַּעֲמֹל תַּחַת הַשָּׁמֶשׁ?

(4) **נהנתן:** דּוֹר הֹלֵךְ וְדוֹר בָּא, וְהָאָרֶץ לְעוֹלָם עֹמָדֶת.

(5) **חכם:** וְזָרַח הַשֶּׁמֶשׁ וּבָא הַשָּׁמֶשׁ,

וְאֶל מְקוֹמוֹ שׁוֹאֵף זוֹרֵחַ הוּא שָׁם.

(6) **עמל:** הוֹלֵךְ אֶל דָּרוֹם וְסוֹבֵב אֶל צָפוֹן,
סוֹבֵב סֹבֵב הוֹלֵךְ הָרוּחַ, וְעַל סְבִיבֹתָיו שָׁב הָרוּחַ.

(7) **נהנתן:** כָּל הַנְּחָלִים הֹלְכִים אֶל הַיָּם, וְהַיָּם אֵינֶנּוּ מָלֵא,
אֶל מְקוֹם שֶׁהַנְּחָלִים הֹלְכִים, שָׁם הֵם שָׁבִים לָלָכֶת.

(8) **נהנתן:** כָּל הַדְּבָרִים יְגֵעִים, לֹא יוּכַל אִישׁ לְדַבֵּר,
לֹא תִשְׂבַּע עַיִן לִרְאוֹת, וְלֹא תִמָּלֵא אֹזֶן מִשְּׁמֹעַ.

(9) **עמל:** מַה שֶּׁהָיָה הוּא שֶׁיִּהְיֶה, וּמַה שֶּׁנַּעֲשָׂה, הוּא שֶׁיֵּעָשֶׂה,
וְאֵין כָּל חָדָשׁ תַּחַת הַשָּׁמֶשׁ.

(10) **חכם:** יֵשׁ דָּבָר שֶׁיֹּאמַר [האומר] רְאֵה זֶה חָדָשׁ הוּא;
כְּבָר הָיָה לְעֹלָמִים, אֲשֶׁר הָיָה מִלְּפָנֵנוּ.

(11) **שלושתם במקהלה**[2]**:** אֵין זִכְרוֹן לָרִאשֹׁנִים,
וְגַם לָאַחֲרֹנִים שֶׁיִּהְיוּ לֹא יִהְיֶה לָהֶם זִכָּרוֹן, עִם שֶׁיִּהְיוּ לָאַחֲרֹנָה.

"הבל" הוא האוויר החם היוצא מן הפה, חולף ונעלם.

"השמש" היא משל לחיים ולחכמה.

"הרוח" היא משל ליכולת האנושית, ליוזמה ולמעשה.

"הים" הוא ים הנפש ותאוותיה, הדיבור וההנאות.

2. בני אליעד מציע לקרוא את כל חידת הפתיחה (א׳ א/ב-יא) במקהלה של כל הקולות ביחד, ורק מ"אני קהלת" להתחיל בקולות נפרדים, וכן הוא מציע לנהוג בשיר העתים (ג׳ א-ח), כמו גם בקטע "טובים השנים מן האחד" (ד׳ ט-יב), בתחילת מליצות "טוב..." (ז׳ א-ח), בפסוקי המוות כתופעה דטרמיניסטית (ט׳ ב, ז-ט), במשל "עיר קטנה" (ט׳ יד-טו), ובמיוחד בסיום, בתיאור הגסיסה והמוות ההרואי (י"א ט - י"ב ח).
באופן כזה אפשר ליצור מחיצות נשמעות לאוזן בין חלקי המגילה, ולהמחיש את קווי ההתפתחות של הוויכוח, מתפיסת עולם 'ילדותית', דרך 'מתבגרת' ו'מזדקנת', עד המבט ההרואי על חיים ומוות, ביראת אלוהים.

שמש גדולה מאירה את הבמה, מפוח גדול מוציא אוויר חם בכל פעם שנזכרת המילה "הבל".

כיסא מלכות גדול ניצב בירכתי הבמה – שלושת הדוברים עומדים לפניו וכתר מלכות זהה לראשם.

שלושת הדוברים נעלמים, ושוב מופיעים, כל אחד מהם בתורו מתייצב לפני הקהל, ואומר: אני קהלת! ואחר כך –

(12) **שלושת הדוברים ביחד:** אֲנִי קֹהֶלֶת הָיִיתִי מֶלֶךְ עַל יִשְׂרָאֵל בִּירוּשָׁלָםִ.

(13) **חכם ועמֵל ביחד:** וְנָתַתִּי אֶת לִבִּי לִדְרוֹשׁ וְלָתוּר בַּחָכְמָה
עַל כָּל אֲשֶׁר נַעֲשָׂה תַּחַת הַשָּׁמָיִם,
הוּא עִנְיַן רָע, נָתַן אֱלֹהִים לִבְנֵי הָאָדָם לַעֲנוֹת בּוֹ.

(14) **עמֵל:** רָאִיתִי אֶת כָּל הַמַּעֲשִׂים שֶׁנַּעֲשׂוּ תַּחַת הַשָּׁמֶשׁ,
וְהִנֵּה הַכֹּל הֶבֶל וּרְעוּת רוּחַ.

(15) מְעֻוָּת לֹא יוּכַל לִתְקֹן, וְחֶסְרוֹן לֹא יוּכַל לְהִמָּנוֹת.

(16) **חכם:** דִּבַּרְתִּי אֲנִי עִם לִבִּי לֵאמֹר,
אֲנִי, הִנֵּה הִגְדַּלְתִּי וְהוֹסַפְתִּי חָכְמָה
עַל כָּל אֲשֶׁר הָיָה לְפָנַי עַל יְרוּשָׁלָםִ,
וְלִבִּי רָאָה הַרְבֵּה חָכְמָה וָדָעַת.

(17) וָאֶתְּנָה לִבִּי לָדַעַת חָכְמָה, וְדַעַת הוֹלֵלֹת וְשִׂכְלוּת,
יָדַעְתִּי שֶׁגַּם זֶה הוּא רַעְיוֹן רוּחַ.

(18) כִּי בְּרֹב חָכְמָה רָב כָּעַס, וְיוֹסִיף דַּעַת יוֹסִיף מַכְאוֹב.

[19][3] **נהנתן:** אָמַרְתִּי אֲנִי בְּלִבִּי,

3. מספרי הפסוקים נמשכים כאן על סדר המערכה, שלא כסימונם בכל ספרי התנ"ך, לפי הפרקים. בחלוקת הפרקים, שאיננה ממסורת עם ישראל (כידוע), יש טעויות רבות בכל התנ"ך (החל מפרק ב' בבראשית, שמנתק את השבת מהבריאה). לכן סימנו את מספרי הפסוקים מכאן ואילך בסוגריים מרובעים, כך שיובן כי פסוק [19] מופיע בספרי התנ"ך כפסוק א בפרק ב', סימון פרק שלא באמת קיים במגילה. כך עשינו גם במספרי הפסוקים במערכות הבאות.

לְכָה נָּא אֲנַסְּכָה [יין] בְשִׂמְחָה וּרְאֵה בְטוֹב,
וְהִנֵּה גַם הוּא הָבֶל.
[20] לִשְׂחוֹק אָמַרְתִּי מְהוֹלָל,
וּלְשִׂמְחָה מַה זֹּה עֹשָׂה.
[21] **נהנתן וחכם ביחד:** תַּרְתִּי בְלִבִּי, לִמְשׁוֹךְ בַּיַּיִן אֶת בְּשָׂרִי,
וְלִבִּי נֹהֵג בַּחָכְמָה וְלֶאֱחֹז בְּסִכְלוּת,
עַד אֲשֶׁר אֶרְאֶה אֵי זֶה טוֹב לִבְנֵי הָאָדָם אֲשֶׁר יַעֲשׂוּ תַּחַת
הַשָּׁמַיִם, מִסְפַּר יְמֵי חַיֵּיהֶם.
[22] **עמל:** הִגְדַּלְתִּי מַעֲשָׂי; בָּנִיתִי לִי בָּתִּים, נָטַעְתִּי לִי כְּרָמִים.
[23] עָשִׂיתִי לִי גַּנּוֹת וּפַרְדֵּסִים, וְנָטַעְתִּי בָהֶם עֵץ כָּל פֶּרִי.
[24] עָשִׂיתִי לִי בְּרֵכוֹת מָיִם; לְהַשְׁקוֹת מֵהֶם יַעַר צוֹמֵחַ עֵצִים.
[25] קָנִיתִי עֲבָדִים וּשְׁפָחוֹת, וּבְנֵי בַיִת הָיָה לִי,
גַּם מִקְנֶה בָקָר וָצֹאן הַרְבֵּה הָיָה לִי, מִכֹּל שֶׁהָיוּ לְפָנַי בִּירוּשָׁלָם.
[26] כָּנַסְתִּי לִי גַּם כֶּסֶף וְזָהָב, וּסְגֻלַּת מְלָכִים וְהַמְּדִינוֹת, עָשִׂיתִי לִי
שָׁרִים וְשָׁרוֹת, וְתַעֲנֻגוֹת בְּנֵי הָאָדָם, שִׁדָּה וְשִׁדּוֹת.
[27] **חכם:** וְגָדַלְתִּי וְהוֹסַפְתִּי מִכֹּל שֶׁהָיָה לְפָנַי בִּירוּשָׁלָם,
אַף חָכְמָתִי עָמְדָה לִּי.
[28] **נהנתן:** וְכֹל אֲשֶׁר שָׁאֲלוּ עֵינַי, לֹא אָצַלְתִּי מֵהֶם,
לֹא מָנַעְתִּי אֶת לִבִּי מִכָּל שִׂמְחָה,
כִּי לִבִּי שָׂמֵחַ מִכָּל עֲמָלִי,
וְזֶה הָיָה חֶלְקִי מִכָּל עֲמָלִי.
[29] **עמל:** וּפָנִיתִי אֲנִי בְּכָל מַעֲשַׂי שֶׁעָשׂוּ יָדַי וּבֶעָמָל שֶׁעָמַלְתִּי לַעֲשׂוֹת,
וְהִנֵּה הַכֹּל הֶבֶל וּרְעוּת רוּחַ, וְאֵין יִתְרוֹן תַּחַת הַשָּׁמֶשׁ.
[30] **חכם:** וּפָנִיתִי אֲנִי לִרְאוֹת חָכְמָה וְהוֹלֵלוֹת וְסִכְלוּת,
כִּי מֶה (=מי) הָאָדָם שֶׁיָּבוֹא אַחֲרֵי הַמֶּלֶךְ אֵת אֲשֶׁר כְּבָר עָשׂוּהוּ?
[31] וְרָאִיתִי אָנִי שֶׁיֵּשׁ יִתְרוֹן לַחָכְמָה מִן הַסִּכְלוּת

כִּיתְרוֹן הָאוֹר מִן הַחֹשֶׁךְ.

[32] הֶחָכָם עֵינָיו בְּרֹאשׁוֹ,

וְהַכְּסִיל בַּחֹשֶׁךְ הוֹלֵךְ,

שלושת הדוברים במקהלה: וְיָדַעְתִּי גַם אָנִי

שֶׁמִּקְרֶה (=מוות) אֶחָד יִקְרֶה אֶת כֻּלָּם.

[33] **חכם:** וְאָמַרְתִּי אֲנִי בְּלִבִּי,

כְּמִקְרֵה הַכְּסִיל גַּם אֲנִי יִקְרֵנִי,

וְלָמָּה חָכַמְתִּי אֲנִי אָז יוֹתֵר?

וְדִבַּרְתִּי בְלִבִּי שֶׁגַּם זֶה הָבֶל.

[34] **חכם ונהנתן ביחד:** כִּי אֵין זִכְרוֹן לֶחָכָם עִם הַכְּסִיל לְעוֹלָם,

בְּשֶׁכְּבָר הַיָּמִים הַבָּאִים הַכֹּל נִשְׁכָּח,

וְאֵיךְ יָמוּת הֶחָכָם עִם הַכְּסִיל?

[35] **נהנתן:** וְשָׂנֵאתִי אֶת הַחַיִּים,

כִּי רַע עָלַי הַמַּעֲשֶׂה שֶׁנַּעֲשָׂה תַּחַת הַשָּׁמֶשׁ,

כִּי הַכֹּל הֶבֶל וּרְעוּת רוּחַ.

[36] **עמֵל:** וְשָׂנֵאתִי אֲנִי אֶת כָּל עֲמָלִי שֶׁאֲנִי עָמֵל תַּחַת הַשָּׁמֶשׁ,

שֶׁאַנִּיחֶנּוּ לָאָדָם שֶׁיִּהְיֶה אַחֲרָי.

[דמותו ומעשיו של רחבעם בן שלמה, שהוא היורש של שלמה, מופיעים ברקע]

[37] **עמֵל וחכם ביחד:** וּמִי יוֹדֵעַ, הֶחָכָם יִהְיֶה אוֹ סָכָל?

וְיִשְׁלַט בְּכָל עֲמָלִי שֶׁעָמַלְתִּי וְשֶׁחָכַמְתִּי תַּחַת הַשָּׁמֶשׁ,

גַּם זֶה הָבֶל.

[38] **עמֵל:** וְסַבּוֹתִי אֲנִי לְיַאֵשׁ אֶת לִבִּי

עַל כָּל הֶעָמָל שֶׁעָמַלְתִּי תַּחַת הַשָּׁמֶשׁ.

[39] **עמֵל וחכם ביחד:** כִּי יֵשׁ אָדָם שֶׁעֲמָלוֹ בְּחָכְמָה וּבְדַעַת וּבְכִשְׁרוֹן,

וּלְאָדָם שֶׁלֹּא עָמַל בּוֹ יִתְּנֶנּוּ חֶלְקוֹ,

גַּם זֶה הֶבֶל וְרָעָה רַבָּה.

[40] כִּי מֶה הֹוֶה לָאָדָם בְּכָל עֲמָלוֹ וּבְרַעְיוֹן לִבּוֹ
שֶׁהוּא עָמֵל תַּחַת הַשָּׁמֶשׁ?

[41] כִּי כָל יָמָיו מַכְאֹבִים, וָכַעַס עִנְיָנוֹ,
גַּם בַּלַּיְלָה לֹא שָׁכַב לִבּוֹ, גַּם זֶה הֶבֶל הוּא.

[42] **נהנתן:** אֵין טוֹב בָּאָדָם [רק] שֶׁיֹּאכַל וְשָׁתָה,
מצטרף אליו עמֵל: וְהֶרְאָה אֶת נַפְשׁוֹ טוֹב בַּעֲמָלוֹ,
מצטרף אליו חכם: גַּם זֹה רָאִיתִי אָנִי
כִּי מִיַּד הָאֱלֹהִים הִיא.

[43] **נהנתן לבדו:** כִּי מִי יֹאכַל וּמִי יָחוּשׁ חוּץ מִמֶּנִּי?

[44] **נהנתן וחכם ביחד:** כִּי לְאָדָם שֶׁטּוֹב לְפָנָיו נָתַן חָכְמָה וְדַעַת וְשִׂמְחָה,
וְלַחוֹטֶא נָתַן עִנְיָן לֶאֱסוֹף וְלִכְנוֹס,
לָתֵת לְטוֹב לִפְנֵי הָאֱלֹהִים,
גַּם זֶה הֶבֶל וּרְעוּת רוּחַ.

הזכרת שם אלוהים פעמיים מחוללת דממה לרגע, ומסך יורד.

"ענין" כאן הוא 'יֵצֶר', 'דחף'.

"להִמָּנות" פירושו, 'להתמלא'.

"אנסכה" - יין. "תרתי" משמעו 'חיפשתי'.

"שִׁדָּה וְשִׁדּוֹת" - הן עגלות וכרכרות שבהן יושבות גברות נכבדות (ויש עוד פירושים).

"מִקרֶה" הוא 'מָוֶת'.

"מה הוה לאדם" - מה יש לו.

"רעות רוח" = שברון לב.

(הפסוקים המסומנים בסוגריים מרובעים הם פסוקי פרק ב', שהפרדתם מפרק א' אינה אפשרית כלל, כי פרק ב' ממשיך ברצף את פרק א').

מערכה שנייה (פרקים ג'-ד')

החכם שבקהלת עומד לבדו על במה ריקה, משמיע שיר חכמה ידוע, בסיוע שני חכמים אחרים, אופטימיסט ופסימיסט, המצטרפים אליו ועונים זה לזה. האופטימיסט פותח בפסוק הראשון, והפסימיסט - בשני הפסוקים הבאים; אחר כך מתחלפים בכל שורה כמעט ("עת לחשות" הוא חיובי במיוחד בקהלת):

(1) לַכֹּל זְמָן, וְעֵת לְכָל חֵפֶץ תַּחַת הַשָּׁמָיִם.

(2) עֵת לָלֶדֶת, וְעֵת לָמוּת,
עֵת לָטַעַת, וְעֵת לַעֲקוֹר נָטוּעַ.

(3) עֵת לַהֲרוֹג, וְעֵת לִרְפּוֹא,
עֵת לִפְרוֹץ, וְעֵת לִבְנוֹת.

(4) עֵת לִבְכּוֹת, וְעֵת לִשְׂחוֹק,
עֵת סְפוֹד, וְעֵת רְקוֹד.

(5) עֵת לְהַשְׁלִיךְ אֲבָנִים, וְעֵת כְּנוֹס אֲבָנִים,
עֵת לַחֲבוֹק, וְעֵת לִרְחֹק מֵחַבֵּק.

(6) עֵת לְבַקֵּשׁ, וְעֵת לְאַבֵּד,
עֵת לִשְׁמוֹר, וְעֵת לְהַשְׁלִיךְ.

(7) עֵת לִקְרוֹעַ, וְעֵת לִתְפּוֹר,
עֵת לַחֲשׁוֹת, וְעֵת לְדַבֵּר.

(8) עֵת לֶאֱהֹב, וְעֵת לִשְׂנֹא,
עֵת מִלְחָמָה, וְעֵת שָׁלוֹם.

(9) **העמל שבקהלת מתפרץ לבמה:** מַה יִּתְרוֹן הָעוֹשֶׂה בַּאֲשֶׁר הוּא עָמֵל?

(10) רָאִיתִי אֶת הָעִנְיָן אֲשֶׁר נָתַן אֱלֹהִים לִבְנֵי הָאָדָם לַעֲנוֹת בּוֹ.

(11) **מצטרף אליו החכם:** אֶת הַכֹּל עָשָׂה יָפֶה בְעִתּוֹ,
גַּם אֶת הָעֹלָם נָתַן בְּלִבָּם,
מִבְּלִי אֲשֶׁר לֹא יִמְצָא הָאָדָם,
אֶת הַמַּעֲשֶׂה אֲשֶׁר עָשָׂה הָאֱלֹהִים מֵרֹאשׁ וְעַד סוֹף.

(12) **הנהנתן שבקהלת מתפרץ לבמה:** יָדַעְתִּי כִּי אֵין טוֹב בָּם
כִּי אִם לִשְׂמוֹחַ,
מצטרף אליו העמל: וְלַעֲשׂוֹת טוֹב בְּחַיָּיו.

(13) **מצטרף אליו החכם:** וְגַם כָּל הָאָדָם שֶׁיֹּאכַל וְשָׁתָה
וְרָאָה טוֹב בְּכָל עֲמָלוֹ,
מַתַּת אֱלֹהִים הִיא.

הזכרת שם אלוהים שלוש פעמים, מחוללת זעזוע, ורגע של דממה.

דמות חדשה מופיעה על הבמה, דומה לשלוש דמויות קהלת, אך קולה קול אחר, קול ירא אלוהים:

(14) יָדַעְתִּי כִּי כָּל אֲשֶׁר יַעֲשֶׂה הָאֱלֹהִים
הוּא יִהְיֶה לְעוֹלָם,
עָלָיו אֵין לְהוֹסִיף,
וּמִמֶּנּוּ אֵין לִגְרֹעַ,
וְהָאֱלֹהִים עָשָׂה שֶׁיִּרְאוּ מִלְּפָנָיו.

(15) **החכם שבקהלת מתפרץ:** מַה שֶּׁהָיָה כְּבָר הוּא,
וַאֲשֶׁר לִהְיוֹת כְּבָר הָיָה,
ירא האלוהים עונה: וְהָאֱלֹהִים יְבַקֵּשׁ אֶת נִרְדָּף.

(16) **החכם מתפרץ שוב:** וְעוֹד רָאִיתִי תַּחַת הַשָּׁמֶשׁ,
מְקוֹם הַמִּשְׁפָּט – שָׁמָּה הָרֶשַׁע,
וּמְקוֹם הַצֶּדֶק – שָׁמָּה הָרָשַׁע.

(17) **ירא האלוהים עונה שוב:** אָמַרְתִּי אֲנִי בְּלִבִּי,
אֶת הַצַּדִּיק וְאֶת הָרָשָׁע יִשְׁפֹּט הָאֱלֹהִים,
כִּי עֵת לְכָל חֵפֶץ,
וְעַל כָּל הַמַּעֲשֶׂה שָׁם.

ירא האלוהים מסיים בניגוד חד לפתיחת החכם – "שָׁם" מול "תחת השָׁמים" – ונעלם.

(18) **חכם קהלת חוזר שוב:** אָמַרְתִּי אֲנִי בְּלִבִּי:
עַל דִּבְרַת (=דברי) בְּנֵי הָאָדָם לְבָרָם (=שברא אותם) הָאֱלֹהִים,
וְלִרְאוֹת שְׁהֶם [כמו] בְּהֵמָה הֵמָּה לָהֶם.

(19) כִּי מִקְרֶה בְנֵי הָאָדָם וּמִקְרֶה הַבְּהֵמָה, וּמִקְרֶה אֶחָד לָהֶם,
כְּמוֹת זֶה – כֵּן מוֹת זֶה, וְרוּחַ אֶחָד לַכֹּל,
וּמוֹתַר הָאָדָם מִן הַבְּהֵמָה אָיִן, כִּי הַכֹּל הָבֶל.

(20) **עמֵל קהלת:** הַכֹּל הוֹלֵךְ אֶל מָקוֹם אֶחָד. הַכֹּל הָיָה מִן הֶעָפָר,
וְהַכֹּל שָׁב אֶל הֶעָפָר.

(21) מִי יוֹדֵעַ, רוּחַ בְּנֵי הָאָדָם, הָעֹלָה הִיא לְמָעְלָה,
וְרוּחַ הַבְּהֵמָה, הַיֹּרֶדֶת הִיא לְמַטָּה לָאָרֶץ?

(22) **נהנתן קהלת:** וְרָאִיתִי כִּי אֵין טוֹב מֵאֲשֶׁר יִשְׂמַח הָאָדָם בְּמַעֲשָׂיו,
כִּי הוּא חֶלְקוֹ,

מצטרף אליו החכם: כִּי מִי יְבִיאֶנּוּ לִרְאוֹת בְּמֶה שֶׁיִּהְיֶה?

[23] **חכם ונהנתן ביחד:** וְשַׁבְתִּי אֲנִי וָאֶרְאֶה אֶת כָּל הָעֲשֻׁקִים
אֲשֶׁר נַעֲשִׂים תַּחַת הַשָּׁמֶשׁ,
וְהִנֵּה דִּמְעַת הָעֲשֻׁקִים וְאֵין לָהֶם מְנַחֵם,
וּמִיַּד עֹשְׁקֵיהֶם [הסֵבֶל, כי בידם] כֹּחַ, וְאֵין לָהֶם מְנַחֵם.

[24] **חכם לבדו:** וְשַׁבֵּחַ אֲנִי אֶת הַמֵּתִים שֶׁכְּבָר מֵתוּ,
מִן הַחַיִּים אֲשֶׁר הֵמָּה חַיִּים עֲדֶנָה.

[25] וְטוֹב מִשְּׁנֵיהֶם, אֵת אֲשֶׁר עֲדֶן לֹא הָיָה,
אֲשֶׁר לֹא רָאָה אֶת הַמַּעֲשֶׂה הָרָע אֲשֶׁר נַעֲשָׂה תַּחַת הַשָּׁמֶשׁ.

[26] **עמֵל:** וְרָאִיתִי אֲנִי אֶת כָּל עָמָל וְאֵת כָּל כִּשְׁרוֹן הַמַּעֲשֶׂה [=הַתַּחֲרוּת],
כִּי הִיא קִנְאַת אִישׁ מֵרֵעֵהוּ,
גַּם זֶה הֶבֶל וּרְעוּת רוּחַ.

[27] **נהנתן:** הַכְּסִיל חֹבֵק אֶת יָדָיו, וְאֹכֵל אֶת בְּשָׂרוֹ [ואומר:]

[28] טוֹב מְלֹא כַף נָחַת מִמְּלֹא חָפְנַיִם עָמָל וּרְעוּת רוּחַ.

[29] **חכם ועמל ביחד:** וְשַׁבְתִּי אֲנִי וָאֶרְאֶה הֶבֶל תַּחַת הַשָּׁמֶשׁ.

[30] יֵשׁ אֶחָד וְאֵין שֵׁנִי גַּם בֵּן וָאָח אֵין לוֹ, וְאֵין קֵץ לְכָל עֲמָלוֹ,

גַּם עֵינוֹ לֹא תִשְׂבַּע עֹשֶׁר,

עמֵל לבדו: וּלְמִי אֲנִי עָמֵל, וּמְחַסֵּר אֶת נַפְשִׁי מִטּוֹבָה?

גַּם זֶה הֶבֶל וְעִנְיַן רָע הוּא.

[31] **עמל ונהנתן ביחד:** טוֹבִים הַשְּׁנַיִם מִן הָאֶחָד,

אֲשֶׁר יֵשׁ לָהֶם שָׂכָר טוֹב בַּעֲמָלָם.

[32] כִּי אִם יִפֹּלוּ – הָאֶחָד יָקִים אֶת חֲבֵרוֹ,

וְאִילוֹ הָאֶחָד שֶׁיִּפּוֹל – וְאֵין שֵׁנִי לַהֲקִימוֹ.

[33] גַּם אִם יִשְׁכְּבוּ שְׁנַיִם וְחַם לָהֶם, וּלְאֶחָד אֵיךְ יֵחָם?

[34] וְאִם יִתְקְפוֹ הָאֶחָד, הַשְּׁנַיִם יַעַמְדוּ נֶגְדּוֹ!

חכם מצטרף, ושלושתם ביחד: וְהַחוּט הַמְשֻׁלָּשׁ – לֹא בִמְהֵרָה יִנָּתֵק!

[35] **חכם:** טוֹב יֶלֶד מִסְכֵּן וְחָכָם,

[מופיעה שוב דמותו של שלמה, וגם דמות יוסף]

מִמֶּלֶךְ זָקֵן וּכְסִיל, אֲשֶׁר לֹא יָדַע לְהִזָּהֵר עוֹד.

[36] כִּי מִבֵּית הָסוּרִים יָצָא לִמְלֹךְ,

כִּי גַּם בְּמַלְכוּתוֹ נוֹלַד רָשׁ.

[37] **עמֵל:** רָאִיתִי אֶת כָּל הַחַיִּים הַמְהַלְּכִים תַּחַת הַשָּׁמֶשׁ,

עִם הַיֶּלֶד הַשֵּׁנִי אֲשֶׁר יַעֲמֹד תַּחְתָּיו **[חוזרת ומופיעה דמותו של רחבעם]**

[38] **נהנתן:** אֵין קֵץ לְכָל הָעָם לְכֹל אֲשֶׁר הָיָה לִפְנֵיהֶם,

גַּם הָאַחֲרוֹנִים לֹא יִשְׂמְחוּ בוֹ,

כִּי גַם זֶה הֶבֶל וְרַעְיוֹן רוּחַ.

מסך יורד.

"על דברת בני האדם" = על דברי בני האדם המתחייבים ונשבעים - "לְבָרָם" (=על שברא וברר אותם) "האלהים" [מן

הבהמה] - "ולראות" (=ועליהם לראות) "שְׁהֶם בהמה הֵמָּה להם" (=שווים בדיוק לבהמתם).

"ומיד עֹשקיהם כֹּח" - ומיד עושקיהם הסֵבֶל, כי בידם כוח.

"כי מבית הָסורים (=האסורים) יצא [הילד החכם] למלֹך" -

"כי גם במלכותו [המלך הזקן] נולד רָש (=הפך למסכן).

"לכֹל אשר היה לפניהם" - לפני דוד ושלמה, והעם לא שמח בהם - "גם האחרונים" - אחרי פילוג המלוכה, "לא ישמחו בו (=במלכם)".

(מספרי הפסוקים שבסוגריים מרובעים הם פסוקי פרק ד', כי הם רצף אחד, ואי אפשר להפרידם. כך גם בהמשך - כשהיחידה מתחילה בפרק קודם, או נמשכת לפרק הבא, מובאים מספרי הפסוקים בסוגריים מרובעים).

מערכה שלישית (פסוק אחרון מפרק ד', ופרקים ה'-ו')

ירא האלוהים מופיע לבדו:

[1] שְׁמֹר רַגְלְךָ כַּאֲשֶׁר תֵּלֵךְ אֶל בֵּית הָאֱלֹהִים,
וְקָרוֹב לִשְׁמֹעַ [דברי אלוהים, אך הישמר]
מִתֵּת הַכְּסִילִים זָבַח. כִּי אֵינָם יוֹדְעִים לַעֲשׂוֹת [רק] רָע.

[2] אַל תְּבַהֵל עַל פִּיךָ וְלִבְּךָ אַל יְמַהֵר לְהוֹצִיא דָבָר לִפְנֵי הָאֱלֹהִים,
כִּי הָאֱלֹהִים בַּשָּׁמַיִם וְאַתָּה עַל הָאָרֶץ,
עַל כֵּן יִהְיוּ דְבָרֶיךָ מְעַטִּים.

[3] כִּי בָּא הַחֲלוֹם בְּרֹב עִנְיָן, וְקוֹל כְּסִיל בְּרֹב דְּבָרִים.

[4] כַּאֲשֶׁר תִּדֹּר נֶדֶר לֵאלֹהִים – אַל תְּאַחֵר לְשַׁלְּמוֹ,
כִּי אֵין חֵפֶץ בַּכְּסִילִים,

אֵת אֲשֶׁר תִּדֹּר שַׁלֵּם.

[5] טוֹב אֲשֶׁר לֹא תִדֹּר
מִשֶּׁתִּדּוֹר וְלֹא תְשַׁלֵּם.

[6] אַל תִּתֵּן אֶת פִּיךָ לַחֲטִיא אֶת בְּשָׂרֶךָ,
וְאַל תֹּאמַר לִפְנֵי הַמַּלְאָךְ כִּי שְׁגָגָה הִיא,
לָמָּה יִקְצֹף הָאֱלֹהִים עַל קוֹלֶךָ, וְחִבֵּל אֶת מַעֲשֵׂה יָדֶיךָ?

נכנסים חכם , עמֵל ונהנתן, ומתיישבים לפניו – ירא האלוהים ממשיך:

[7] כִּי בְרֹב חֲלֹמוֹת וַהֲבָלִים, וּדְבָרִים הַרְבֵּה,
כִּי אֶת הָאֱלֹהִים יְרָא.

[8] אִם עֹשֶׁק רָשׁ וְגֵזֶל מִשְׁפָּט וָצֶדֶק תִּרְאֶה בַמְּדִינָה,
אַל תִּתְמַהּ עַל הַחֵפֶץ,
כִּי גָבֹהַּ מֵעַל גָּבֹהַּ שֹׁמֵר, וּגְבֹהִים עֲלֵיהֶם.

[9] וְיִתְרוֹן אֶרֶץ בַּכֹּל הוּא, [אפילו] מֶלֶךְ לְשָׂדֶה נֶעֱבָד.

חכם, עמֵל ונהנתן מתפרצים יחד לדברי הירא, ואומרים:

[10] אֹהֵב כֶּסֶף לֹא יִשְׂבַּע כֶּסֶף, וּמִי אֹהֵב בֶּהָמוֹן לֹא [ישבע] תְבוּאָה,
גַּם זֶה הָבֶל.

[11] בִּרְבוֹת הַטּוֹבָה, רַבּוּ אוֹכְלֶיהָ,
וּמַה כִּשְׁרוֹן לִבְעָלֶיהָ, כִּי אִם רְאוּת עֵינָיו.

עונה להם ירא האלוהים:

[12] מְתוּקָה שְׁנַת הָעֹבֵד, אִם מְעַט וְאִם הַרְבֵּה יֹאכֵל,
וְהַשָּׂבָע לֶעָשִׁיר אֵינֶנּוּ מַנִּיחַ לוֹ לִישׁוֹן. [**ירא האלוהים נעלם**]

החכם ממשיך לדבר על צרות העושר:

[13] יֵשׁ רָעָה חוֹלָה רָאִיתִי תַּחַת הַשָּׁמֶשׁ:
עֹשֶׁר שָׁמוּר לִבְעָלָיו לְרָעָתוֹ.

[14] וְאָבַד הָעֹשֶׁר הַהוּא בְּעִנְיַן רָע,
וְהוֹלִיד בֵּן וְאֵין בְּיָדוֹ מְאוּמָה.

[15] **העמֵל מצטרף:** כַּאֲשֶׁר יָצָא מִבֶּטֶן אִמּוֹ,
עָרוֹם יָשׁוּב לָלֶכֶת כְּשֶׁבָּא,
וּמְאוּמָה לֹא יִשָּׂא בַעֲמָלוֹ שֶׁיֹּלֵךְ בְּיָדוֹ.

[16] **העמֵל לבדו מוסיף:** וְגַם זֹה רָעָה חוֹלָה, כָּל עֻמַּת שֶׁבָּא כֵּן יֵלֵךְ,
וּמַה יִּתְרוֹן לוֹ שֶׁיַּעֲמֹל לָרוּחַ?

[17] **החכם מצטרף:** גַּם כָּל יָמָיו בַּחֹשֶׁךְ יֹאכֵל,
וְכָעַס הַרְבֵּה וְחָלְיוֹ וָקָצֶף.

[18] **הנהנתן חוזר למסקנתו הראשונה:** הִנֵּה אֲשֶׁר רָאִיתִי אָנִי,
טוֹב אֲשֶׁר יָפֶה
לֶאֱכוֹל וְלִשְׁתּוֹת וְלִרְאוֹת טוֹבָה בְּכָל עֲמָלוֹ שֶׁיַּעֲמֹל תַּחַת הַשֶּׁמֶשׁ,
מִסְפַּר יְמֵי חַיָּיו אֲשֶׁר נָתַן לוֹ הָאֱלֹהִים
כִּי הוּא חֶלְקוֹ.

[19] **החכם מזכיר לו:** גַּם כָּל הָאָדָם אֲשֶׁר נָתַן לוֹ הָאֱלֹהִים עֹשֶׁר וּנְכָסִים
וְהִשְׁלִיטוֹ לֶאֱכֹל מִמֶּנּוּ וְלָשֵׂאת אֶת חֶלְקוֹ וְלִשְׂמֹחַ בַּעֲמָלוֹ,
זֹה מַתַּת אֱלֹהִים הִיא.

[20] **ושניהם אומרים:** כִּי לֹא הַרְבֵּה [יחיה וישמח],
[וכאשר] יִזְכֹּר אֶת יְמֵי חַיָּיו,
[יֵדַע] כִּי הָאֱלֹהִים [נותן לו] מַעֲנֶה בְּשִׂמְחַת לִבּוֹ.

הנהנתן מסכים, ומוסיף צרה אחרת:

[21] יֵשׁ רָעָה אֲשֶׁר רָאִיתִי תַּחַת הַשָּׁמֶשׁ,
וְרַבָּה הִיא עַל הָאָדָם.

[22] אִישׁ אֲשֶׁר יִתֶּן לוֹ הָאֱלֹהִים עֹשֶׁר וּנְכָסִים וְכָבוֹד
וְאֵינֶנּוּ חָסֵר לְנַפְשׁוֹ מִכֹּל אֲשֶׁר יִתְאַוֶּה,
וְלֹא יַשְׁלִיטֶנּוּ הָאֱלֹהִים לֶאֱכֹל מִמֶּנּוּ,
כִּי אִישׁ נָכְרִי יֹאכְלֶנּוּ,
זֶה הֶבֶל וָחֳלִי רָע הוּא.

החכם מוסיף עוד צרה:

[23] אִם יוֹלִיד אִישׁ מֵאָה,
וְשָׁנִים רַבּוֹת יִחְיֶה וְרַב שֶׁיִּהְיוּ יְמֵי שָׁנָיו,
וְנַפְשׁוֹ לֹא תִשְׂבַּע מִן הַטּוֹבָה,
וְגַם קְבוּרָה לֹא הָיְתָה לּוֹ,
אָמַרְתִּי, טוֹב מִמֶּנּוּ הַנָּפֶל.
[24] כִּי בַהֶבֶל בָּא וּבַחֹשֶׁךְ יֵלֵךְ,
וּבַחֹשֶׁךְ שְׁמוֹ יְכֻסֶּה.
[25] גַּם שֶׁמֶשׁ לֹא רָאָה וְלֹא יָדָע,
נַחַת לָזֶה מִזֶּה.
[26] **העמֵל ממשיך:** וְאִלּוּ חָיָה אֶלֶף שָׁנִים פַּעֲמַיִם,
וְטוֹבָה לֹא רָאָה,
הֲלֹא אֶל מָקוֹם אֶחָד הַכֹּל הוֹלֵךְ.
[27] כָּל עֲמַל הָאָדָם לְפִיהוּ,
וְגַם הַנֶּפֶשׁ לֹא תִמָּלֵא.
[28] כִּי מַה יּוֹתֵר לֶחָכָם מִן הַכְּסִיל,
מַה לֶּעָנִי יוֹדֵעַ, לַהֲלֹךְ נֶגֶד הַחַיִּים.
[29] **החכם מגיב:** טוֹב מַרְאֵה עֵינַיִם מֵהֲלָךְ נָפֶשׁ,
גַּם זֶה הֶבֶל וּרְעוּת רוּחַ.

ירא האלוהים חוזר ומופיע, ואומר:

[30] מַה שֶּׁהָיָה, כְּבָר נִקְרָא שְׁמוֹ,
וְנוֹדָע אֲשֶׁר הוּא אָדָם,
וְלֹא יוּכַל לָדִין עִם [אלוהים] שֶׁתַּקִּיף מִמֶּנּוּ.

החכם, העמֵל והנהנתן מגיבים יחד בהכנעה:

[31] כִּי יֵשׁ דְּבָרִים הַרְבֵּה מַרְבִּים הָבֶל,
מַה יֹּתֵר לָאָדָם?

[32] כִּי מִי יוֹדֵעַ מַה טּוֹב לָאָדָם בַּחַיִּים,
מִסְפַּר יְמֵי חַיֵּי הֶבְלוֹ וְיַעֲשֵׂם – כַּצֵּל?
אֲשֶׁר מִי יַגִּיד לָאָדָם
מַה יִּהְיֶה אַחֲרָיו תַּחַת הַשָּׁמֶשׁ?

מסך יורד.

זבח הכסילים - סעודות שמחה של קרבנות שלמים.

"דבר... רֹב דברים" = דיבורי הבטחות והתחייבויות.

"אל תתן את פיך לחטיא את בשרך" - בהתחייבויות נדר ושבועה.

"אל תתמה על החפץ" - איך ייתכן שאלוהים חפץ בזה, ונותן לעושק ולגזל לשלוט?

"גבֹה מעל גבֹה שֹמר" = אלוהים = "וגבֹהים [משגיח] עליהם".

"בהמון" = יבול רב, וממון.

"ומה כשרון לבעליה, כי אם ראות עיניו" = איזו הצלחה תישאר לבעל השדה שהרבים יאכלו את יבולו?

"מתוקה שנת העֹבד" / "מלך לשדה נעבד" - עובד שדהו וחי ממנו הוא מלך! לשון 'עבודה' במובן חיובי נזכרת בקהלת רק כאן.

"גם כל ימיו בחשך יאכל" - בקמצנות כשיש לו, ובעליבות כשאין לו; "וכָעַס הרבה, וחליו וקצף" = וכעס על כישלונו, ובא לו חולי, וקצף.

"כי האלהים [נותן לו] מענה בשמחת לבו".

"מה לעני יודע" = חכם ומסכן - "להלֹך נגד החיים" - לעומת כל העמלים והנהנים מהחיים.

"טוב מראה עינים" = חכמה - "מהלֹך נפש" = תאווה.

"ולא יוכל לדין.." = להתווכח עם אלוהים.

מחצית שנייה - מערכה רביעית (פרק ז')

החכם לבדו עומד על הבמה, ומשמיע משלי חכמה - פותח ביום המוות, שנרמז בסוף המערכה הקודמת: "אשר מי יגיד לאדם, מה יהיה אחריו תחת השמש":

(1) טוֹב שֵׁם מִשֶּׁמֶן טוֹב [לתינוק],
וְיוֹם הַמָּוֶת מִיּוֹם הִוָּלְדוֹ.
(2) טוֹב לָלֶכֶת אֶל בֵּית אֵבֶל
מִלֶּכֶת אֶל בֵּית מִשְׁתֶּה,
בַּאֲשֶׁר הוּא סוֹף כָּל הָאָדָם,
וְהַחַי יִתֵּן אֶל לִבּוֹ.

הנהנתן מופיע ומתיישב. החכם מדבר אליו:

(3) טוֹב כַּעַס מִשְּׂחֹק,
כִּי בְרֹעַ פָּנִים יִיטַב לֵב.
(4) לֵב חֲכָמִים בְּבֵית אֵבֶל,
וְלֵב כְּסִילִים בְּבֵית שִׂמְחָה.
(5) טוֹב לִשְׁמֹעַ גַּעֲרַת חָכָם,
מֵאִישׁ שֹׁמֵעַ שִׁיר כְּסִילִים.
(6) כִּי כְקוֹל הַסִּירִים תַּחַת הַסִּיר, כֵּן שְׂחֹק הַכְּסִיל,
וְגַם זֶה הָבֶל.
(7) כִּי הָעֹשֶׁק יְהוֹלֵל חָכָם,
וִיאַבֵּד אֶת לֵב [השופט החכם] מַתָּנָה (=שוחד).
(8) טוֹב אַחֲרִית דָּבָר מֵרֵאשִׁיתוֹ,
טוֹב אֶרֶךְ רוּחַ מִגְּבַהּ רוּחַ.
(9) אַל תְּבַהֵל בְּרוּחֲךָ לִכְעוֹס,
כִּי כַעַס, בְּחֵיק כְּסִילִים יָנוּחַ.
(10) אַל תֹּאמַר מֶה הָיָה, שֶׁהַיָּמִים הָרִאשֹׁנִים הָיוּ טוֹבִים מֵאֵלֶּה,
כִּי לֹא מֵחָכְמָה שָׁאַלְתָּ עַל זֶה.

העמֵל מופיע כעשיר מצליח ומתיישב. החכם מדבר עליו:

(11) טוֹבָה חָכְמָה עִם נַחֲלָה,
וְיֹתֵר (=ויתרון) לְרֹאֵי הַשָּׁמֶשׁ.
(12) כִּי בְּצֵל הַחָכְמָה בְּצֵל הַכָּסֶף,
וְיִתְרוֹן דַּעַת, הַחָכְמָה תְּחַיֶּה בְעָלֶיהָ.

ירא האלוהים מופיע ומתיישב. החכם מדבר אליו:

(13) רְאֵה אֶת מַעֲשֵׂה הָאֱלֹהִים,
כִּי מִי יוּכַל לְתַקֵּן אֵת אֲשֶׁר עִוְּתוֹ?
(14) בְּיוֹם טוֹבָה הֱיֵה בְטוֹב, וּבְיוֹם רָעָה רְאֵה,
גַּם אֶת זֶה לְעֻמַּת זֶה עָשָׂה הָאֱלֹהִים,
עַל דִּבְרַת (=כמדובר), שֶׁלֹּא יִמְצָא הָאָדָם אַחֲרָיו מְאוּמָה.
(15) אֶת הַכֹּל רָאִיתִי בִּימֵי הֶבְלִי.
יֵשׁ צַדִּיק אֹבֵד בְּצִדְקוֹ,
וְיֵשׁ רָשָׁע מַאֲרִיךְ בְּרָעָתוֹ.
(16) אַל תְּהִי צַדִּיק הַרְבֵּה וְאַל תִּתְחַכַּם יוֹתֵר,
לָמָּה תִּשּׁוֹמֵם?
(17) אַל תִּרְשַׁע הַרְבֵּה וְאַל תְּהִי סָכָל,
לָמָּה תָמוּת בְּלֹא עִתֶּךָ?
(18) טוֹב אֲשֶׁר תֶּאֱחֹז בָּזֶה
וְגַם מִזֶּה אַל תַּנַּח אֶת יָדֶךָ,
כִּי יְרֵא אֱלֹהִים יֵצֵא אֶת כֻּלָּם.
(19) הַחָכְמָה תָּעֹז לֶחָכָם
[יותר] מֵעֲשָׂרָה שַׁלִּיטִים אֲשֶׁר הָיוּ בָּעִיר.
(20) כִּי אָדָם, אֵין צַדִּיק בָּאָרֶץ
אֲשֶׁר יַעֲשֶׂה טּוֹב וְלֹא יֶחֱטָא.
(21) גַּם לְכָל הַדְּבָרִים אֲשֶׁר יְדַבֵּרוּ [בלשון הרע על הזולת] אַל תִּתֵּן לִבֶּךָ,

אֲשֶׁר לֹא תִשְׁמַע אֶת עַבְדְּךָ מְקַלְלֶךָ.

(22) כִּי גַּם פְּעָמִים רַבּוֹת יָדַע לִבֶּךָ

אֲשֶׁר גַּם אַתָּה קִלַּלְתָּ אֲחֵרִים.

החכם מתיישב בעצמו, אוחז את ראשו בידיו, אחר כך פורש כפיו בייאוש:

(23) כָּל זֹה נִסִּיתִי בַחָכְמָה,

אָמַרְתִּי, אֶחְכָּמָה,

וְהִיא רְחוֹקָה מִמֶּנִּי.

(24) רָחוֹק מַה שֶּׁהָיָה,

וְעָמֹק עָמֹק מִי יִמְצָאֶנּוּ.

(25) סַבּוֹתִי אֲנִי וְלִבִּי לָדַעַת וְלָתוּר,

וּבַקֵּשׁ חָכְמָה וְחֶשְׁבּוֹן,

וְלָדַעַת רֶשַׁע כֶּסֶל,

וְהַסִּכְלוּת הוֹלֵלוֹת.

נכנסות שתי נשים, אחת חכמה ואחת מפתָה, כל אחת עורכת שולחן בפינה אחרת של הבמה. החכם מתבונן בהן לסירוגין, ותחילה פונה אל המפתָה:

(26) וּמוֹצֶא אֲנִי מַר מִמָּוֶת אֶת הָאִשָּׁה [הרעה]

אֲשֶׁר הִיא - מְצוֹדִים וַחֲרָמִים לִבָּהּ,

אֲסוּרִים יָדֶיהָ,

טוֹב לִפְנֵי הָאֱלֹהִים יִמָּלֵט מִמֶּנָּה,

וְחוֹטֵא יִלָּכֶד בָּהּ.

קהלת החכם נראה כעת כאישה, והיא פונה אל האישה החכמה:

(27) רְאֵה זֶה מָצָאתִי, אָמְרָה קֹהֶלֶת,

אַחַת לְאַחַת לִמְצֹא חֶשְׁבּוֹן.

(28) אֲשֶׁר עוֹד בִּקְשָׁה נַפְשִׁי וְלֹא מָצָאתִי,

אָדָם אֶחָד מֵאֶלֶף מָצָאתִי,

וְאִשָּׁה [חכמה] בְּכָל אֵלֶּה לֹא מָצָאתִי.

(29) לְבַד רְאֵה זֶה מָצָאתִי,
אֲשֶׁר עָשָׂה הָאֱלֹהִים אֶת הָאָדָם יָשָׁר,
וְהֵמָּה בִקְשׁוּ חִשְּׁבֹנוֹת רַבִּים.

מסך יורד.

"טוב..." - שש פעמים בפתיחת משלי החכמה.

"טוב שֵׁם" שאדם קונה לו בחייו, במעשיו, "משמן טוב" שמורחים בו תינוק בלידתו.

"כעס" = "רֹעַ פנים" = "גערת חכם", תוכחה שקולה, ביקורת בונה.

"סוף כל האדם" הוא הניגוד של "סוף דבר... את האלהים יְרָא, ואת מצותיו שמור, כי זה כל האדם".

"כי העֹשק יהולֵל חכם" - יהפוך חכם לסכל - "ויאבד את לב" השופט החכם - "מתנה" של שוחד.

"קול הסירים" = סירה קוצנית נשרפת בקולות פצפוץ - "תחת הסיר" שבו התבשיל.

"כעס..." = כעס עצבני, מתפרץ - רוח גבוהה, זעם בלתי נשלט ותסכול עמוק נמצאים "בחיק כסילים" ומאפיינים אותם.

"ויֹתר לרֹאי השמש" - היתרון, לחכמים!

"על דברת" - דברי בני אדם הנשבעים בקלות ש'ככה זה'.

"למה תִּשּׁוֹמֵם" - תחיה חיי שממה של צדקות מופרזת - החכמה קובעת את גבולות הצדקות והרשעה!

"כל זה נִסיתי בחכמה" - כל משלי החכמה הנזכרים.

"סבותי..." = חזרתי לאחור, התחרטתי.

"מצודים וחרמים" הם רשתות של ציד חיות ודגים - משל ידוע (בתחילת ספר 'משלי') על אישה מפתָה.

"אמרה קהלת" - נפש קהלת מתדמה גם היא לאישה חכמה וטובה המתקשה למצוא שותפות, כי "אחת לאחת" עסוקות "למצֹא חשבון" של תככים ומזימות.

"והמה בִקשו חִשבֹנות רבים" - של תככים.

שתי הנשים - החכמה והמפתָה - עוזרות לחכם קהלת, שנראה גם הוא כאישה, לנסות ולהציל את דרך החכמה, למרות הייאוש מהשגת החכמה העמוקה, ומהבנת דרכו של אלוהים בעולם, בפרט בענייני הרשע והצדק.

מערכה חמישית (פרקים ח'-ט')

ירא האלוהים ניצב מול החכם על הבמה. החכם שואל:

(1) מִי כְּהֶחָכָם,
וּמִי יוֹדֵעַ פֵּשֶׁר דָּבָר?
חָכְמַת אָדָם תָּאִיר פָּנָיו,
וְעֹז פָּנָיו יְשֻׁנֶּא (=וקשיחותו תשתנה).

ירא האלוהים עונה:

(2) אֲנִי –
פִּי מֶלֶךְ שְׁמֹר,
וְעַל דִּבְרַת שְׁבוּעַת אֱלֹהִים [היזהר במיוחד].
(3) אַל תִּבָּהֵל מִפָּנָיו [כאשר] תֵּלֵךְ,
אַל תַּעֲמֹד [להתחנן אליו] בְּדָבָר רָע,
כִּי כָּל אֲשֶׁר יַחְפֹּץ יַעֲשֶׂה.
(4) בַּאֲשֶׁר דְּבַר מֶלֶךְ שִׁלְטוֹן,
וּמִי יֹאמַר לוֹ מַה תַּעֲשֶׂה?

(5) שׁוֹמֵר מִצְוָה לֹא יֵדַע דָּבָר רָע,
וְעֵת וּמִשְׁפָּט יֵדַע לֵב חָכָם.
(6) כִּי לְכָל חֵפֶץ יֵשׁ עֵת וּמִשְׁפָּט,
כִּי רָעַת הָאָדָם רַבָּה עָלָיו.
(7) כִּי אֵינֶנּוּ יֹדֵעַ מַה שֶּׁיִּהְיֶה,
כִּי כַּאֲשֶׁר יִהְיֶה – מִי יַגִּיד לוֹ?
(8) אֵין אָדָם שַׁלִּיט בָּרוּחַ לִכְלוֹא אֶת הָרוּחַ,
וְאֵין שִׁלְטוֹן בְּיוֹם הַמָּוֶת,
וְאֵין מִשְׁלַחַת [לפיוס] בַּמִּלְחָמָה,
וְלֹא יְמַלֵּט רֶשַׁע אֶת בְּעָלָיו.

החכם עונה לו:

(9) אֶת כָּל זֶה רָאִיתִי וְנָתוֹן אֶת לִבִּי,
לְכָל מַעֲשֶׂה אֲשֶׁר נַעֲשָׂה תַּחַת הַשָּׁמֶשׁ,
עֵת אֲשֶׁר שָׁלַט הָאָדָם בְּאָדָם
לְרַע לוֹ.
(10) וּבְכֵן רָאִיתִי רְשָׁעִים קְבֻרִים [בכבוד] וָבָאוּ [אל מנוחתם]
וּמִמְּקוֹם קָדוֹשׁ יְהַלֵּכוּ [כאילו הם צדיקים],
וְיִשְׁתַּכְּחוּ בָעִיר [הצדיקים] אֲשֶׁר כֵּן עָשׂוּ (=בכנות וביושר),
גַּם זֶה הָבֶל.
(11) אֲשֶׁר אֵין נַעֲשָׂה פִתְגָם [הגמול ל]מַעֲשֵׂה הָרָעָה מְהֵרָה,
עַל כֵּן מָלֵא לֵב בְּנֵי הָאָדָם בָּהֶם לַעֲשׂוֹת רָע.

ירא האלוהים מגיב ועונה:

(12) אֲשֶׁר חֹטֶא עֹשֶׂה רָע מְאַת (=מאות פעמים), וּמַאֲרִיךְ לוֹ –
[אבל לבסוף יתברר גורלו,]
כִּי גַּם יוֹדֵעַ אָנִי אֲשֶׁר יִהְיֶה טּוֹב לְיִרְאֵי הָאֱלֹהִים
אֲשֶׁר יִירְאוּ מִלְּפָנָיו.

(13) וְטוֹב לֹא יִהְיֶה לָרָשָׁע, וְלֹא יַאֲרִיךְ יָמִים [וימיו יחלפו] כַּצֵּל,
[ב]אֲשֶׁר אֵינֶנּוּ יָרֵא מִלִּפְנֵי אֱלֹהִים.

החכם משיב:

(14) יֶשׁ הֶבֶל אֲשֶׁר נַעֲשָׂה עַל הָאָרֶץ,
אֲשֶׁר יֵשׁ צַדִּיקִים אֲשֶׁר מַגִּיעַ אֲלֵהֶם כְּמַעֲשֵׂה הָרְשָׁעִים,
וְיֵשׁ רְשָׁעִים שֶׁמַּגִּיעַ אֲלֵהֶם כְּמַעֲשֵׂה הַצַּדִּיקִים,
אָמַרְתִּי שֶׁגַּם זֶה הָבֶל.

הנהנתן נכנס (עם העמֵל), מתייצב לפניהם ואומר:

(15) וְשִׁבַּחְתִּי אֲנִי אֶת הַשִּׂמְחָה,
אֲשֶׁר אֵין טוֹב לָאָדָם תַּחַת הַשֶּׁמֶשׁ,
כִּי אִם לֶאֱכוֹל וְלִשְׁתּוֹת וְלִשְׂמוֹחַ,
וְהוּא יִלְוֶנּוּ [וישלם] בַעֲמָלוֹ,
[כל] יְמֵי חַיָּיו אֲשֶׁר נָתַן לוֹ הָאֱלֹהִים
תַּחַת הַשָּׁמֶשׁ.

החכם ממשיך בדבריו הקודמים:

(16) כַּאֲשֶׁר נָתַתִּי אֶת לִבִּי לָדַעַת חָכְמָה,
וְלִרְאוֹת אֶת הָעִנְיָן אֲשֶׁר נַעֲשָׂה עַל הָאָרֶץ,
כִּי גַם בַּיּוֹם וּבַלַּיְלָה [מרוב כאב] שֵׁנָה בְּעֵינָיו אֵינֶנּוּ רֹאֶה.
(17) וְרָאִיתִי אֶת כָּל מַעֲשֵׂה הָאֱלֹהִים,
כִּי לֹא יוּכַל הָאָדָם לִמְצוֹא אֶת הַמַּעֲשֶׂה
אֲשֶׁר נַעֲשָׂה תַחַת הַשֶּׁמֶשׁ,
בְּשֶׁל אֲשֶׁר יַעֲמֹל הָאָדָם לְבַקֵּשׁ וְלֹא יִמְצָא,
וְגַם אִם יֹאמַר הֶחָכָם לָדַעַת,
לֹא יוּכַל לִמְצֹא.

הנהנתן מגיב וממשיך את היגיון החכם:

[18] כִּי אֶת כָּל זֶה נָתַתִּי אֶל לִבִּי וְלָבוּר אֶת כָּל זֶה,

אֲשֶׁר הַצַּדִּיקִים וְהַחֲכָמִים וַעֲבָדֵיהֶם בְּיַד הָאֱלֹהִים,
גַּם אַהֲבָה גַם שִׂנְאָה אֵין יוֹדֵעַ הָאָדָם [להבין],
הַכֹּל לִפְנֵיהֶם.

[19] הַכֹּל כַּאֲשֶׁר לַכֹּל,
מִקְרֶה (=מוות) אֶחָד לַצַּדִּיק וְלָרָשָׁע,
לַטּוֹב וְלַטָּהוֹר וְלַטָּמֵא,
וְלַזֹּבֵחַ וְלַאֲשֶׁר אֵינֶנּוּ זֹבֵחַ,
כַּטּוֹב, כַּחֹטֶא,
הַנִּשְׁבָּע, כַּאֲשֶׁר שְׁבוּעָה יָרֵא.

החכם מגיב:

[20] זֶה רָע בְּכֹל אֲשֶׁר נַעֲשָׂה תַּחַת הַשֶּׁמֶשׁ,
כִּי מִקְרֶה אֶחָד לַכֹּל,
וְגַם לֵב בְּנֵי הָאָדָם מָלֵא רָע וְהוֹלֵלוֹת בִּלְבָבָם, בְּחַיֵּיהֶם,
וְאַחֲרָיו אֶל הַמֵּתִים.

הנהנתן משיב, ואחר כך משמיע את משנתו:

[21] כִּי מִי אֲשֶׁר יְחֻבַּר אֶל כָּל הַחַיִּים יֵשׁ בִּטָּחוֹן,
כִּי לְכֶלֶב חַי הוּא טוֹב מִן הָאַרְיֵה הַמֵּת.

[22] כִּי הַחַיִּים יוֹדְעִים שֶׁיָּמֻתוּ,
וְהַמֵּתִים אֵינָם יוֹדְעִים מְאוּמָה,
וְאֵין עוֹד לָהֶם שָׂכָר, כִּי נִשְׁכַּח זִכְרָם.

[23] גַּם אַהֲבָתָם גַּם שִׂנְאָתָם גַּם קִנְאָתָם כְּבָר אָבָדָה,
וְחֵלֶק אֵין לָהֶם עוֹד לְעוֹלָם, בְּכֹל אֲשֶׁר נַעֲשָׂה תַּחַת הַשָּׁמֶשׁ.
[ועל כן]:

[24] לֵךְ אֱכֹל בְּשִׂמְחָה לַחְמֶךָ
וּשְׁתֵה בְלֶב טוֹב יֵינֶךָ,
כִּי כְבָר רָצָה הָאֱלֹהִים אֶת מַעֲשֶׂיךָ.

[25] בְּכָל עֵת יִהְיוּ בְגָדֶיךָ לְבָנִים
וְשֶׁמֶן עַל רֹאשְׁךָ אַל יֶחְסָר.
[26] רְאֵה חַיִּים עִם אִשָּׁה אֲשֶׁר אָהַבְתָּ,
כָּל יְמֵי חַיֵּי הֶבְלֶךָ,
אֲשֶׁר נָתַן לְךָ תַּחַת הַשֶּׁמֶשׁ,
כֹּל יְמֵי הֶבְלֶךָ,
כִּי הוּא חֶלְקְךָ בַּחַיִּים,
וּבַעֲמָלְךָ אֲשֶׁר אַתָּה עָמֵל תַּחַת הַשָּׁמֶשׁ.

העמֵל מתערב בוויכוח, ואומר את דעתו:

[27] כֹּל אֲשֶׁר תִּמְצָא יָדְךָ לַעֲשׂוֹת בְּכֹחֲךָ – עֲשֵׂה,
כִּי אֵין מַעֲשֶׂה וְחֶשְׁבּוֹן וְדַעַת וְחָכְמָה
בִּשְׁאוֹל אֲשֶׁר אַתָּה הֹלֵךְ שָׁמָּה.
[28] [אבל] שַׁבְתִּי וְרָאֹה תַחַת הַשֶּׁמֶשׁ
כִּי לֹא לַקַּלִּים הַמֵּרוֹץ,
וְלֹא לַגִּבּוֹרִים הַמִּלְחָמָה,
וְגַם לֹא לַחֲכָמִים לֶחֶם,
וְגַם לֹא לַנְּבֹנִים עֹשֶׁר,
וְגַם לֹא לַיֹּדְעִים חֵן (=חנינה מאסון),
כִּי עֵת וָפֶגַע יִקְרֶה אֶת כֻּלָּם.
[29] כִּי גַּם לֹא יֵדַע הָאָדָם אֶת עִתּוֹ,
כַּדָּגִים שֶׁנֶּאֱחָזִים בִּמְצוֹדָה רָעָה,
וְכַצִּפֳּרִים הָאֲחֻזוֹת בַּפָּח,
כָּהֵם יוּקָשִׁים (=נלכדים) בְּנֵי הָאָדָם לְעֵת רָעָה,
כְּשֶׁתִּפּוֹל עֲלֵיהֶם פִּתְאֹם.

החכם מסיים במשל, ומסקנה:

[30] גַּם זֹה רָאִיתִי חָכְמָה תַּחַת הַשָּׁמֶשׁ,

וּגְדוֹלָה הִיא אֵלָי.

[31] עִיר קְטַנָּה וַאֲנָשִׁים בָּהּ מְעָט,

וּבָא אֵלֶיהָ מֶלֶךְ גָּדוֹל וְסָבַב אֹתָהּ, וּבָנָה עָלֶיהָ מְצוֹדִים גְּדֹלִים.

[32] וּמָצָא בָהּ אִישׁ מִסְכֵּן חָכָם,

וּמִלַּט הוּא אֶת הָעִיר בְּחָכְמָתוֹ,

וְאָדָם לֹא זָכַר אֶת הָאִישׁ הַמִּסְכֵּן הַהוּא.

[33] וְאָמַרְתִּי אָנִי:

טוֹבָה חָכְמָה מִגְּבוּרָה,

וְחָכְמַת הַמִּסְכֵּן בְּזוּיָה,

וּדְבָרָיו אֵינָם נִשְׁמָעִים.

מסך יורד.

"ועֹז פניו ישֻׁנֶא" - ופניו הקשוחים ישתנו, יתרככו.

"לכלוא את הרוח" - ולמנוע ממנה לצאת.

"ואין משלחת" = פיוס ושחרור - "במלחמה" = תוך כדי קרב.

"רשעים קבֻרים" - בקבר מפואר - "ובאו" - אל קברות אבותיהם בשלום, ונחקק שם על חייהם, כאילו - "וממקום קדוש יהלכו" - בעוד כל מעשיהם הרעים לא ייזכרו - "וישתכחו [הצדיקים] בעיר אשר כן (=בכנות וביושר) עשו".

"פתגם מעשה הרעה" = משפט.

"עֹשה רע מאת" = מאות פעמים - ובכל זאת, "ומאריך לו" - במידת 'ארך אפים', ונותן לו עוד הזדמנות.

"והוא יִלְוֶנּוּ בעמלו" - הטוב שיזכה לו, יהיה לו כמו הלוואה, שיחזיר אותה בעמלו אחר כך, כמו יעקב שעבד עוד שבע שנים עבור רחל שאהב, אחר שקיבל אותה לאישה.

"ולָבוּר את כל זה" = לברר.

"אשר הצדיקים והחכמים ועבָדֵיהֶם" - ומעשיהם (או מה שייעשה להם) "ביד האלהים" - "גם" מה שגורם "אהבה, גם שנאה, אין יודע האדם - הכל לפניהם" של שופטי מרום. "מקרה" = מוות.

"כי מי אשר יחֻבַּר, אל כל החיים יש בטחון" - החיבור אל כלל החיים מעניק ביטחון.

"חן" = חנינה.

"יוקָשים בני האדם" - נלכדים בפח יָקוּש = מוקֵש.

"מצודים" = חומות מלכודת.

מערכה שישית ואחרונה (סוף פרק ט', פרקים י'-י"א וחצי י"ב)

בירכתי הבמה מופיע שוב כיסא המלכות, ועליו יושב העמֵל, כמלך זקן - מולו יושב הנהנתן.

החכם וירא האלוהים בקדמת הבמה, הירא יושב והחכם נושא את דברו (ברקע עדיין מהדהד המשל על המלך הגדול והחכם המסכן).

החכם פונה אל המלך:

[1] דִּבְרֵי חֲכָמִים בְּנַחַת נִשְׁמָעִים, [וטובים] מִזַּעֲקַת מוֹשֵׁל בַּכְּסִילִים.

[2] טוֹבָה חָכְמָה מִכְּלֵי קְרָב,

וְחוֹטֶא אֶחָד יְאַבֵּד טוֹבָה הַרְבֵּה.

החכם פונה אל הנהנתן:

[3] זְבוּבֵי מָוֶת יַבְאִישׁ יַבִּיעַ שֶׁמֶן רוֹקֵחַ,

יָקָר (=כבד) מֵחָכְמָה מִכָּבוֹד

סִכְלוּת מְעָט.

[4] לֵב חָכָם לִימִינוֹ,

וְלֵב כְּסִיל לִשְׂמֹאלוֹ.

[5] וְגַם בַּדֶּרֶךְ כְּשֶׁסָּכָל הֹלֵךְ לִבּוֹ חָסֵר,

וְאָמַר לַכֹּל: סָכָל הוּא.

החכם פונה אל המלך:

[6] אִם רוּחַ הַמּוֹשֵׁל תַּעֲלֶה עָלֶיךָ [בכעס],
מְקוֹמְךָ אַל תַּנַּח,
כִּי מַרְפֵּא (=רפיון) יַנִּיחַ חֲטָאִים גְּדוֹלִים.
[7] יֵשׁ רָעָה רָאִיתִי תַּחַת הַשָּׁמֶשׁ,
כִּשְׁגָגָה שֶׁיֹּצָא מִלִּפְנֵי הַשַּׁלִּיט.
[8] נִתַּן הַסֶּכֶל (=הטיפש) בַּמְּרוֹמִים רַבִּים,
וַעֲשִׁירִים בַּשֵּׁפֶל יֵשֵׁבוּ.
[9] רָאִיתִי עֲבָדִים עַל סוּסִים,
וְשָׂרִים הֹלְכִים כַּעֲבָדִים עַל הָאָרֶץ.
[10] חֹפֵר גּוּמָּץ (=בור) – בּוֹ יִפּוֹל,
וּפֹרֵץ גָּדֵר – יִשְּׁכֶנּוּ נָחָשׁ.
[11] מַסִּיעַ אֲבָנִים – יֵעָצֵב בָּהֶם,
בּוֹקֵעַ עֵצִים – יִסָּכֶן (=יהיה מסכן) בָּם.
[12] אִם קֵהָה הַבַּרְזֶל וְהוּא לֹא פָנִים קִלְקַל (=ולא הושחז),
וַחֲיָלִים יְגַבֵּר [?].
וְיִתְרוֹן הַכְשֵׁיר חָכְמָה.

החכם פונה אל הנהנתן:

[13] אִם יִשֹּׁךְ הַנָּחָשׁ בְּלוֹא לָחַשׁ,
וְאֵין יִתְרוֹן לְבַעַל הַלָּשׁוֹן.
[14] דִּבְרֵי פִי חָכָם – חֵן (=חנינה והצלה),
וְשִׂפְתוֹת כְּסִיל – תְּבַלְּעֶנּוּ.
[15] תְּחִלַּת דִּבְרֵי פִיהוּ – סִכְלוּת,
וְאַחֲרִית פִּיהוּ – הוֹלֵלוּת רָעָה.
[16] וְהַסָּכָל יַרְבֶּה דְבָרִים,

לֹא יֵדַע הָאָדָם מַה שֶּׁיִּהְיֶה,
וַאֲשֶׁר יִהְיֶה מֵאַחֲרָיו,
מִי יַגִּיד לוֹ?

החכם פונה אל המלך:

[17] עֲמַל הַכְּסִילִים תְּיַגְּעֶנּוּ,
אֲשֶׁר לֹא יָדַע [אפילו] לָלֶכֶת אֶל עִיר.
[18] אִי לָךְ אֶרֶץ שֶׁמַּלְכֵּךְ נָעַר,
וְשָׂרַיִךְ בַּבֹּקֶר יֹאכֵלוּ.
[19] אַשְׁרֵיךְ אֶרֶץ שֶׁמַּלְכֵּךְ בֶּן חוֹרִים (=בן תרבות שליטים),
וְשָׂרַיִךְ בָּעֵת יֹאכֵלוּ,
בִּגְבוּרָה וְלֹא בַשְּׁתִי (=במשתה).

החכם פונה אל הנהנתן:

[20] בַּעֲצַלְתַּיִם יִמַּךְ הַמְּקָרֶה (=התקרה),
וּבְשִׁפְלוּת יָדַיִם יִדְלֹף הַבָּיִת.
[21] לִשְׂחוֹק עֹשִׂים לֶחֶם, וְיַיִן יְשַׂמַּח חַיִּים,
וְהַכֶּסֶף יַעֲנֶה אֶת הַכֹּל.

החכם פונה אל המלך:

[22] גַּם בְּמַדָּעֲךָ (=במחשבתך), מֶלֶךְ אַל תְּקַלֵּל,
וּבְחַדְרֵי מִשְׁכָּבְךָ אַל תְּקַלֵּל עָשִׁיר.
כִּי עוֹף הַשָּׁמַיִם יוֹלִיךְ אֶת הַקּוֹל,
וּבַעַל כְּנָפַיִם יַגִּיד דָּבָר.

בנאום 'שבח החכמה' החכם פונה אל המלך בכל מה שנוגע לשלטון כדי שיאמץ את דמות 'המלך החכם', והדברים מכוונים גם לנתינים שצריכים להיזהר מן המלך - כך ידע גם המלך, שרק החכמה תגן עליו.

בכל מה שנוגע לכסילים ולסכלות, פונה החכם אל הנהנתן, כדי שידע שהחכמה תשמור עליו מן הסכלות.

"זבובי מות" - די באחד מהם וכבר "יבאיש יביע שמן רוקח" = יסריח ויתסיס שמן רפואי חשוב.

"יקר" בלשון המקרא פירושו: 'כבד' ("יקר בעיני ה', המותה לחסידיו" [תהילים קט"ז טו]), ולכן:

"יקר מחכמה מכבוד סכלות מעט", די בסכלות מעט להכביד ולהכריע את החכמה כולה, כמו זבוב לשמן.

"לב חכם" - מושך אותו "לימינו" = לדרך טובה, והיפוכו בכסיל שהולך ב'לב חסר' = בחוסר דעת, וכל הרואה אותו מבין שהוא שוטה - "ואמר לכל סכל הוא".

"אם רוח המושל" = כעסו - "תעלה עליך, מקומך אל תנח" = אל תתפטר ואל תעזוב, "כי מַרְפֵּא" = רפיון, "יניח" = יעזוב אחריו "חטאים גדולים".

"נִתַּן הַסֶּכֶל בַּמְּרוֹמִים רַבִּים" - מהפכה או חילופי שלטון, כשסכלים ועבדים עולים למרומי השלטון, והמכובדים בשפל, זו טעות קשה שיוצאת לעולם "מלפני השליט", שאמור לנהל אותו, רמז לאלוהים.

"גוּמָּץ" = בור עמוק. נחשים שוכנים בתוך אבני הגדרות.

"מסיע אבנים יֵעָצֵב בהם" = יעבוד בפרך, ואף יִפָּצַע או יִשָּׁבֵר.

"בוקע עצים יִסָּכֶן בָּם" = יעבוד בּמִסְכֵּנוּת, יהיה מִסכֵּן, ואולי גם יִסתַּכֵּן, ייחשף לסכנות.

"אם קֵהָה הברזל, והוא לא פנים קִלְקַל (=לא הושחז) - וַחֲיָלִים יְגַבֵּר?" = כלי ברזל שפניו לא חודדו ולוטשו, לא יוכל לפעול בכוח - וכך הסכל לא יוכל לתת עצה טובה, והלחש שלו כמו לחישת נחש.

"עמל הכסילים" מוביל לדרך אשר "תְּיַגְּעֶנּוּ", כי לא ימצא לעולם דרך נכונה אפילו "ללכת אל עיר".

מלך "נער" - מתהולל, ושריו אוכלים "בבקר", במקום לשפוט ולדון את העם. מלך "בן חורים" = בן אצילים ונכבדים יש לו תרבות שלטון, שריו מראים גבורתם במלחמה, ולא במשתאות, ואוכלים "בָּעֵת".

"בעצלתים ימך המקרה..." = בגלל עצלות, שלא הידקו היטב ולא אטמו את התקרה, היא תישפל ותדלוף.

"והכסף יענה את הכל" - יממן את כל מסיבות המשתה, ויתבזבז הון המלוכה - אך גם במצב כזה יש להיזהר מדברי ביקורת -

"גם במַדָּעֲךָ" = במחשבתך - "מלך אל תקלל... כי עוף השמים יוליך את הקול...".

החכם מתיישב, וירא האלוהים קם לשאת את דברו.

הירא פונה אל המלך:

(1) שַׁלַּח לַחְמְךָ עַל פְּנֵי הַמָּיִם,
כִּי בְרֹב הַיָּמִים תִּמְצָאֶנּוּ.

(2) תֶּן חֵלֶק לְשִׁבְעָה וְגַם לִשְׁמוֹנָה,
כִּי לֹא תֵדַע מַה יִּהְיֶה רָעָה עַל הָאָרֶץ.

הירא פונה אל הנהנתן. ברקע מופיעה תמונת הנחלים ההולכים אל הים, שמזכירה את הפתיחה:

(3) אִם יִמָּלְאוּ הֶעָבִים גֶּשֶׁם – עַל הָאָרֶץ יָרִיקוּ,
וְאִם יִפּוֹל עֵץ בַּדָּרוֹם וְאִם בַּצָּפוֹן,
מְקוֹם שֶׁיִּפּוֹל הָעֵץ – שָׁם יְהוּא.

הירא פונה אל המלך.

ברקע מופיעה תמונת הרוח הסובב אל דרום ואל צפון, שמזכירה את הפתיחה:

(4) שֹׁמֵר רוּחַ – לֹא יִזְרָע,
וְרֹאֶה בֶעָבִים – לֹא יִקְצוֹר.

(5) כַּאֲשֶׁר אֵינְךָ יוֹדֵעַ מַה דֶּרֶךְ הָרוּחַ,
כַּעֲצָמִים בְּבֶטֶן הַמְּלֵאָה,
כָּכָה לֹא תֵדַע אֶת מַעֲשֵׂה הָאֱלֹהִים אֲשֶׁר יַעֲשֶׂה אֶת הַכֹּל.

(6) בַּבֹּקֶר זְרַע אֶת זַרְעֶךָ,
וְלָעֶרֶב אַל תַּנַּח יָדֶךָ,
כִּי אֵינְךָ יוֹדֵעַ אֵי זֶה יִכְשָׁר, הֲזֶה אוֹ זֶה,
וְאִם שְׁנֵיהֶם כְּאֶחָד טוֹבִים.

הירא פונה אל החכם.

ברקע מופיעה תמונת שמש זורחת, ושוקעת, שמזכירה את הפתיחה:

(7) וּמָתוֹק הָאוֹר,
וְטוֹב לַעֵינַיִם לִרְאוֹת אֶת הַשָּׁמֶשׁ.

(8) כִּי אִם שָׁנִים הַרְבֵּה יִחְיֶה הָאָדָם,
בְּכֻלָּם יִשְׂמָח,
וְיִזְכֹּר אֶת יְמֵי הַחֹשֶׁךְ, כִּי הַרְבֵּה יִהְיוּ,
כָּל שֶׁבָּא הָבֶל.

הירא פונה אל הנהנתן.

ברקע תמונה של קניון גדול, מלא צבעים, ריחות ומאכלים, כלים ובגדים ומעדנים. כרוז מודיע שוב ושוב: אין יציאה בלי דין וחשבון, אין יציאה בלי לשלם!

(9) שְׂמַח בָּחוּר בְּיַלְדוּתֶיךָ,
וִיטִיבְךָ לִבְּךָ בִּימֵי בְחוּרוֹתֶךָ,
וְהַלֵּךְ בְּדַרְכֵי לִבְּךָ, וּבְמַרְאֵי עֵינֶיךָ.
וְדָע

כִּי עַל כָּל אֵלֶּה יְבִיאֲךָ הָאֱלֹהִים בַּמִּשְׁפָּט.

הירא פונה גם אל החכם:

(10) וְהָסֵר כַּעַס מִלִּבֶּךָ,
וְהַעֲבֵר רָעָה מִבְּשָׂרֶךָ,
כִּי הַיַּלְדוּת וְהַשַּׁחֲרוּת – הָבֶל.

ירא האלוהים פונה אל המלך, ותוך כדי כך כיסא המלכות הופך למיטה, המלך שוכב חסר אונים, משרתיו ורופאיו מתרוצצים סביבו. אור השמש הגדולה שהאירה את הבמה נחלש והולך, כוכבים מתנוצצים וכבים, הירח מופיע בצורה של סוף חודש, עננים כבדים מכסים את הכול.

ברקע מופיעה דמותו של המלך דוד, הצעיר והזקן. ירא האלוהים מדבר אל המלך החולה:

[11] וּזְכֹר אֶת בּוֹרְאֶיךָ בִּימֵי בְּחוּרֹתֶיךָ,
עַד אֲשֶׁר לֹא יָבֹאוּ יְמֵי הָרָעָה,
וְהִגִּיעוּ שָׁנִים אֲשֶׁר תֹּאמַר: אֵין לִי בָהֶם חֵפֶץ.

[12] אֲשֶׁר לֹא תֶחְשַׁךְ הַשֶּׁמֶשׁ וְהָאוֹר
וְהַיָּרֵחַ וְהַכּוֹכָבִים,
וְשָׁבוּ הֶעָבִים אַחַר הַגָּשֶׁם [בחושך ארוך].

מופיעה כתובת גדולה ברקע – עשי"ר: עיניים, שיניים, ידיים, רגליים.

ירא האלוהים ממשיך לדבר אל המלך הגוסס:

[13] בַּיּוֹם שֶׁיָּזֻעוּ שֹׁמְרֵי הַבַּיִת (=הידיים),
וְהִתְעַוְּתוּ אַנְשֵׁי הֶחָיִל (=הרגליים),
וּבָטְלוּ הַטֹּחֲנוֹת (השיניים) כִּי מִעֵטוּ,
וְחָשְׁכוּ הָרֹאוֹת (=העיניים) בָּאֲרֻבּוֹת.

[14] וְסֻגְּרוּ דְלָתַיִם (=שפתיים) בַּשּׁוּק, בִּשְׁפַל קוֹל הַטַּחֲנָה (=הדיבור),
וְיָקוּם (=ויתעורר) לְקוֹל הַצִּפּוֹר,
וְיִשַּׁחוּ (=וישתתקו) כָּל בְּנוֹת הַשִּׁיר.

ברקע מופיעות תמונות שקד פורח, חונט פרי והכול נושר, מחזור מהיר של חיי חגב, וענפי צלף עם פרחים ופירות. ירא האלוהים פונה אל כל הנוכחים, וכולם נראים חולים, מתעלפים וגוססים:

[15] גַּם מִגָּבֹהַּ יִרָאוּ, וְחַתְחַתִּים בַּדֶּרֶךְ [לזקנים],
וְיָנֵאץ הַשָּׁקֵד [במהירות], וְיִסְתַּבֵּל הֶחָגָב [בגלגול קצר],
וְתָפֵר הָאֲבִיּוֹנָה (פרי הצלף),
כִּי הֹלֵךְ הָאָדָם אֶל בֵּית עוֹלָמוֹ,
וְסָבְבוּ בַשּׁוּק הַסֹּפְדִים.

ברקע מופיעים תמונות וקולות של לוויות, ותמונת שלד עצמות של גוף האדם, בהבלטת השדרה והגולגולת. רוב הנוכחים נראים מתים, רק החכם עודנו מחזיק מעמד, וירא האלוהים ממשיך:

[16] עַד אֲשֶׁר לֹא יֵרָתֵק (=יינתק) חֶבֶל הַכֶּסֶף (=חוט השדרה),
וְתָרֻץ (=ותישבר) גֻּלַּת הַזָּהָב (=הגולגולת),
וְתִשָּׁבֶר כַּד (=הבטן) עַל הַמַּבּוּעַ,
וְנָרֹץ הַגַּלְגַּל (=הגוף) אֶל הַבּוֹר.

ברקע מופיעה השאלה מפרק ג׳ (כא): ״מי יודע רוח בני האדם, הָעֹלה היא למעלה?...״

[17] וְיָשֹׁב הֶעָפָר עַל הָאָרֶץ כְּשֶׁהָיָה,
וְהָרוּחַ תָּשׁוּב אֶל הָאֱלֹהִים אֲשֶׁר נְתָנָהּ.

עם כיבוי השמש מתמלאת הבמה בהבל חם, והחכם עונה עם ירא האלוהים בנשימתו האחרונה:

[18] הֲבֵל הֲבָלִים אָמַר הַקּוֹהֶלֶת,
הַכֹּל הָבֶל.

תמונת הסיום מקבילה־הפוכה לפתיחה: מים - רוח - שמש - עפר על הארץ, ודור הולך, וחותם ב״הבל הבלים״ שבו פתח;

אולם המעגליות נשברת - הגשם, העץ שייפול, השמש שתחשך,
החיים שֶׁיִּתַּמּוּ - המוות.

"תן חלק לשבעה וגם לשמונה" - חלק נכסים, השקעות ומעשים
ועבודות - "כי לא תדע מה יהיה רעה על הארץ".

"כעצמים בבטן המלאה" = כעוברים בבטן האישה ההרה (שאז
לא יכלו לראותם!).

"בבקר זרע את זרעך" - בשדה, "ולערב אל תנח ידך" - לגדל
ילדים.

"כל שבא הבל" = הכול חולף ונעלם.

"בימי בחורותך" = נעוריך.

"והסר כעס מלבך" - כעס הנובע מביקורת החכמה - "והעבר
רעה מבשרך" - רעה שבאה מחטאי ההנאות - "כי הילדות
והשחרות הבל" - הגיל הצעיר, שבו השער שחור, חולף ועובר.

"שֹׁמרי הבית" = הידיים; "אנשי החיל = הרגליים;

"הטֹחנות" = השיניים; "הרֹאות בָּאֲרֻבּוֹת" = העיניים;

"דלתים" = שפתיים; "קול הטחנה" = הדיבור.

"וְיָקוּם לקול הצפור, וְיִשַּׁחוּ כל בנות השיר" - זקן מתעורר מקול
צפצוף, כי קשה לו לישון, ולשיר אינו יכול עוד.

"חבל הכסף = חוט השדרה; "גֻּלַּת הזהב" = הגולגולת;

"הַגַּלְגַּל" הוא מתקן השאיבה בכד מן הבור, והוא משל על
מערכת האכילה והשתייה והעיכול, ועל הגוף כולו.

"וחַתחַתִּים בדרך" - כל אבן בדרך היא מכשול קשה.

"ויִסתַּבֵּל החגב" - יישא סבלו, במחזור גלגולו המהיר;

"ותָפֵר הָאֲבִיוֹנָה" - ימהר פרי הצלף, ויסיים את חייו הקצרים.

"יֵרָתֵק" = יִנָּתֵק; "וְתָרֻץ... וְנָרֹץ" = תִּשָּׁבֵר... יִשָּׁבֵר (משורש רצ"ץ).

כעת מופיעים שני החכמים, אלה שליוו את שיר העִתים ("עת ללדת ועת למות..."), ומספידים.

אחד אומר:

וְיֹתֵר [ממה] שֶׁהָיָה קֹהֶלֶת חָכָם,
עוֹד לִמַּד דַּעַת אֶת הָעָם,
וְאִזֵּן וְחִקֵּר,
תִּקֵּן מְשָׁלִים הַרְבֵּה.
בִּקֵּשׁ קֹהֶלֶת לִמְצֹא דִּבְרֵי חֵפֶץ,
וְכָתוּב יֹשֶׁר דִּבְרֵי אֱמֶת.

שני אומר:

דִּבְרֵי חֲכָמִים כַּדָּרְבֹנוֹת
וּכְמַשְׂמְרוֹת נְטוּעִים בַּעֲלֵי אֲסֻפּוֹת,
נִתְּנוּ מֵרֹעֶה אֶחָד.
וְיֹתֵר מֵהֵמָּה בְּנִי הִזָּהֵר,
עֲשׂוֹת סְפָרִים הַרְבֵּה אֵין קֵץ,
וְלַהַג הַרְבֵּה יְגִעַת בָּשָׂר.

ברקע מופיע הפסוק "טוב ללכת אל בית אבל... באשר הוא סוף כל האדם?" (ז׳ ב).

שני החכמים מצטרפים אל ירא האלוהים, שגם הוא נראה לפתע גוסס, ואומר בנשימתו האחרונה:

סוֹף דָּבָר הַכֹּל נִשְׁמָע:
אֶת הָאֱלֹהִים יְרָא
וְאֶת מִצְוֹתָיו שְׁמוֹר,
כִּי זֶה כָּל הָאָדָם.
כִּי אֶת כָּל מַעֲשֶׂה, הָאֱלֹהִים יָבִא בְמִשְׁפָּט עַל כָּל נֶעְלָם,
אִם טוֹב וְאִם רָע.

שני החכמים מכסים את המת בסדין לבן, ושרים עם כל הקהל:

סוֹף דָּבָר הַכֹּל נִשְׁמָע,
אֶת הָאֱלֹהִים יְרָא
וְאֶת מִצְוֹתָיו שְׁמוֹר,
כִּי זֶה כָּל הָאָדָם.

"וְיֹתֵר, שהיה קהלת חכם" - יותר ממה שהיה יתרון לו בחכמתו - "עוד...", "ואִזֵּן וחִקֵּר" = שמע באזנו משלים וחקר אותם.

"דברי חפץ" = דברים שיש בהם חפץ, טעם.

"דברי חכמים כדרבֹנוֹת" - קשים כברזל שמכוון בכוח את הבהמה החורשת -

"וכמַשְׂמְרוֹת נטוּעים בעלי אֲסֻפּוֹת" - כמו מסמרים תקועים חזק, ויש להם ראש טבעת, שאפשר לחבר להם כל דבר. וחז"ל דרשו שהמסמרות החזקים גם צומחים ומתפתחים כמו צמח נטוע, על ידי חכמי ישראל המתכנסים לאספות.

"נִתְּנוּ מֵרֹעֶה אחד" - משה רבנו עליו השלום.

דברי הסיום הם דברי הספד ואינם סתם תוספת.

"סוף דבר הכל נשמע..." הם סיכום דבריו של ירא האלוהים בכל המגילה - "כי את האלוהים יְרָא" מפרק ה' (ו), יחד עם "שומר מצוה..." מפרק ח' (ה), ועם הפיכת "**סוף כל האדם**" מפרק ז' (ב) ל"**סוף דבר**...", שהוא **כל האדם** - יראת אלוהים ושמירת מצוותיו.

האדם ותכליתו – ארבע נקודות מבט מתוך ספר קהלת

יעקב מדן

א. הוויכוח

פתח ואמר (רבי תנחום): אנת שלמה, אן חכמתך אן סוכלתנותך!
(אתה שלמה, היכן חכמתך והיכן שכלך)
לא דייך שדבריך סותרין דברי דוד אביך, אלא שדבריך סותרין זה את זה!
דוד אביך אמר: "לא המתים יהללו י־ה",
ואת אמרת: "ושבח אני את המתים שכבר מתו",
וחזרת ואמרת: "כי לכלב חי הוא טוב מן האריה המת!"
(גמרא שבת ל ע"א).

שאלותיו של רבי תנחום מביעות היטב את שאלותיו של כל קורא בספר קהלת:

א. הסתירות הרבות הקיימות בספר עצמו בין טענות שונות ("ומוצא אני מר ממות את האשה" [ז' כו] מול "ראה חיים עם אשה

אשר אהבת" [ט' ט]. "מקרה אחד לצדיק ולרשע" [ט' ב] מול "ולא ימלט רשע את בעליו" [ח' ח]. "וגם כל האדם שיאכל ושתה... מתת אלוהים היא" [ג' יג] מול "טוב ללכת אל בית אבל מלכת אל בית משתה [ז' ב] ועוד רבים מספור).

ב. העובדה שדברי קהלת נראים סותרים גם את 'דברי אביו', כלומר, גם את הקו הנבואי העקרוני במקרא וכן את הקו של כתבי הקדש, ובעיקר של ספר תהילים, שאינם מטילים ספק בכל דבר, ומכוונים לדרך ברורה בעבודת ה'.

יש בספר הטלת ספקות קשים על האמונה בה', בהשגחתו, בצדקו ובתורת הגמול שהנחילו לנו התורה והנביאים, והשאלה אם הוא ראוי למקומו בין כתבי הקודש, שאלה העולה במשנה (להלן), היא שאלה שהספר מותיר מקום גדול להתחבט בה:

> כל כתבי הקדש מטמאין את הידים, שיר השירים וקהלת מטמאין את הידים.
>
> רבי יהודה אומר: שיר השירים מטמא את הידים, וקהלת מחלוקת.
>
> רבי יוסי אומר: קהלת אינו מטמא את הידים, ושיר השירים מחלוקת.
>
> רבי שמעון אומר: קהלת מקולי בית שמאי ומחומרי בית הלל.
>
> אמר רבי שמעון בן עזאי: מקובל אני מפי שבעים ושניים זקן ביום שהושיבו את רבי אלעזר בן עזריה בישיבה, ששיר השירים וקהלת מטמאים את הידים.
>
> אמר רבי עקיבא: חס ושלום, לא נחלק אדם מישראל על שיר השירים שלא תטמא את הידים, שאין כל העולם כלו כדאי כיום שניתן בו שיר השירים לישראל, שכל כתובים קדש, ושיר השירים קודש קדשים, ואם נחלקו לא נחלקו אלא על קהלת (ידים ג' ה).

נבאר את הדברים: ספר המטמא את הידיים הוא ספר קודש שהוכנס למקרא. ספר שאינו מטמא את הידיים הוא ספר חול. הכרעה סופית על ספרי המקרא (למעט אסתר) - מי מהם ראוי להימנות על המקרא - נפלה ביבנה אחרי חורבן ירושלים והמקדש. שם נחלקו חכמים בשאלה אם שיר השירים וקהלת ראויים להיכנס למקרא כספרי קודש. ההלכה נפסקה כבן עזאי, ששני הספרים הם חלק בלתי נפרד מן המקרא, וכך כולנו נוהגים היום.

ועדיין לא זזה ממקומה השאלה על קהלת, עד כמה הוא משדר נאמנות בהשגחת ה׳ ובצדק גמולו. נביא שוב פסוקים המבטאים בעיה זו:

> הַכֹּל כַּאֲשֶׁר לַכֹּל מִקְרֶה אֶחָד לַצַּדִּיק וְלָרָשָׁע לַטּוֹב וְלַטָּהוֹר וְלַטָּמֵא וְלַזֹּבֵחַ וְלַאֲשֶׁר אֵינֶנּוּ זֹבֵחַ כַּטּוֹב כַּחֹטֶא הַנִּשְׁבָּע כַּאֲשֶׁר שְׁבוּעָה יָרֵא. זֶה רָע בְּכֹל אֲשֶׁר נַעֲשָׂה תַּחַת הַשֶּׁמֶשׁ כִּי מִקְרֶה אֶחָד לַכֹּל וְגַם לֵב בְּנֵי הָאָדָם מָלֵא רָע וְהוֹלֵלוֹת בִּלְבָבָם בְּחַיֵּיהֶם וְאַחֲרָיו אֶל הַמֵּתִים... בְּכָל עֵת יִהְיוּ בְגָדֶיךָ לְבָנִים וְשֶׁמֶן עַל רֹאשְׁךָ אַל יֶחְסָר. רְאֵה חַיִּים עִם אִשָּׁה אֲשֶׁר אָהַבְתָּ כָּל יְמֵי חַיֵּי הֶבְלֶךָ אֲשֶׁר נָתַן לְךָ תַּחַת הַשֶּׁמֶשׁ כֹּל יְמֵי הֶבְלֶךָ כִּי הוּא חֶלְקְךָ בַּחַיִּים וּבַעֲמָלְךָ אֲשֶׁר אַתָּה עָמֵל תַּחַת הַשָּׁמֶשׁ. כֹּל אֲשֶׁר תִּמְצָא יָדְךָ לַעֲשׂוֹת בְּכֹחֲךָ עֲשֵׂה כִּי אֵין מַעֲשֶׂה וְחֶשְׁבּוֹן וְדַעַת וְחָכְמָה בִּשְׁאוֹל אֲשֶׁר אַתָּה הֹלֵךְ שָׁמָּה (ט׳ ב-י).

רש״י פירש הכול בדרך המתאימה לאמונה ולתורת הגמול. ה״מקרה אחד״ שהוא לצדיק ולרשע הוא רק בעולם הזה. בעולם הבא יש הפרש גדול ביניהם. ״ראה חיים עם אשה אשר אהבת״ הוא שילוב הפרנסה ותלמוד התורה בלי כל קשר לאישה כפשוטה. ״אין מעשה וחשבון... בשאול״ - אין מעשה שיוכל הרשע לעשותו לזכות בדין,

ואין חשבון רע עם הצדיק על מעשיו. אך כל הפירושים הללו נראים רחוקים מפשטי המקראות, המביעים לכאורה שלית דין ולית דיין.

פתרון אפשרי לשתי הבעיות שהעלינו בספר רמוז בדבריו של ראב"ע[1]:

ועיקר הצורך הוא שיראו בדברי שלמה בספר הזה דברים קשים מהם, שיאמר במקומות רבים דבר ויאמר הפך הדבר, ובעבור זה אמרו חכמי ישראל ז"ל: "בקשו חכמים לגנוז ספר קהלת מפני שדבריו סותרין זה את זה, אמר: 'טוב כעס משחוק' והפך זה 'כי כעס בחיק כסילים ינוח', וכן 'כי ברוב חכמה רוב כעס', והפך זה 'והסר כעס מלבך', וכן 'טוב אשר יפה לאכול ולשתות', והפך זה 'טוב ללכת אל בית אבל', וכן 'ושבחתי אני את השמחה', והפך זה 'ולשמחה מה זו עושה', וכן 'כי מה יותר לחכם מן הכסיל', והפך 'שיש יתרון לחכמה', וכן 'ושבח אני את המתים', והפך זה 'כי לכלב חי הוא טוב', וכן 'כי אין מעשה וחשבון ודעת וחכמה בשאול', והפך 'כי עת לכל חפץ', וכן 'וטוב לא יהיה לרשע ולא יאריך ימים', והפך 'יש רשע מאריך ברעתו', וכן 'אשר יהיה טוב ליראי האלהים', והפך 'יש רשעים שמגיע אליהם כמעשה הצדיקים'. והמחפש היטב ימצא עוד כאלה בספר הזה.

וידוע כי הקל שבחכמים לא יחבר ספר ויסתיר דבריו בספרו. והוצרך אחד מן המפרשים לפרש מלת "קהלת" כמו קהלת יעקב, ואמר כי תלמידיו חברו הספר, וכל אחד אמר כפי מחשבתו (ראב"ע קהלת ז' ג).

1. הפנה אותי אליו מו"ר הרב יואל בן נון. ורוב חכמתי בספר זה (וגם בספרים אחרים) ממה שלמדתי מתורתו.

המפרש שהביא ראב"ע פותר את שאלת הסתירות באמצעות ההבנה, שקהלת הוא קובץ של חכמים, תלמידיו של שלמה המלך, והספר מביע ויכוח ביניהם ודעות שונות בשאלה מה טוב לאדם. ראב"ע דוחה דעה זו בגלל הפעמים שקהלת מופיע בספר בלשון יחיד, ומספר שהוא עצמו היה מלך בירושלים. פתרונו של המפרש פותר רק את שאלת הסתירות בספר, אך לא את שאלת הספקות שהוא מעלה באמונה בהשגחת ה'.

ניתן ללכת בדרך דומה, ולומר שאכן שלמה כתב את כל הספר, אך הוא כתב אותו כדין ודברים בין אישים שונים, המתווכחים ביניהם בשאלה "מה טוב לאדם בחיים" (ו' יב). חלק מן הדנים סביב 'השולחן העגול' הם אנשים המאמינים יותר, וחלקם מאמינים פחות. מסקנת הספר, שהיא נאומו של ירא האלוהים, היא הקובעת את אופיו של הספר ואת קדושתו, והיא הביאה אותנו למסקנתו של בן עזאי, שכל חכמי יבנה הסכימו על קדושתו של ספר קהלת.

אין לתמוה על הכנסת דעות ספקניות במקרא במהלך ויכוחים באמונה, שהרי כך בנוי גם ספר איוב. גם בו לא כל המתווכחים מביעים אמונה צרופה. אך לספר איוב יש מסקנה ברורה, וכולה אמונה בה'. כך מצאנו גם בספרות מאוחרת, כוויכוח שבספר הכוזרי של ריה"ל במאמר הראשון וכוויכוח בספר חוקר ומקובל של הרמח"ל ועוד רבים[2]. גם בקהלת מעלה הוויכוח דעות שונות, אך יש בו גם מסקנה.

בדיקת הסגנונות והתכנים בספר מעלה לדעתנו[3] ארבעה 'אישים' סביב השולחן העגול. הם אינם יושבים יחדיו. הם יושבים לדעתנו בשתי ישיבות שונות, ובכל אחת מהן שלושה מתווכחים.

2. ראה למשל מסילת ישרים, סדר הויכוח, מהדורת אברהם שושנה, ירושלים תשס"ה.
3. גם זאת למדתי ממו"ר הר"י בן נון.

שניים מארבעת האישים מצויים בשני הדיונים. שניים אחרים מצויים כל אחד בדיון אחד. קודמות לוויכוח ביניהם שתי הקדמות של המחבר בשני הפרקים הראשונים[4], ואף בהן נעסוק בע"ה.

עד שלא נציג את ארבעת האישים, נביא את השאלה שהוצגה בפניהם: השאלה היא כאמור, מהו הדבר הטוב שעל האדם להציב לעצמו כמטרת חייו. שאלה זו חוזרת ועולה פעמים רבות בספר בסגנונות שונים, לעתים בסימן שאלה ולעתים בסימן קריאה:

עַד אֲשֶׁר אֶרְאֶה אֵי זֶה טוֹב לִבְנֵי הָאָדָם אֲשֶׁר יַעֲשׂוּ תַּחַת הַשָּׁמַיִם מִסְפַּר יְמֵי חַיֵּיהֶם (ב' ג).

אֵין טוֹב בָּאָדָם (אלא) שֶׁ... (ב' כד).

יָדַעְתִּי כִּי אֵין טוֹב בָּם כִּי אִם... (ג' יב).

וְרָאִיתִי כִּי אֵין טוֹב מֵאֲשֶׁר יִשְׂמַח הָאָדָם בְּמַעֲשָׂיו כִּי הוּא חֶלְקוֹ כִּי מִי יְבִיאֶנּוּ לִרְאוֹת בְּמֶה שֶׁיִּהְיֶה אַחֲרָיו (ג' כב).

הִנֵּה אֲשֶׁר רָאִיתִי אָנִי טוֹב אֲשֶׁר יָפֶה לֶאֱכוֹל וְלִשְׁתּוֹת וְלִרְאוֹת טוֹבָה בְּכָל עֲמָלוֹ שֶׁיַּעֲמֹל תַּחַת הַשֶּׁמֶשׁ מִסְפַּר יְמֵי (חיו) [חַיָּיו] אֲשֶׁר נָתַן לוֹ הָאֱלֹהִים כִּי הוּא חֶלְקוֹ (ה' יז).

כִּי מִי יוֹדֵעַ מַה טּוֹב לָאָדָם בַּחַיִּים מִסְפַּר יְמֵי חַיֵּי הֶבְלוֹ וְיַעֲשֵׂם כַּצֵּל (ו' יב).

כִּי גַּם יוֹדֵעַ אָנִי אֲשֶׁר יִהְיֶה טּוֹב לְיִרְאֵי הָאֱלֹהִים אֲשֶׁר יִירְאוּ מִלְּפָנָיו (ח' יב).

4. חלוקת הפרקים בקהלת (שהיא חלוקה נוצרית) אינה טובה לדעתנו, ובאומרי שני פרקים כוונתי אינה לחלוקה ביניהם לשתי ההקדמות, וגם לא להקדמה עד לסיומו של פרק ב'. חלוקתנו המדויקת תתבאר בהמשך.

הדמויות שבקהלת

נציג עתה (על פי סדר שרירותי) את ארבעת הדוברים המנסים לענות לשאלה מהו הטוב הנכסף, ומציגים לצורך זה את השקפת עולמם על ההשגחה בכלל:

א. החכם

החכם יזוהה בעיקר בעזרת מושגי הראייה, העיניים, השמש והאור. לטענתו, הוא מצליח לראות את שאחרים אינם מצליחים לראות[5] כיוון שאינם חכמים, ומכוח זה טענותיו הנכונות (לדעתו). נביא דוגמות לכך:

> וְרָאִיתִי אָנִי שֶׁיֵּשׁ יִתְרוֹן לַחָכְמָה מִן הַסִּכְלוּת כִּיתְרוֹן הָאוֹר מִן הַחֹשֶׁךְ. הֶחָכָם עֵינָיו בְּרֹאשׁוֹ וְהַכְּסִיל בַּחֹשֶׁךְ הוֹלֵךְ (ב׳ יג-יד).
>
> כִּי מַה יּוֹתֵר לֶחָכָם מִן הַכְּסִיל מַה לֶּעָנִי יוֹדֵעַ לַהֲלֹךְ נֶגֶד הַחַיִּים. טוֹב מַרְאֵה עֵינַיִם מֵהֲלָךְ נָפֶשׁ... (ו׳ ח-ט)[6].
>
> טוֹבָה חָכְמָה עִם נַחֲלָה וְיֹתֵר לְרֹאֵי הַשָּׁמֶשׁ. כִּי בְּצֵל הַחָכְמָה בְּצֵל הַכָּסֶף וְיִתְרוֹן דַּעַת הַחָכְמָה תְּחַיֶּה בְעָלֶיהָ (ז׳ יא-יב)[7].

כעין זאת מפרש גם רש״י (א׳ ג): ״תחת השמש - תמורת התורה שהיא קרויה אור שנאמר ותורה אור״. ומכוח זה נבאר גם מקומות אחרים כך:

5. גם בחז״ל החכם מזוהה עם הראייה: ״איזהו חכם? הרואה את הנולד״ (מסכת תמיד לב ע״א ועוד. מאבי מורי ר׳ מאיר מדן ז״ל, שהיה איש לשון שנון, שמעתי בילדותי שהמיילדת נקראת בלשון חז״ל ׳חכמה׳ משום שהיא רואה את הנולד, ואכמ״ל).
6. הפסוקים מקבילים. החכם מופיע גם ׳כמראה עינים׳.
7. פירושו להבנתנו: הטוב ביותר הוא להשיג גם רכוש וגם חכמה. אם ניתן להשיג רק אחד מהם, יש יתרון ל׳רואי השמש׳, שהם החכמים. וכן הוא בפסוק הבא על החכמה והכסף.

> וְזָרַח הַשֶּׁמֶשׁ וּבָא הַשָּׁמֶשׁ וְאֶל מְקוֹמוֹ שׁוֹאֵף זוֹרֵחַ הוּא שָׁם (א׳ ה).
> וּמָתוֹק הָאוֹר וְטוֹב לַעֵינַיִם לִרְאוֹת אֶת הַשָּׁמֶשׁ. כִּי אִם שָׁנִים הַרְבֵּה יִחְיֶה הָאָדָם בְּכֻלָּם יִשְׂמָח וְיִזְכֹּר אֶת יְמֵי הַחֹשֶׁךְ כִּי הַרְבֵּה יִהְיוּ כָּל שֶׁבָּא הָבֶל (י״א ז-ח).

פסוקים אלו הם מפסוקי המסגרת של הספר כולו, תחילתו וסופו. בפרק א׳ הכתובים נוקטים ארבעה מחזורי טבע, ואחד מהם הוא **השמש** הזורחת ובאה, והכוונה לדעתנו היא (גם) לחכמת האדם. היא זורחת עמו בעת שהוא גדל ושוקעת בזקנתו ובמותו. בשקיעה זו דנים פרקים י״א וי״ב.

החכם מתבונן בבריאה מבחוץ. הוא אינו מנסה לשנותה כפי שעושה ׳העמל׳ שנדון בו להלן. הוא גם אינו מנסה לנצלה לטובתו כפי שעושה הנהנתן, שעוד נדון בו. מסקנתו על השגחת ה׳ ספקנית. לכן לטעמו העולם אינו מושלם, והראיה המרכזית לכך היא המוות, שצלו מלווה את כל חי. ידיעה זו תקל על האדם לקבל את חסרונותיו של העולם בלא להתקומם, ותקל עליו גם לטוות לעצמו תכנית הישרדות בעולם, גם אם לא כולה צדקה ומשפט אידיאליים.

נוסיף עוד מילה אחרונה על ׳השולחן העגול׳ שהזכרנו לעיל, זירת הוויכוח בין הדוברים, שכולם הם יצירתו הספרותית של שלמה כדי להביע את הספקות בעניין השגחת ה׳ וגמולו, כדי להציע פתרונות שונים ולהכריע בסופו של יום בדיון על השגחת ה׳ ועל הדרך הטובה שעל האדם לנקוט בה. נאומי החכם יופיעו רק בחלקו השני של הספר (מאמצע פרק ו׳ ואילך), כלומר, ב׳שולחן העגול׳ השני. הוא יופיע שם לצדם של הנהנתן וירא האלוהים, אחרי שהעמל יפרוש, כנראה, מן הדיון שבסיבוב הראשון, דיון שבו ישתתפו העמל, הנהנתן וירא האלוהים.

את שאר טענותיו של החכם נסכם בסוף החיבור, אם גומר ה׳ עלינו.

ב. העמל

העמל יזוהה בעצם המילה ׳עמל׳, שתופיע פעמים רבות בעיקר בחלקו הראשון של הוויכוח. הוא לא היחיד שישתמש במילה זו, אך הוא ישתמש בה הרבה. בארבעת מחזורי הטבע שבהקדמה (ונדון בהם בע״ה) הוא יזוהה לדעתנו עם מחזור **העפר**, שבו ״הכל היה מן העפר והכל שב אל העפר״ (ג׳ כ), שהרי הוא עמל כל ימיו בבניין וביצירה.

יתרונו של העמל על החכם הוא שהוא מתבונן על העולם מתוכו, מקבל אחריות ומנסה לשנותו ולהציע פתרון של תיקון לבעיותיו, ולא רק מזהה באדישות חיצונית את פגמיו. הוא אינו צופה מספסלי אולם התיאטרון בהצגה, אלא עולה על הבימה ומנסה לעצבה. גם הוא מוטרד משאלת המוות, אך אינו מסיק מכך על חסרונו המובנה של העולם, אלא מנסה להיאבק במוות באמצעות הנצחת מעשה האדם, מעשה שיישאר בעולם גם אחרי מותו. הוא רואה את המשכו ביורשו, ומנסה להתמודד עם החסרונות שבפתרון זה. הוא רוצה לתקן את החברה כולה, וכשאינו מוצא דרך בדוקה לכך הוא מפנה את מקומו לחכם ועוזב את הוויכוח. הוא מותיר אותנו בשאלה: היש שכר לעמלו ולמאמציו, או שהכול הבל ורעות רוח?

בפרטי דבריו נדון כאמור להלן.

ג. הנהנתן

הנהנתן, או ההדוניסט, כפי שהוא נקרא כמייצג שיטה פילוסופית יוונית שלמה, מבקש את ההווה בלבד ואינו מאמין בקיומו של

העתיד, בעולם של גמול, במוות הקרוב ובצורך בתיקון עתידי של העולם. הדבר הטוב ביותר בהווה הוא ההנאה, הנאה בלא חשבון. הנהנתן משתתף פעיל בשני סבבי הוויכוח, והוא מעלה טענות שונות המצדיקות לטעמו את הנהנתנות. חלקן טענות 'דתיות' ואמוניות, המתבססות על נוכחותו המתמדת של הקב"ה בבריאה, וחלקן טענות הכופרות בעיקר של תורת הגמול והצדק האלוהי. המשותף לכולן הוא ההנאה. אנו למדים מדבריו, שאם המטרה היחידה היא ההנאה, תוכשר כל דרך כדי להגיע אליה. ההנאה היא מכשול בפני המאמין כשם שהיא מכשול בפני הכופר. אין תריס היכול לעמוד בפניה מלבד עבודתו הקשה של האדם על מידותיו ועל שאיפותיו.

הנהנתן יזוהה במחזורי הטבע עם מחזור **המים**. גם בקבלה מזוהה הנפש המתאווה עם המים. נוכל לראות זאת בהקבלה בין הפסוקים:

כָּל הַנְּחָלִים הֹלְכִים אֶל הַיָּם וְהַיָּם אֵינֶנּוּ מָלֵא (א' ז).

כָּל עֲמַל הָאָדָם לְפִיהוּ וְגַם הַנֶּפֶשׁ לֹא תִמָּלֵא (ו' ז).

כלומר, המראה של נחלים הזורמים לים עלול לתת תחושה לא נעימה. המים המתוקים והטובים נוספים בלי כל תמורה למימיו המלוחים וחסרי השימוש של הים הגדול. זוהי מעין זרימת מים לביוב. מראה הטבע הזה, מלבד נכונותו במציאות, הוא משל לנפש האדם. האדם נוטל מאכלים יקרים שהושקעה בהם השקעה רבה, וברגע שהוא מכניסם אל פיו, הם הופכים למאוסים, וסופם בהפיכתם להפרשות האדם מגופו, הצואה והשתן. הים הגדול בולע את תכולת הנחלים ואינו רווה ואינו שבע. הוא בולע אותם ללא הפסקה. גם נפש האדם לעולם אינה שבעה מן האוכל, וממשיכה לבקש עוד ועוד.

גם בפרטי דבריו של הנהנתן נדון בסוף דברינו להלן.

ד. ירא האלוהים

כנהנתן, ירא האלוהים משתתף אף הוא בשני סבבי הוויכוח, וטוען טענות רבות בכמה נאומים. הוא גם זה שאומר את המשפט האחרון בספר, וממילא ברור שהספר מכריע כהבנתו. כנהנתן בסיבוב הראשון, גם ירא האלוהים מדגיש את נוכחותו התמידית של האלוהים בכל מעשינו ובקורה אתנו. מסקנותיו מכך הן כמובן שונות, ובמושגים שלנו הן ערכיות יותר, דורשות מן האדם יותר מאמץ ועבודה, יותר סבלנות בציפייה לעתיד ולגמול, ובעיקר יותר ענווה באשר ליכולתנו להבין את המציאות ואת הגמול ויותר אמונה בה'.

שלא כעמל, ירא האלוהים לא ידבר על 'עמל', מילה המתקשרת לעמל שווא, אלא על 'עבודה', שהיא מילה מכבדת יותר, מעריכה יותר. גם בפרט דבריו נעסוק בע"ה בהרחבה.

ירא האלוהים יזוהה עם מחזור הטבע הנותר, הוא מחזור **הרוח**. הרוח בקהלת היא זו הנושבת ומפיצה את זרעי העצים. אך לעתים היא הרוח שבקרבו של האדם, הרוח העולה והיורדת, הנותנת חיים בהימצאה, ויכולה גם לרומם את האדם לגבהים רוחניים וערכיים.

ב. דברי קהלת הראשונים והאחרונים[8]

אחד עשר הפסוקים הראשונים של הספר הם פסקה בפני עצמה עם פתיחה בפני עצמה: "דברי קהלת בן דוד מלך בירושלים".

בפסוק יב ישנה פתיחה נוספת: "אני קהלת הייתי מלך על ישראל בירושלים".

8. דברים רבים וחשובים שלמדתי בפרק זה הם מתורתו של מו"ר הרב יואל בן־נון.

הפסקה הראשונה מתארת בעיקר את ארבעת מחזורי הטבע: העפר, השמש, הרוח והמים.

מחזור העפר עוסק כאן באדם שנאמר עליו: "כי עפר אתה ואל עפר תשוב" (בראשית ג' יט). האדם בא מן העפר ושב אליו.

דּוֹר הֹלֵךְ וְדוֹר בָּא וְהָאָרֶץ לְעוֹלָם עֹמָדֶת.

מחזור השמש מדבר בעד עצמו, עלייתה ושקיעתה של החמה. לעיל כתבנו שכך הוא גם מחזור החכמה שבלב האדם. החכמה הצומחת בעת הולדתו וגדילתו, ושוקעת לעת זקנתו ולעת מותו.

וְזָרַח הַשֶּׁמֶשׁ וּבָא הַשָּׁמֶשׁ וְאֶל מְקוֹמוֹ שׁוֹאֵף זוֹרֵחַ הוּא שָׁם.

מחזור הרוח מדבר אף הוא בעד עצמו, ועל עניינו נדון להלן:

הוֹלֵךְ אֶל דָּרוֹם וְסוֹבֵב אֶל צָפוֹן סוֹבֵב סֹבֵב הוֹלֵךְ הָרוּחַ וְעַל סְבִיבֹתָיו שָׁב הָרוּחַ.

מחזור המים המובא כאן הוא חלקי, וכאן מופיע צדו השלילי בלבד, הנחלים המבזבזים את מימיהם לכאורה לריק בזרימתם אל הים. העובדה שהעננים נוצרים ממי הים והם הממטירים גשם של חיים על היבשה וממנה לנחלים השבים אל הים, אינה נזכרת בפרקנו. לעיל כתבנו שכנחלים ההולכים אל הים - גם הנפש המתאווה לאוכל הנכנס אל הפה וממנו אל כלי ההפרשה של האדם.

כָּל הַנְּחָלִים הֹלְכִים אֶל הַיָּם וְהַיָּם אֵינֶנּוּ מָלֵא אֶל מְקוֹם שֶׁהַנְּחָלִים הֹלְכִים שָׁם הֵם שָׁבִים לָלָכֶת.

ארבעת מחזורי הטבע מכונים בפי הקדמונים (גם בפילוסופיה היוונית וגם בקבלה): אש, רוח, מים ועפר. הם אינם יסודות כימיים, אלא מצבי

צבירה פיזיקאליים[9]. העפר מייצג את המוצק, המים את הנוזל, הרוח את הגז, והאש את מצב הצבירה הרביעי, האנרגיה.

מסקנתו של קהלת מהתבוננות בארבעת היסודות היא שאין בהם אלא סיבוב חסר תכלית, וממילא אין מגמה לעולם. במושגים של המשך הספר נוכל לומר: אין טוב שעל האדם לבקשו בעולם חסר מגמה, שבו הדברים שבים על עצמם פעם אחר פעם מבלי תכלית. מבטו של קהלת בפסקה זו הוא פסימי ומייאש. בכול הוא רואה מסלול מעגלי השב על עצמו בלא פתיחת המעגל להתקדמות כלשהי.

דומה שיש לקרוא פסקה זו יחד עם הפסקה ה(כמעט) מסיימת את קהלת, ושם יש תשובה לטענתו.

> שַׁלַּח לַחְמְךָ עַל פְּנֵי הַמָּיִם כִּי בְרֹב הַיָּמִים תִּמְצָאֶנּוּ... אִם יִמָּלְאוּ הֶעָבִים גֶּשֶׁם עַל הָאָרֶץ יָרִיקוּ וְאִם יִפּוֹל עֵץ בַּדָּרוֹם וְאִם בַּצָּפוֹן מְקוֹם שֶׁיִּפּוֹל הָעֵץ שָׁם יְהוּא. שֹׁמֵר רוּחַ לֹא יִזְרָע וְרֹאֶה בֶעָבִים לֹא יִקְצוֹר (י"א א-ד).

בפרק י"א קהלת שב לדון במים וברוח. שליחת הלחם על פני המים משמעה נטילת התבואה המשתמרת בבית לצורך זריעתה ולא כדי לאוכלה. האדם נוטל את 'לחמו', כלומר, את תבואתו, זורע אותה באדמה וממתין למים, לגשמים, שירוו את האדמה ויצמיחו לו תבואה רבה מן הזרעים שזרע. ומהיכן ירד הגשם? הוא ירד מן העבים שיימלאו מים מן האדים שיעלה להם הים שבלע את שפכי הנחלים אליו. כלומר, כאן מובא חציו האחר של מחזור המים שהושמט בפרק א', החלק האופטימי, המשדר תקווה, מי הים ההופכים לעבים הממטירים מים מתוקים על שדות התבואה ודואגים שהחקלאי

9. ולכן הם רלוונטיים גם לימינו.

יוציא את לחמו לאחר ששלח אותו מכוח אמונתו שאכן ירדו גשמים וישקו את שדהו. המתבונן בנחל הזורם לחוף חושב שהוא רואה את כל תנועת המים, והיא בזבזנית ומשחיתה את המים. קשה יותר להתבונן בחלקיו האחרים של מחזור המים, הקשורים לאדים העולים מן הים, הופכים לעננים וממטירים גשם על הארץ. כדי לדעת את חלקו הפסימי של מחזור המים יש צורך בידיעה. כדי להתחבר בעת הזריעה למי הגשמים העתידים לרדת ולהשקות את השדה יש צורך בעיקר באמונה. האמונה בפרק י״א מחליפה את הידיעה והביטחון העצמי של פרק א׳, והיא מקור האופטימיות של הזורע.

אמונת זה סדר זרעים - מפרש בירושלמי שמאמין בחי העולמים וזורע (תוספות שבת ל״א ע״א).

העץ הנופל בדרום או בצפון בפרק י״א עושה זאת מחמת רוח ההולך אל דרום וסובב אל צפון. מסתבר שמדובר כאן במפולת זרעים ולא בנפילת גזעו של העץ. הרוח מפיצה את זרעיו לאדמות רחוקות, ומסייעת בכך לנטיעת עצי פרי נוספים לחיות את העולם. אין זו רוח ההולכת סחור סחור בלי מטרה. יש לה מטרה ברורה ואופטימית לחיות זרע על פני כל הארץ.

הרוח גם מביאה את העבים הממטירים על הארץ. מי שלא יאמין במשיב הרוח ומוריד הגשם, שהוא מכלכל חיים בחסד ורחמיו על כל מעשיו, לא יאמין שתבוא הרוח המביאה את העבים עד שתבוא, ולא יאמין בגשם עד שיראהו בעיניו. הוא לא יזרע ולא יקצור. בלי אמונה תמימה בטובו של משיב הרוח ומוריד הגשם, לא תהיה תבואה בארץ.

כדינה של התבואה, כך הוא דינו של האדם:

כַּאֲשֶׁר אֵינְךָ יוֹדֵעַ מַה דֶּרֶךְ הָרוּחַ כַּעֲצָמִים בְּבֶטֶן הַמְּלֵאָה כָּכָה לֹא תֵדַע אֶת מַעֲשֵׂה הָאֱלֹהִים אֲשֶׁר יַעֲשֶׂה אֶת הַכֹּל. בַּבֹּקֶר זְרַע אֶת זַרְעֶךָ וְלָעֶרֶב אַל תַּנַּח יָדֶךָ כִּי אֵינְךָ יוֹדֵעַ אֵי זֶה יִכְשַׁר הֲזֶה אוֹ זֶה וְאִם שְׁנֵיהֶם כְּאֶחָד טוֹבִים (י"א ה-ו).

כשם שאין האדם יודע מתי תבוא הרוח נושאת העבים והגשם בכנפיה, כך לא ידע האדם איך תנוח הרוח על העצמות שבבטנה של האישה המעוברת. כרסה תופחת, אך מניין תיכנס רוח החיים אל הבטן הסגורה מכל צדיה? שוב: אינך יודע זאת, ועליך להאמין שלתרכובת זרע האיש וביצית האישה תיכנס מאי שם גם רוח החיים. ואם לא יאמין בכך, כיצד יוליד האדם בן?

קהלת שב וממריץ את האדם להמשיך ולזרוע גם את זרע הבוקר - הזריעה בשדה והציפייה המאמינה לרוח ולגשם שיבואו. יחד עמם עליו לזרוע גם בערב, וזה הזרע הנזרע באישה על מיטת משכבו, שינבוט ברחמה עד שיצא יחד עם זרע השדה הנובט באדמה, ובימי הקציר יצא אל הפועל. האדם לא ידע מי משני הזרעים יכשר, ואולי שניהם טובים. עליו להאמין, לקוות ולהיות אופטימי בשל האמונה באל הטוב המחולל את הדברים ומצמיח את הזרע.

ארבע פעמים שב פרקנו על היותך במצב שאינך יודע: בפסוקים ב, ה (פעמיים!) ובפסוק ו. כל זה לעומת החכם הכול-יודע של פרק א', החושב שהוא מכיר הכול ויודע הכול, ומגיע מכוח זה למסקנה שאין יתרון לאדם בעמלו.

הסגנון הוא סגנונו של ירא האלוהים, והוא מציב לנו בנאומו האחרון את היחס הנכון בין ידיעה לבין אמונה.

ג. בעיית המוות ורוח הנכאים

אחרי אחד עשר פסוקי הפתיחה (והמשכם בפתיחה לפרק ב׳, שבעת הפסוקים א׳ יב-יח) מוקדש עיקר הפרק (ב׳) לתיאור סיכום מעשיו של קהלת עד ליום כתיבת הספר.

> אָמַרְתִּי אֲנִי בְּלִבִּי לְכָה נָּא אֲנַסְּכָה בְשִׂמְחָה וּרְאֵה בְטוֹב וְהִנֵּה גַם הוּא הָבֶל. לִשְׂחוֹק אָמַרְתִּי מְהוֹלָל וּלְשִׂמְחָה מַה זֹּה עֹשָׂה. תַּרְתִּי בְלִבִּי לִמְשׁוֹךְ בַּיַּיִן אֶת בְּשָׂרִי וְלִבִּי נֹהֵג בַּחָכְמָה וְלֶאֱחֹז בְּסִכְלוּת עַד אֲשֶׁר אֶרְאֶה אֵי זֶה טוֹב לִבְנֵי הָאָדָם אֲשֶׁר יַעֲשׂוּ תַּחַת הַשָּׁמַיִם מִסְפַּר יְמֵי חַיֵּיהֶם. הִגְדַּלְתִּי מַעֲשָׂי בָּנִיתִי לִי בָּתִּים נָטַעְתִּי לִי כְּרָמִים. עָשִׂיתִי לִי גַּנּוֹת וּפַרְדֵּסִים וְנָטַעְתִּי בָהֶם עֵץ כָּל פֶּרִי. עָשִׂיתִי לִי בְּרֵכוֹת מָיִם לְהַשְׁקוֹת מֵהֶם יַעַר צוֹמֵחַ עֵצִים. קָנִיתִי עֲבָדִים וּשְׁפָחוֹת וּבְנֵי בַיִת הָיָה לִי גַּם מִקְנֶה בָקָר וָצֹאן הַרְבֵּה הָיָה לִי מִכֹּל שֶׁהָיוּ לְפָנַי בִּירוּשָׁלָם. כָּנַסְתִּי לִי גַּם כֶּסֶף וְזָהָב וּסְגֻלַּת מְלָכִים וְהַמְּדִינוֹת עָשִׂיתִי לִי שָׁרִים וְשָׁרוֹת וְתַעֲנוּגֹת בְּנֵי הָאָדָם שִׁדָּה וְשִׁדּוֹת. וְגָדַלְתִּי וְהוֹסַפְתִּי מִכֹּל שֶׁהָיָה לְפָנַי בִּירוּשָׁלָם אַף חָכְמָתִי עָמְדָה לִּי. וְכֹל אֲשֶׁר שָׁאֲלוּ עֵינַי לֹא אָצַלְתִּי מֵהֶם לֹא מָנַעְתִּי אֶת לִבִּי מִכָּל שִׂמְחָה כִּי לִבִּי שָׂמֵחַ מִכָּל עֲמָלִי וְזֶה הָיָה חֶלְקִי מִכָּל עֲמָלִי (ב׳ א-י).

הוא מתאר את חכמתו, את עמלו ואת מה שבא באמצעותו ואת תענוגותיו. בשלב זה הוא מספק כר נרחב לדיונים לשלושה מן הדנים בספר: לחכם, לעמל ולנהנתן. אך הישגיו הרבים מחווירים מיד אל מול בעיית המוות שהמחבר עתיד לפגוש ביום מן הימים, במוקדם או במאוחר:

> וּפָנִיתִי אֲנִי בְּכָל מַעֲשַׂי שֶׁעָשׂוּ יָדַי וּבֶעָמָל שֶׁעָמַלְתִּי לַעֲשׂוֹת וְהִנֵּה הַכֹּל הֶבֶל וּרְעוּת רוּחַ וְאֵין יִתְרוֹן תַּחַת הַשָּׁמֶשׁ... וְרָאִיתִי אָנִי שֶׁיֵּשׁ יִתְרוֹן לַחָכְמָה מִן הַסִּכְלוּת כִּיתְרוֹן הָאוֹר מִן הַחֹשֶׁךְ. הֶחָכָם עֵינָיו

> בְּרֹאשׁוֹ וְהַכְּסִיל בַּחֹשֶׁךְ הוֹלֵךְ וְיָדַעְתִּי גַם אָנִי שֶׁמִּקְרֶה אֶחָד יִקְרֶה אֶת כֻּלָּם. וְאָמַרְתִּי אֲנִי בְּלִבִּי כְּמִקְרֵה הַכְּסִיל גַּם אֲנִי יִקְרֵנִי וְלָמָּה חָכַמְתִּי אֲנִי אָז יוֹתֵר וְדִבַּרְתִּי בְלִבִּי שֶׁגַּם זֶה הָבֶל. כִּי אֵין זִכְרוֹן לֶחָכָם עִם הַכְּסִיל לְעוֹלָם בְּשֶׁכְּבָר הַיָּמִים הַבָּאִים הַכֹּל נִשְׁכָּח וְאֵיךְ יָמוּת הֶחָכָם עִם הַכְּסִיל... וְשָׂנֵאתִי אֲנִי אֶת כָּל עֲמָלִי שֶׁאֲנִי עָמֵל תַּחַת הַשָּׁמֶשׁ שֶׁאַנִּיחֶנּוּ לָאָדָם שֶׁיִּהְיֶה אַחֲרָי (ב׳ יא-יח).

אמנם החכם עדיף מן הכסיל, אך המוות, המלווה את האדם בכל עת, משווה ביניהם. כל החכמה שאגר החכם בעמל רב במוחו במשך השנים נמחקת בבוא המוות, וגופת החכם נותרת בלי כל חכמה, ממש כגופת הכסיל.

העמָל הגדול שהעמֵל השקיע בו את כל שנותיו בבנייני פאר, בגנות ובפרדסים יעבור אחר מותו לאדם שיהיה אחריו ושלא עמל בו. העמֵל עצמו ייקבר בלא הישגיו ובלא הרכוש שצבר.

אין צורך לומר שגם מן ההנאות הרגעיות שחווה לא ייוותר דבר. ובכן, לשם מה העמל, החכמה וההנאה?

> וְשָׂנֵאתִי אֶת הַחַיִּים כִּי רַע עָלַי הַמַּעֲשֶׂה שֶׁנַּעֲשָׂה תַּחַת הַשָּׁמֶשׁ כִּי הַכֹּל הֶבֶל וּרְעוּת רוּחַ (ב׳ יז).

קהלת הוא שלמה

קהלת, הן על פי חז״ל והמפרשים והן לפי העקבות הברורים העולים מן הספר, הוא שלמה המלך. גם בפסוקנו מפרש תרגום קהלת[10]:

10. תורת חיים, ירושלים תשע״ב, עורך: הרב מ״ל קצנלבוגן. התרגום במהדורת הרב פ׳ קורח, עמ׳ שה.

וְשָׂנֵאתִי אֲנִי אֶת כָּל עֲמָלִי שֶׁאֲנִי עָמֵל תַּחַת הַשָּׁמֶשׁ שֶׁאַנִּיחֶנּוּ לָאָדָם שֶׁיִּהְיֶה אַחֲרָי (ב׳ יח):

וסניתי אנא ית כל טרחותי דטרחית תחות שמשא בעלמא הדין, בגין דאשבקניה לרחבעם ברי דאתי בתראי, וייתיה ירבעם עבדיה ויסב מן ידוי עשרתי שבטיא ויחסין פלגות מלכותא.

(תרגום לתרגומו: ושנאתי אני את כל עמלי שעמלתי תחת השמש בעולם הזה, בגלל שאעזבנו לרחבעם בני שיבוא אחרי, ויבוא ירבעם עבדו ויקח מידיו עשרה שבטים, ויירש את חצי המלכות.)

התרגום מעביר אפוא את קהלת מהיותו ספר כללי אל מצרי ההיסטוריה המוחשית, אל תולדותיו של שלמה עצמו. אכן, כל עמלם של דויד ושלמה בבניין ירושלים כמרכז העולם ביופי, בעושר, בחכמה וביחסי חוץ עלה בעשן במשך שנים ספורות אחרי מותו של שלמה בשל סכלותו של רחבעם וחבריו שגדלו עמו, אחרי התפלגות הממלכה וכיבושיו של שישק מלך מצרים.

שמא נוכל ללמוד בדרך דומה, דרך אישית והיסטורית, גם את השיח הפנימי המשולש המתרחש בנפשו המתוסכלת של שלמה, החכם והעשיר, הבונה, העמל הגדול והנהנתן בעל אלף הנשים וסעודות שלמה בשעתו, השיח בין החכם, העמל והנהנתן[11]:

בְּגִבְעוֹן נִרְאָה ה׳ אֶל שְׁלֹמֹה בַּחֲלוֹם הַלָּיְלָה וַיֹּאמֶר אֱלֹהִים שְׁאַל מָה אֶתֶּן לָךְ... וַיִּיטַב הַדָּבָר בְּעֵינֵי אֲדֹנָי כִּי שָׁאַל שְׁלֹמֹה אֶת הַדָּבָר

11. נרגיע מעט את המקפידים, ובצדק, על כבודו של שלמה מלכנו: הצד הרביעי של אישיותו של שלמה, דברי ירא האלוהים, עדיין לא בא לידי ביטוי בספר ועדיין לא בא לידי ביטוי בשורותינו. אך עוד נעסוק בו בהרחבה אם גומר ה׳ עלינו.

הַזֶּה. וַיֹּאמֶר אֱלֹהִים אֵלָיו יַעַן אֲשֶׁר שָׁאַלְתָּ אֶת הַדָּבָר הַזֶּה... הִנֵּה עָשִׂיתִי כִּדְבָרֶיךָ הִנֵּה נָתַתִּי לְךָ לֵב חָכָם וְנָבוֹן אֲשֶׁר כָּמוֹךָ לֹא הָיָה לְפָנֶיךָ וְאַחֲרֶיךָ לֹא יָקוּם כָּמוֹךָ. וְגַם אֲשֶׁר לֹא שָׁאַלְתָּ נָתַתִּי לָךְ גַּם עֹשֶׁר גַּם כָּבוֹד אֲשֶׁר לֹא הָיָה כָמוֹךָ אִישׁ בַּמְּלָכִים כָּל יָמֶיךָ. וְאִם תֵּלֵךְ בִּדְרָכַי לִשְׁמֹר חֻקַּי וּמִצְוֹתַי כַּאֲשֶׁר הָלַךְ דָּוִיד אָבִיךָ וְהַאֲרַכְתִּי אֶת יָמֶיךָ (מלכים-א ג׳ ד-יד).

כמו באגדות הילדים, שלמה קיבל במציאות בחינם שלוש משאלות נכספות: החכמה, העושר והכבוד. לא קשה לזהות את העושר עם יכולת הנהנתנות ואת הכבוד עם הטבעת החותם על הבריאה באמצעות מפעליו של הבונה.

אך שלא כמו באגדות הילדים, במציאות אין ארוחות חינם! וכי מדוע יקבל אדם שלוש משאלות גדולות כל כך בלא שהצדיק זאת?!

הפסוק האחרון פותר את שאלתנו:

וְאִם תֵּלֵךְ בִּדְרָכַי לִשְׁמֹר חֻקַּי וּמִצְוֹתַי כַּאֲשֶׁר הָלַךְ דָּוִיד אָבִיךָ וְהַאֲרַכְתִּי אֶת יָמֶיךָ.

המתנה הרביעית, אריכות הימים, עדיין לא ניתנה. בלעדיה, המוות מלווה את האדם כצל ואינו מאפשר לו ליהנות מיתרונותיהם של החכם, העמל והנהנתן. המתנה הרביעית אינה ׳ארוחת חינם׳. היא מותנה בהליכת שלמה בדרך ה׳ כדויד אביו.

מסתבר שאריכות הימים האמורה כאן אינה תוספת של מספר שנים לחיי האדם, שהרי תוספת זו - אין בה שוני מהותי. מסתבר שכוונת ה׳ בהתגלותו אל שלמה בגבעון היא לנאמר בפרשת המלך בתורה:

וְהָיְתָה עִמּוֹ וְקָרָא בוֹ כָּל יְמֵי חַיָּיו לְמַעַן יִלְמַד לְיִרְאָה אֶת ה׳ אֱלֹהָיו לִשְׁמֹר אֶת כָּל דִּבְרֵי הַתּוֹרָה הַזֹּאת וְאֶת הַחֻקִּים הָאֵלֶּה לַעֲשֹׂתָם. לְבִלְתִּי רוּם לְבָבוֹ מֵאֶחָיו וּלְבִלְתִּי סוּר מִן הַמִּצְוָה יָמִין וּשְׂמֹאול לְמַעַן יַאֲרִיךְ יָמִים עַל מַמְלַכְתּוֹ הוּא וּבָנָיו בְּקֶרֶב יִשְׂרָאֵל (דברים י״ז יט-כ).

אריכות הימים הנזכרת היא אריכות ימי השושלת של המלך ובניו ובני בניו. מסתבר אפוא, שהשושלת היא פתרון נכון לשאלותיהם של החכם ואיש העמל[12]. החכמה, ובעיקר חכמת התורה וראשית חכמה, שהיא יראת ה׳, אמורה לעבור מן החכם לבניו. התורה מדגישה פעם אחר פעם כמה חשוב לשנן את התורה לבנים ולהודיע להם ולבני הבנים את יום מעמד הר סיני ואת העולה ממנו. החכמה אינה הולכת לאיבוד ביום המוות, אם האדם העביר את חכמתו לבניו (ולעתים לתלמידיו). העמל אינו הולך לאיבוד, אם מקבל אותו בנו של העמל הממשיך את מפעלו ומוסר אותו לבניו אחריו שימשיכו גם הם את המפעל.

הבעיה קיימת כשהשושלת ניתקת, כשאין בנים או כשהבנים אינם ממשיכים את תורתו של אביהם או את מפעלו. הבטחת התורה למלך ההולך בדרכי ה׳ והבטחת ה׳ לשלמה בגבעון היא אריכות ימים. אריכות ימים אינה דווקא שנות חיים רבות במיוחד עד המוות, אלא יותר מכך - המשך השושלת לאורך ימים בבנים הממשיכים את מפעלו של אביהם. המשך השושלת בדרך זו הופך את המוות האישי לתופעה שקל יותר להתמודד עמה.

שלמה, על פי הנראה מפשט המגילה וגם על פי חז״ל[13], כתב

12. הנהנתן הוא בעיה בפני עצמה, ונדון בו בפני עצמו.
13. ראה שיר השירים רבה פרשה א׳.

את מגילת קהלת בערוב ימיו, לאחר שסר מדרך ה׳ במידה לא מעטה ולאחר שנשיו היטו את לבבו.

וַיְהִי לְעֵת זִקְנַת שְׁלֹמֹה נָשָׁיו הִטּוּ אֶת לְבָבוֹ... וְלֹא הָיָה לְבָבוֹ שָׁלֵם עִם ה׳ אֱלֹהָיו כִּלְבַב דָּוִיד אָבִיו (מלכים-א י״א ד).

אז הבין שלמה ששלוש מתנות-החינם שקיבל בצעירותו מאת ה׳ בגבעון, אין שמן מתנות ללא זכייה באריכות ימים, שלא זכה לה בשל מעשיו. הוא עצמו מת על פי חז״ל בקיצור ימים, אך לענייננו, בנו שירש אותו לא הלך בדרכו, לא בחכמה ולא בדברים אחרים, ואיבד את כל הירושה.

אוי לו לאדם המכנה את בנו יורשו: **״האדם שיהיה אחרי״** והוא מלווה את מתן ירושתו לבנו בשנאת העמל שעמל כל ימיו. שמא קשור יחס זה לבנו גם בעובדה שבמונולוג הארוך של פרק ב׳ (הכולל את סוף פרק א׳) הוא מזכיר מילים בגוף ראשון למעלה מתשעים (90!) פעם. השילוב בין האנוכיות הניכרת בפרק לבין היעדרו של ירא האלוהים מן השלישייה המתרוצצת בנפשו של המחבר היא המשליטה את רוח הנכאים והייאוש המהלכת על פרק הפתיחה, וכפי שהיא באה לידי ביטוי בעיקר בפסוקיה האחרונים של הפתיחה:

וְשָׂנֵאתִי אֶת הַחַיִּים כִּי רַע עָלַי הַמַּעֲשֶׂה שֶׁנַּעֲשָׂה תַּחַת הַשָּׁמֶשׁ כִּי הַכֹּל הֶבֶל וּרְעוּת רוּחַ. וְשָׂנֵאתִי אֲנִי אֶת כָּל עֲמָלִי שֶׁאֲנִי עָמֵל תַּחַת הַשָּׁמֶשׁ שֶׁאַנִּיחֶנּוּ לָאָדָם שֶׁיִּהְיֶה אַחֲרָי... וְסַבּוֹתִי אֲנִי לְיַאֵשׁ אֶת לִבִּי עַל כָּל הֶעָמָל שֶׁעָמַלְתִּי תַּחַת הַשָּׁמֶשׁ. כִּי יֵשׁ אָדָם שֶׁעֲמָלוֹ בְּחָכְמָה וּבְדַעַת וּבְכִשְׁרוֹן וּלְאָדָם שֶׁלֹּא עָמַל בּוֹ יִתְּנֶנּוּ חֶלְקוֹ גַּם זֶה הֶבֶל וְרָעָה רַבָּה. כִּי מֶה הֹוֶה לָאָדָם בְּכָל עֲמָלוֹ וּבְרַעְיוֹן לִבּוֹ שֶׁהוּא עָמֵל תַּחַת הַשָּׁמֶשׁ. כִּי כָל יָמָיו מַכְאֹבִים וָכַעַס עִנְיָנוֹ גַּם בַּלַּיְלָה לֹא שָׁכַב לִבּוֹ גַּם זֶה הֶבֶל הוּא (ב׳ יז-כג).

כאן אנו מסיימים את ההקדמה, שבה שלוש הדמויות מתרוצצות בדמות אחת, ועוברים (לפי הבנתנו בספר, כמובן) לאותן דמויות המתפצלות ל'אישים' שונים הנושאים את נאומיהם סביב שני 'שולחנות עגולים', כל אחד בפני עצמו. דרכם מנסה קהלת להצדיק את דרכי חייו ולהתוות מכוחן דרך מדריכה לשומעי לקחו. הדמויות הופכות מהרמוניה בתוך נפש אחת לאישים המתווכחים ביניהם ויכוח מר על תכלית החיים. אל שלוש הדמויות מצטרפת דמות רביעית, זו של ירא האלוהים. והיא הזוכה להכריע את הוויכוח בסופו, ודרכו היא מסקנת הספר.

ד. גופו ועיקרו של ספר קהלת

נביא עתה את המשך הספר, מסוף פרק ב' עד סופו, כשהוא מחולק לנאומים השונים של ה'אישים' השונים.

לכל אחד מן האישים שלושה נאומים, והם 'ממעוף הציפור' כדלהלן:

הנהנתן: ג1,[14] ג2, ח3–ט.

העמל: ד, ה2, ו1.

החכם: ו2–ז1, ח2, י.

ירא האלוהים: ה1, ז2–ח1, יא–יב.

בשלב הבא נסכם את נאומיהם ואת דרכם של ה'אישים' ואת התובנות העולות מהם על הדרך שיבור לו האדם.

14. האותיות מסמנות פרקים. המספרים מסמנים את השליש או חצי הפרק, הראשון, השני או השלישי.

הנהנתן: ג (א) לַכֹּל זְמָן וְעֵת לְכָל־חֵפֶץ תַּחַת הַשָּׁמָיִם: (ב) עֵת לָלֶדֶת
וְעֵת לָמוּת עֵת לָטַעַת וְעֵת לַעֲקוֹר נָטוּעַ: (ג) עֵת לַהֲרוֹג וְעֵת
לִרְפּוֹא עֵת לִפְרוֹץ וְעֵת לִבְנוֹת: (ד) עֵת לִבְכּוֹת וְעֵת לִשְׂחוֹק עֵת
סְפוֹד וְעֵת רְקוֹד: (ה) עֵת לְהַשְׁלִיךְ אֲבָנִים וְעֵת כְּנוֹס אֲבָנִים
עֵת לַחֲבוֹק וְעֵת לִרְחֹק מֵחַבֵּק: (ו) עֵת לְבַקֵּשׁ וְעֵת לְאַבֵּד עֵת
לִשְׁמוֹר וְעֵת לְהַשְׁלִיךְ: (ז) עֵת לִקְרוֹעַ וְעֵת לִתְפּוֹר עֵת לַחֲשׁוֹת
וְעֵת לְדַבֵּר: (ח) עֵת לֶאֱהֹב וְעֵת לִשְׂנֹא עֵת מִלְחָמָה וְעֵת שָׁלוֹם:
(ט) מַה־יִּתְרוֹן הָעוֹשֶׂה בַּאֲשֶׁר הוּא עָמֵל: (י) רָאִיתִי אֶת־הָעִנְיָן
אֲשֶׁר נָתַן אֱלֹהִים לִבְנֵי הָאָדָם לַעֲנוֹת בּוֹ: (יא) אֶת־הַכֹּל עָשָׂה
יָפֶה בְעִתּוֹ גַּם אֶת־הָעֹלָם נָתַן בְּלִבָּם מִבְּלִי אֲשֶׁר לֹא־יִמְצָא הָאָדָם
אֶת־הַמַּעֲשֶׂה אֲשֶׁר־עָשָׂה הָאֱלֹהִים מֵרֹאשׁ וְעַד־סוֹף: (יב) יָדַעְתִּי
כִּי אֵין טוֹב בָּם כִּי אִם־לִשְׂמוֹחַ וְלַעֲשׂוֹת טוֹב בְּחַיָּיו: (יג) וְגַם כָּל־
הָאָדָם שֶׁיֹּאכַל וְשָׁתָה וְרָאָה טוֹב בְּכָל־עֲמָלוֹ מַתַּת אֱלֹהִים הִיא:
(יד) יָדַעְתִּי כִּי כָּל־אֲשֶׁר יַעֲשֶׂה הָאֱלֹהִים הוּא יִהְיֶה לְעוֹלָם עָלָיו
אֵין לְהוֹסִיף וּמִמֶּנּוּ אֵין לִגְרֹעַ וְהָאֱלֹהִים עָשָׂה שֶׁיִּרְאוּ מִלְּפָנָיו:
(טו) מַה־שֶּׁהָיָה כְּבָר הוּא וַאֲשֶׁר לִהְיוֹת כְּבָר הָיָה וְהָאֱלֹהִים יְבַקֵּשׁ
אֶת־נִרְדָּף: (טז) וְעוֹד רָאִיתִי תַּחַת הַשָּׁמֶשׁ מְקוֹם הַמִּשְׁפָּט שָׁמָּה
הָרֶשַׁע וּמְקוֹם הַצֶּדֶק שָׁמָּה הָרָשַׁע: (יז) אָמַרְתִּי אֲנִי בְּלִבִּי אֶת־
הַצַּדִּיק וְאֶת־הָרָשָׁע יִשְׁפֹּט הָאֱלֹהִים כִּי־עֵת לְכָל־חֵפֶץ וְעַל כָּל־
הַמַּעֲשֶׂה שָׁם: (יח) אָמַרְתִּי אֲנִי בְּלִבִּי עַל־דִּבְרַת בְּנֵי הָאָדָם לְבָרָם
הָאֱלֹהִים וְלִרְאוֹת שְׁהֶם־בְּהֵמָה הֵמָּה לָהֶם: (יט) כִּי מִקְרֶה בְנֵי־
הָאָדָם וּמִקְרֶה הַבְּהֵמָה וּמִקְרֶה אֶחָד לָהֶם כְּמוֹת זֶה כֵּן מוֹת זֶה
וְרוּחַ אֶחָד לַכֹּל וּמוֹתַר הָאָדָם מִן־הַבְּהֵמָה אָיִן כִּי הַכֹּל הָבֶל:
(כ) הַכֹּל הוֹלֵךְ אֶל־מָקוֹם אֶחָד הַכֹּל הָיָה מִן־הֶעָפָר וְהַכֹּל שָׁב
אֶל־הֶעָפָר: (כא) מִי יוֹדֵעַ רוּחַ בְּנֵי הָאָדָם הָעֹלָה הִיא לְמָעְלָה
וְרוּחַ הַבְּהֵמָה הַיֹּרֶדֶת הִיא לְמַטָּה לָאָרֶץ: (כב) וְרָאִיתִי כִּי אֵין טוֹב

מֵאֲשֶׁר יִשְׂמַח הָאָדָם בְּמַעֲשָׂיו כִּי־הוּא חֶלְקוֹ כִּי מִי יְבִיאֶנּוּ לִרְאוֹת
בְּמֶה שֶׁיִּהְיֶה אַחֲרָיו׃

העמל: ד (א) וְשַׁבְתִּי אֲנִי וָאֶרְאֶה אֶת־כָּל־הָעֲשֻׁקִים אֲשֶׁר נַעֲשִׂים תַּחַת
הַשָּׁמֶשׁ וְהִנֵּה | דִּמְעַת הָעֲשֻׁקִים וְאֵין לָהֶם מְנַחֵם וּמִיַּד עֹשְׁקֵיהֶם
כֹּחַ וְאֵין לָהֶם מְנַחֵם׃ (ב) וְשַׁבֵּחַ אֲנִי אֶת־הַמֵּתִים שֶׁכְּבָר מֵתוּ מִן־
הַחַיִּים אֲשֶׁר הֵמָּה חַיִּים עֲדֶנָה׃ (ג) וְטוֹב מִשְּׁנֵיהֶם אֵת אֲשֶׁר־עֲדֶן
לֹא הָיָה אֲשֶׁר לֹא־רָאָה אֶת־הַמַּעֲשֶׂה הָרָע אֲשֶׁר נַעֲשָׂה תַּחַת
הַשָּׁמֶשׁ׃ (ד) וְרָאִיתִי אֲנִי אֶת־כָּל־עָמָל וְאֵת כָּל־כִּשְׁרוֹן הַמַּעֲשֶׂה כִּי
הִיא קִנְאַת־אִישׁ מֵרֵעֵהוּ גַּם־זֶה הֶבֶל וּרְעוּת רוּחַ׃ (ה) הַכְּסִיל חֹבֵק
אֶת־יָדָיו וְאֹכֵל אֶת־בְּשָׂרוֹ׃ (ו) טוֹב מְלֹא כַף נָחַת מִמְּלֹא חָפְנַיִם
עָמָל וּרְעוּת רוּחַ׃ (ז) וְשַׁבְתִּי אֲנִי וָאֶרְאֶה הֶבֶל תַּחַת הַשָּׁמֶשׁ׃ (ח) יֵשׁ
אֶחָד וְאֵין שֵׁנִי גַּם בֵּן וָאָח אֵין־לוֹ וְאֵין קֵץ לְכָל־עֲמָלוֹ גַּם־(עיניו)
[עֵינוֹ] לֹא־תִשְׂבַּע עֹשֶׁר וּלְמִי | אֲנִי עָמֵל וּמְחַסֵּר אֶת־נַפְשִׁי מִטּוֹבָה
גַּם־זֶה הֶבֶל וְעִנְיַן רָע הוּא׃ (ט) טוֹבִים הַשְּׁנַיִם מִן־הָאֶחָד אֲשֶׁר יֵשׁ־
לָהֶם שָׂכָר טוֹב בַּעֲמָלָם׃ (י) כִּי אִם־יִפֹּלוּ הָאֶחָד יָקִים אֶת־חֲבֵרוֹ
וְאִילוֹ הָאֶחָד שֶׁיִּפּוֹל וְאֵין שֵׁנִי לַהֲקִימוֹ׃ (יא) גַּם אִם־יִשְׁכְּבוּ שְׁנַיִם
וְחַם לָהֶם וּלְאֶחָד אֵיךְ יֵחָם׃ (יב) וְאִם־יִתְקְפוֹ הָאֶחָד הַשְּׁנַיִם יַעַמְדוּ
נֶגְדּוֹ וְהַחוּט הַמְשֻׁלָּשׁ לֹא בִמְהֵרָה יִנָּתֵק׃ (יג) טוֹב יֶלֶד מִסְכֵּן וְחָכָם
מִמֶּלֶךְ זָקֵן וּכְסִיל אֲשֶׁר לֹא־יָדַע לְהִזָּהֵר עוֹד׃ (יד) כִּי־מִבֵּית הָסוּרִים
יָצָא לִמְלֹךְ כִּי גַּם בְּמַלְכוּתוֹ נוֹלַד רָשׁ׃ (טו) רָאִיתִי אֶת־כָּל־הַחַיִּים
הַמְהַלְּכִים תַּחַת הַשָּׁמֶשׁ עִם הַיֶּלֶד הַשֵּׁנִי אֲשֶׁר יַעֲמֹד תַּחְתָּיו׃
(טז) אֵין־קֵץ לְכָל־הָעָם לְכֹל אֲשֶׁר־הָיָה לִפְנֵיהֶם גַּם הָאַחֲרוֹנִים לֹא
יִשְׂמְחוּ־בוֹ כִּי־גַם־זֶה הֶבֶל וְרַעְיוֹן רוּחַ׃

ירא האלוהים: (יז) שְׁמֹר (רגליך) [רַגְלְךָ] כַּאֲשֶׁר תֵּלֵךְ אֶל־בֵּית הָאֱלֹהִים

וְקָר֣וֹב לִשְׁמֹ֔עַ מִתֵּ֥ת הַכְּסִילִ֖ים זָ֑בַח כִּֽי־אֵינָ֥ם יוֹדְעִ֖ים לַעֲשׂ֥וֹת רָֽע׃
ה (א) אַל־תְּבַהֵ֨ל עַל־פִּ֜יךָ וְלִבְּךָ֥ אַל־יְמַהֵ֛ר לְהוֹצִ֥יא דָבָ֖ר לִפְנֵ֣י
הָאֱלֹהִ֑ים כִּ֣י הָאֱלֹהִ֤ים בַּשָּׁמַ֙יִם֙ וְאַתָּ֣ה עַל־הָאָ֔רֶץ עַל־כֵּ֛ן יִהְי֥וּ דְבָרֶ֖יךָ
מְעַטִּֽים׃ (ב) כִּ֛י בָּ֥א הַחֲל֖וֹם בְּרֹ֣ב עִנְיָ֑ן וְק֥וֹל כְּסִ֖יל בְּרֹ֥ב דְּבָרִֽים׃
(ג) כַּאֲשֶׁ֨ר תִּדֹּ֜ר נֶ֣דֶר לֵֽאלֹהִ֗ים אַל־תְּאַחֵר֙ לְשַׁלְּמ֔וֹ כִּ֛י אֵ֥ין חֵ֖פֶץ
בַּכְּסִילִ֑ים אֵ֥ת אֲשֶׁר־תִּדֹּ֖ר שַׁלֵּֽם׃ (ד) ט֖וֹב אֲשֶׁ֣ר לֹֽא־תִדֹּ֑ר מִשֶּׁתִּדּ֖וֹר
וְלֹ֥א תְשַׁלֵּֽם׃ (ה) אַל־תִּתֵּ֤ן אֶת־פִּ֙יךָ֙ לַחֲטִ֣יא אֶת־בְּשָׂרֶ֔ךָ וְאַל־תֹּאמַר֙
לִפְנֵ֣י הַמַּלְאָ֔ךְ כִּ֥י שְׁגָגָ֖ה הִ֑יא לָ֣מָּה יִקְצֹ֤ף הָֽאֱלֹהִים֙ עַל־קוֹלֶ֔ךָ וְחִבֵּ֖ל
אֶת־מַעֲשֵׂ֥ה יָדֶֽיךָ׃ (ו) כִּ֣י בְרֹ֤ב חֲלֹמוֹת֙ וַהֲבָלִ֔ים וּדְבָרִ֖ים הַרְבֵּ֑ה כִּ֥י
אֶת־הָאֱלֹהִ֖ים יְרָֽא׃ (ז) אִם־עֹ֣שֶׁק רָ֠שׁ וְגֵ֨זֶל מִשְׁפָּ֤ט וָצֶ֙דֶק֙ תִּרְאֶ֣ה
בַמְּדִינָ֔ה אַל־תִּתְמַ֖הּ עַל־הַחֵ֑פֶץ כִּ֣י גָבֹ֜הַּ מֵעַ֤ל גָּבֹ֙הַּ֙ שֹׁמֵ֔ר וּגְבֹהִ֖ים
עֲלֵיהֶֽם׃ (ח) וְיִתְר֥וֹן אֶ֖רֶץ בַּכֹּ֣ל (היא) [ה֑וּא] מֶ֥לֶךְ לְשָׂדֶ֖ה נֶעֱבָֽד׃
(ט) אֹהֵ֥ב כֶּ֙סֶף֙ לֹא־יִשְׂבַּ֣ע כֶּ֔סֶף וּמִֽי־אֹהֵ֥ב בֶּהָמ֖וֹן לֹ֣א תְבוּאָ֑ה גַּם־
זֶ֖ה הָֽבֶל׃ (י) בִּרְבוֹת֙ הַטּוֹבָ֔ה רַבּ֖וּ אוֹכְלֶ֑יהָ וּמַה־כִּשְׁרוֹן֙ לִבְעָלֶ֔יהָ כִּ֖י
אִם־(ראית) [רְא֥וּת] עֵינָֽיו׃ (יא) מְתוּקָה֙ שְׁנַ֣ת הָעֹבֵ֔ד אִם־מְעַ֥ט
וְאִם־הַרְבֵּ֖ה יֹאכֵ֑ל וְהַשָּׂבָע֙ לֶֽעָשִׁ֔יר אֵינֶ֛נּוּ מַנִּ֥יחַֽ ל֖וֹ לִישֽׁוֹן׃

העמל: (יב) יֵ֚שׁ רָעָ֣ה חוֹלָ֔ה רָאִ֖יתִי תַּ֣חַת הַשָּׁ֑מֶשׁ עֹ֛שֶׁר שָׁמ֥וּר לִבְעָלָ֖יו
לְרָעָתֽוֹ׃ (יג) וְאָבַ֛ד הָעֹ֥שֶׁר הַה֖וּא בְּעִנְיַ֣ן רָ֑ע וְהוֹלִ֣יד בֵּ֔ן וְאֵ֥ין בְּיָד֖וֹ
מְאֽוּמָה׃ (יד) כַּאֲשֶׁ֤ר יָצָא֙ מִבֶּ֣טֶן אִמּ֔וֹ עָר֛וֹם יָשׁ֥וּב לָלֶ֖כֶת כְּשֶׁבָּ֑א
וּמְא֙וּמָה֙ לֹא־יִשָּׂ֣א בַעֲמָל֔וֹ שֶׁיֹּלֵ֖ךְ בְּיָדֽוֹ׃ (טו) וְגַם־זֹה֙ רָעָ֣ה חוֹלָ֔ה
כָּל־עֻמַּ֥ת שֶׁבָּ֖א כֵּ֣ן יֵלֵ֑ךְ וּמַה־יִּתְר֣וֹן ל֔וֹ שֶֽׁיַּעֲמֹ֖ל לָרֽוּחַ׃ (טז) גַּ֥ם
כָּל־יָמָ֖יו בַּחֹ֣שֶׁךְ יֹאכֵ֑ל וְכָעַ֥ס הַרְבֵּ֖ה וְחָלְי֥וֹ וָקָֽצֶף׃ (יז) הִנֵּ֞ה אֲשֶׁר־
רָאִ֣יתִי אָ֗נִי ט֣וֹב אֲשֶׁר־יָפֶ֣ה לֶאֱכוֹל־וְ֠לִשְׁתּוֹת וְלִרְא֨וֹת טוֹבָ֜ה בְּכָל־
עֲמָל֣וֹ ׀ שֶׁיַּעֲמֹ֣ל תַּֽחַת־הַשֶּׁ֗מֶשׁ מִסְפַּ֧ר יְמֵי־(חיו) [חַיָּ֛יו] אֲשֶׁר־
נָֽתַן־ל֥וֹ הָאֱלֹהִ֖ים כִּי־ה֥וּא חֶלְקֽוֹ׃ (יח) גַּ֣ם כָּל־הָאָדָ֡ם אֲשֶׁ֣ר נָֽתַן־ל֣וֹ

הָאֱלֹהִים עֹשֶׁר וּנְכָסִים וְהִשְׁלִיטוֹ לֶאֱכֹל מִמֶּנּוּ וְלָשֵׂאת אֶת־חֶלְקוֹ
וְלִשְׂמֹחַ בַּעֲמָלוֹ זֹה מַתַּת אֱלֹהִים הִיא: (יט) כִּי לֹא הַרְבֵּה יִזְכֹּר אֶת־
יְמֵי חַיָּיו כִּי הָאֱלֹהִים מַעֲנֶה בְּשִׂמְחַת לִבּוֹ: ו (א) יֵשׁ רָעָה אֲשֶׁר
רָאִיתִי תַּחַת הַשָּׁמֶשׁ וְרַבָּה הִיא עַל־הָאָדָם: (ב) אִישׁ אֲשֶׁר יִתֶּן־לוֹ
הָאֱלֹהִים עֹשֶׁר וּנְכָסִים וְכָבוֹד וְאֵינֶנּוּ חָסֵר לְנַפְשׁוֹ | מִכֹּל אֲשֶׁר־
יִתְאַוֶּה וְלֹא־יַשְׁלִיטֶנּוּ הָאֱלֹהִים לֶאֱכֹל מִמֶּנּוּ כִּי אִישׁ נָכְרִי יֹאכְלֶנּוּ
זֶה הֶבֶל וָחֳלִי רָע הוּא: (ג) אִם־יוֹלִיד אִישׁ מֵאָה וְשָׁנִים רַבּוֹת יִחְיֶה
וְרַב | שֶׁיִּהְיוּ יְמֵי־שָׁנָיו וְנַפְשׁוֹ לֹא־תִשְׂבַּע מִן־הַטּוֹבָה וְגַם־קְבוּרָה
לֹא־הָיְתָה לּוֹ אָמַרְתִּי טוֹב מִמֶּנּוּ הַנָּפֶל: (ד) כִּי־בַהֶבֶל בָּא וּבַחֹשֶׁךְ
יֵלֵךְ וּבַחֹשֶׁךְ שְׁמוֹ יְכֻסֶּה: (ה) גַּם־שֶׁמֶשׁ לֹא־רָאָה וְלֹא יָדָע נַחַת
לָזֶה מִזֶּה: (ו) וְאִלּוּ חָיָה אֶלֶף שָׁנִים פַּעֲמַיִם וְטוֹבָה לֹא רָאָה הֲלֹא
אֶל־מָקוֹם אֶחָד הַכֹּל הוֹלֵךְ:

החכם: (ז) כָּל־עֲמַל הָאָדָם לְפִיהוּ וְגַם־הַנֶּפֶשׁ לֹא תִמָּלֵא: (ח) כִּי
מַה־יּוֹתֵר לֶחָכָם מִן־הַכְּסִיל מַה־לֶּעָנִי יוֹדֵעַ לַהֲלֹךְ נֶגֶד הַחַיִּים:
(ט) טוֹב מַרְאֵה עֵינַיִם מֵהֲלָךְ־נָפֶשׁ גַּם־זֶה הֶבֶל וּרְעוּת רוּחַ:
(י) מַה־שֶּׁהָיָה כְּבָר נִקְרָא שְׁמוֹ וְנוֹדָע אֲשֶׁר־הוּא אָדָם וְלֹא־יוּכַל
לָדִין עִם (שהתקיף) [שֶׁתַּקִּיף] מִמֶּנּוּ: (יא) כִּי יֵשׁ־דְּבָרִים הַרְבֵּה
מַרְבִּים הָבֶל מַה־יֹּתֵר לָאָדָם: (יב) כִּי מִי־יוֹדֵעַ מַה־טּוֹב לָאָדָם
בַּחַיִּים מִסְפַּר יְמֵי־חַיֵּי הֶבְלוֹ וְיַעֲשֵׂם כַּצֵּל אֲשֶׁר מִי־יַגִּיד לָאָדָם
מַה־יִּהְיֶה אַחֲרָיו תַּחַת הַשָּׁמֶשׁ: ז (א) טוֹב שֵׁם מִשֶּׁמֶן טוֹב וְיוֹם
הַמָּוֶת מִיּוֹם הִוָּלְדוֹ: (ב) טוֹב לָלֶכֶת אֶל־בֵּית־אֵבֶל מִלֶּכֶת אֶל־בֵּית
מִשְׁתֶּה בַּאֲשֶׁר הוּא סוֹף כָּל־הָאָדָם וְהַחַי יִתֵּן אֶל־לִבּוֹ: (ג) טוֹב
כַּעַס מִשְּׂחֹק כִּי־בְרֹעַ פָּנִים יִיטַב לֵב: (ד) לֵב חֲכָמִים בְּבֵית אֵבֶל
וְלֵב כְּסִילִים בְּבֵית שִׂמְחָה: (ה) טוֹב לִשְׁמֹעַ גַּעֲרַת חָכָם מֵאִישׁ
שֹׁמֵעַ שִׁיר כְּסִילִים: (ו) כִּי כְקוֹל הַסִּירִים תַּחַת הַסִּיר כֵּן שְׂחֹק

הַכְּסִיל וְגַם־זֶה הָבֶל׃ (ז) כִּי הָעֹשֶׁק יְהוֹלֵל חָכָם וִיאַבֵּד אֶת־לֵב
מַתָּנָה׃ (ח) טוֹב אַחֲרִית דָּבָר מֵרֵאשִׁיתוֹ טוֹב אֶרֶךְ־רוּחַ מִגְּבַהּ־
רוּחַ׃ (ט) אַל־תְּבַהֵל בְּרוּחֲךָ לִכְעוֹס כִּי כַעַס בְּחֵיק כְּסִילִים יָנוּחַ׃
(י) אַל־תֹּאמַר מֶה הָיָה שֶׁהַיָּמִים הָרִאשֹׁנִים הָיוּ טוֹבִים מֵאֵלֶּה כִּי
לֹא מֵחָכְמָה שָׁאַלְתָּ עַל־זֶה׃ (יא) טוֹבָה חָכְמָה עִם־נַחֲלָה וְיֹתֵר
לְרֹאֵי הַשָּׁמֶשׁ׃ (יב) כִּי בְּצֵל הַחָכְמָה בְּצֵל הַכָּסֶף וְיִתְרוֹן דַּעַת
הַחָכְמָה תְּחַיֶּה בְעָלֶיהָ׃ (יג) רְאֵה אֶת־מַעֲשֵׂה הָאֱלֹהִים כִּי מִי יוּכַל
לְתַקֵּן אֵת אֲשֶׁר עִוְּתוֹ׃ (יד) בְּיוֹם טוֹבָה הֱיֵה בְטוֹב וּבְיוֹם רָעָה
רְאֵה גַּם אֶת־זֶה לְעֻמַּת־זֶה עָשָׂה הָאֱלֹהִים עַל־דִּבְרַת שֶׁלֹּא יִמְצָא
הָאָדָם אַחֲרָיו מְאוּמָה׃ (טו) אֶת־הַכֹּל רָאִיתִי בִּימֵי הֶבְלִי יֵשׁ צַדִּיק
אֹבֵד בְּצִדְקוֹ וְיֵשׁ רָשָׁע מַאֲרִיךְ בְּרָעָתוֹ׃ (טז) אַל־תְּהִי צַדִּיק הַרְבֵּה
וְאַל־תִּתְחַכַּם יוֹתֵר לָמָּה תִּשּׁוֹמֵם׃ (יז) אַל־תִּרְשַׁע הַרְבֵּה וְאַל־תְּהִי
סָכָל לָמָּה תָמוּת בְּלֹא עִתֶּךָ׃ (יח) טוֹב אֲשֶׁר תֶּאֱחֹז בָּזֶה וְגַם־מִזֶּה
אַל־תַּנַּח אֶת־יָדֶךָ כִּי־יְרֵא אֱלֹהִים יֵצֵא אֶת־כֻּלָּם׃ (יט) הַחָכְמָה תָּעֹז
לֶחָכָם מֵעֲשָׂרָה שַׁלִּיטִים אֲשֶׁר הָיוּ בָּעִיר׃ (כ) כִּי אָדָם אֵין צַדִּיק
בָּאָרֶץ אֲשֶׁר יַעֲשֶׂה־טּוֹב וְלֹא יֶחֱטָא׃ (כא) גַּם לְכָל־הַדְּבָרִים אֲשֶׁר
יְדַבֵּרוּ אַל־תִּתֵּן לִבֶּךָ אֲשֶׁר לֹא־תִשְׁמַע אֶת־עַבְדְּךָ מְקַלְלֶךָ׃ (כב) כִּי
גַּם־פְּעָמִים רַבּוֹת יָדַע לִבֶּךָ אֲשֶׁר גַּם־(את) [אַתָּה] קִלַּלְתָּ אֲחֵרִים׃

ירא האלוהים: (כג) כָּל־זֹה נִסִּיתִי בַחָכְמָה אָמַרְתִּי אֶחְכָּמָה וְהִיא
רְחוֹקָה מִמֶּנִּי׃ (כד) רָחוֹק מַה־שֶּׁהָיָה וְעָמֹק ׀ עָמֹק מִי יִמְצָאֶנּוּ׃
(כה) סַבּוֹתִי אֲנִי וְלִבִּי לָדַעַת וְלָתוּר וּבַקֵּשׁ חָכְמָה וְחֶשְׁבּוֹן וְלָדַעַת
רֶשַׁע כֶּסֶל וְהַסִּכְלוּת הוֹלֵלוֹת׃ (כו) וּמוֹצֶא אֲנִי מַר מִמָּוֶת אֶת־הָאִשָּׁה
אֲשֶׁר־הִיא מְצוֹדִים וַחֲרָמִים לִבָּהּ אֲסוּרִים יָדֶיהָ טוֹב לִפְנֵי הָאֱלֹהִים
יִמָּלֵט מִמֶּנָּה וְחוֹטֵא יִלָּכֶד בָּהּ׃ (כז) רְאֵה זֶה מָצָאתִי אָמְרָה קֹהֶלֶת
אַחַת לְאַחַת לִמְצֹא חֶשְׁבּוֹן׃ (כח) אֲשֶׁר עוֹד־בִּקְשָׁה נַפְשִׁי וְלֹא

מָצָאתִי אָדָם אֶחָד מֵאֶלֶף מָצָאתִי וְאִשָּׁה בְכָל־אֵלֶּה לֹא מָצָאתִי׃
(כט) לְבַד רְאֵה־זֶה מָצָאתִי אֲשֶׁר עָשָׂה הָאֱלֹהִים אֶת־הָאָדָם יָשָׁר
וְהֵמָּה בִקְשׁוּ חִשְּׁבֹנוֹת רַבִּים׃

החכם: ח (א) מִי כְּהֶחָכָם וּמִי יוֹדֵעַ פֵּשֶׁר דָּבָר חָכְמַת אָדָם תָּאִיר
פָּנָיו וְעֹז פָּנָיו יְשֻׁנֶּא׃

ירא האלוהים: (ב) אֲנִי פִּי־מֶלֶךְ שְׁמוֹר וְעַל דִּבְרַת שְׁבוּעַת אֱלֹהִים׃
(ג) אַל־תִּבָּהֵל מִפָּנָיו תֵּלֵךְ אַל־תַּעֲמֹד בְּדָבָר רָע כִּי כָּל־אֲשֶׁר יַחְפֹּץ
יַעֲשֶׂה׃ (ד) בַּאֲשֶׁר דְּבַר־מֶלֶךְ שִׁלְטוֹן וּמִי יֹאמַר־לוֹ מַה־תַּעֲשֶׂה׃
(ה) שׁוֹמֵר מִצְוָה לֹא יֵדַע דָּבָר רָע וְעֵת וּמִשְׁפָּט יֵדַע לֵב חָכָם׃ (ו) כִּי
לְכָל־חֵפֶץ יֵשׁ עֵת וּמִשְׁפָּט כִּי־רָעַת הָאָדָם רַבָּה עָלָיו׃ (ז) כִּי־אֵינֶנּוּ
יֹדֵעַ מַה־שֶּׁיִּהְיֶה כִּי כַּאֲשֶׁר יִהְיֶה מִי יַגִּיד לוֹ׃ (ח) אֵין אָדָם שַׁלִּיט
בָּרוּחַ לִכְלוֹא אֶת־הָרוּחַ וְאֵין שִׁלְטוֹן בְּיוֹם הַמָּוֶת וְאֵין מִשְׁלַחַת
בַּמִּלְחָמָה וְלֹא־יְמַלֵּט רֶשַׁע אֶת־בְּעָלָיו׃

החכם: (ט) אֶת־כָּל־זֶה רָאִיתִי וְנָתוֹן אֶת־לִבִּי לְכָל־מַעֲשֶׂה אֲשֶׁר נַעֲשָׂה
תַּחַת הַשָּׁמֶשׁ עֵת אֲשֶׁר שָׁלַט הָאָדָם בְּאָדָם לְרַע לוֹ׃ (י) וּבְכֵן רָאִיתִי
רְשָׁעִים קְבֻרִים וָבָאוּ וּמִמְּקוֹם קָדוֹשׁ יְהַלֵּכוּ וְיִשְׁתַּכְּחוּ בָעִיר אֲשֶׁר
כֵּן־עָשׂוּ גַּם־זֶה הָבֶל׃ (יא) אֲשֶׁר אֵין־נַעֲשָׂה פִתְגָם מַעֲשֵׂה הָרָעָה
מְהֵרָה עַל־כֵּן מָלֵא לֵב בְּנֵי־הָאָדָם בָּהֶם לַעֲשׂוֹת רָע׃ (יב) אֲשֶׁר
חֹטֶא עֹשֶׂה רָע מְאַת וּמַאֲרִיךְ לוֹ

ירא האלוהים: כִּי גַּם־יוֹדֵעַ אָנִי אֲשֶׁר יִהְיֶה־טּוֹב לְיִרְאֵי הָאֱלֹהִים אֲשֶׁר
יִירְאוּ מִלְּפָנָיו׃ (יג) וְטוֹב לֹא־יִהְיֶה לָרָשָׁע וְלֹא־יַאֲרִיךְ יָמִים כַּצֵּל
אֲשֶׁר אֵינֶנּוּ יָרֵא מִלִּפְנֵי אֱלֹהִים׃

הנהנתן: (יד) יֶשׁ־הֶבֶל אֲשֶׁר נַעֲשָׂה עַל־הָאָרֶץ אֲשֶׁר ׀ יֵשׁ צַדִּיקִים
אֲשֶׁר מַגִּיעַ אֲלֵהֶם כְּמַעֲשֵׂה הָרְשָׁעִים וְיֵשׁ רְשָׁעִים שֶׁמַּגִּיעַ אֲלֵהֶם
כְּמַעֲשֵׂה הַצַּדִּיקִים אָמַרְתִּי שֶׁגַּם־זֶה הָבֶל׃ (טו) וְשִׁבַּחְתִּי אֲנִי אֶת־
הַשִּׂמְחָה אֲשֶׁר אֵין־טוֹב לָאָדָם תַּחַת הַשֶּׁמֶשׁ כִּי אִם־לֶאֱכוֹל
וְלִשְׁתּוֹת וְלִשְׂמוֹחַ וְהוּא יִלְוֶנּוּ בַעֲמָלוֹ יְמֵי חַיָּיו אֲשֶׁר־נָתַן־לוֹ הָאֱלֹהִים
תַּחַת הַשָּׁמֶשׁ׃ (טז) כַּאֲשֶׁר נָתַתִּי אֶת־לִבִּי לָדַעַת חָכְמָה וְלִרְאוֹת
אֶת־הָעִנְיָן אֲשֶׁר נַעֲשָׂה עַל־הָאָרֶץ כִּי גַם בַּיּוֹם וּבַלַּיְלָה שֵׁנָה בְּעֵינָיו
אֵינֶנּוּ רֹאֶה׃ (יז) וְרָאִיתִי אֶת־כָּל־מַעֲשֵׂה הָאֱלֹהִים כִּי לֹא יוּכַל
הָאָדָם לִמְצוֹא אֶת־הַמַּעֲשֶׂה אֲשֶׁר נַעֲשָׂה תַחַת־הַשֶּׁמֶשׁ בְּשֶׁל אֲשֶׁר
יַעֲמֹל הָאָדָם לְבַקֵּשׁ וְלֹא יִמְצָא וְגַם אִם־יֹאמַר הֶחָכָם לָדַעַת לֹא
יוּכַל לִמְצֹא׃ ט (א) כִּי אֶת־כָּל־זֶה נָתַתִּי אֶל־לִבִּי וְלָבוּר אֶת־כָּל־זֶה
אֲשֶׁר הַצַּדִּיקִים וְהַחֲכָמִים וַעֲבָדֵיהֶם בְּיַד הָאֱלֹהִים גַּם־אַהֲבָה גַם־
שִׂנְאָה אֵין יוֹדֵעַ הָאָדָם הַכֹּל לִפְנֵיהֶם׃ (ב) הַכֹּל כַּאֲשֶׁר לַכֹּל מִקְרֶה
אֶחָד לַצַּדִּיק וְלָרָשָׁע לַטּוֹב וְלַטָּהוֹר וְלַטָּמֵא וְלַזֹּבֵחַ וְלַאֲשֶׁר אֵינֶנּוּ
זֹבֵחַ כַּטּוֹב כַּחֹטֶא הַנִּשְׁבָּע כַּאֲשֶׁר שְׁבוּעָה יָרֵא׃ (ג) זֶה ׀ רָע בְּכֹל
אֲשֶׁר־נַעֲשָׂה תַּחַת הַשֶּׁמֶשׁ כִּי־מִקְרֶה אֶחָד לַכֹּל וְגַם לֵב בְּנֵי־הָאָדָם
מָלֵא־רָע וְהוֹלֵלוֹת בִּלְבָבָם בְּחַיֵּיהֶם וְאַחֲרָיו אֶל־הַמֵּתִים׃ (ד) כִּי־
מִי אֲשֶׁר (יבחר) [יְחֻבַּר] אֶל כָּל־הַחַיִּים יֵשׁ בִּטָּחוֹן כִּי־לְכֶלֶב חַי
הוּא טוֹב מִן־הָאַרְיֵה הַמֵּת׃ (ה) כִּי הַחַיִּים יוֹדְעִים שֶׁיָּמֻתוּ וְהַמֵּתִים
אֵינָם יוֹדְעִים מְאוּמָה וְאֵין־עוֹד לָהֶם שָׂכָר כִּי נִשְׁכַּח זִכְרָם׃ (ו) גַּם
אַהֲבָתָם גַּם־שִׂנְאָתָם גַּם־קִנְאָתָם כְּבָר אָבָדָה וְחֵלֶק אֵין־לָהֶם עוֹד
לְעוֹלָם בְּכֹל אֲשֶׁר־נַעֲשָׂה תַּחַת הַשָּׁמֶשׁ׃ (ז) לֵךְ אֱכֹל בְּשִׂמְחָה לַחְמֶךָ
וּשְׁתֵה בְלֶב־טוֹב יֵינֶךָ כִּי כְבָר רָצָה הָאֱלֹהִים אֶת־מַעֲשֶׂיךָ׃ (ח) בְּכָל־
עֵת יִהְיוּ בְגָדֶיךָ לְבָנִים וְשֶׁמֶן עַל־רֹאשְׁךָ אַל־יֶחְסָר׃ (ט) רְאֵה חַיִּים
עִם־אִשָּׁה אֲשֶׁר־אָהַבְתָּ כָּל־יְמֵי חַיֵּי הֶבְלֶךָ אֲשֶׁר נָתַן־לְךָ תַּחַת
הַשֶּׁמֶשׁ כֹּל יְמֵי הֶבְלֶךָ כִּי הוּא חֶלְקְךָ בַּחַיִּים וּבַעֲמָלְךָ אֲשֶׁר־אַתָּה

עָמֵל תַּחַת הַשָּׁמֶשׁ: (י) כֹּל אֲשֶׁר תִּמְצָא יָדְךָ לַעֲשׂוֹת בְּכֹחֲךָ עֲשֵׂה
כִּי אֵין מַעֲשֶׂה וְחֶשְׁבּוֹן וְדַעַת וְחָכְמָה בִּשְׁאוֹל אֲשֶׁר אַתָּה הֹלֵךְ
שָׁמָּה: (יא) שַׁבְתִּי וְרָאֹה תַחַת־הַשֶּׁמֶשׁ כִּי לֹא לַקַּלִּים הַמֵּרוֹץ וְלֹא
לַגִּבּוֹרִים הַמִּלְחָמָה וְגַם לֹא לַחֲכָמִים לֶחֶם וְגַם לֹא לַנְּבֹנִים עֹשֶׁר
וְגַם לֹא לַיֹּדְעִים חֵן כִּי־עֵת וָפֶגַע יִקְרֶה אֶת־כֻּלָּם: (יב) כִּי גַּם לֹא־יֵדַע
הָאָדָם אֶת־עִתּוֹ כַּדָּגִים שֶׁנֶּאֱחָזִים בִּמְצוֹדָה רָעָה וְכַצִּפֳּרִים הָאֲחֻזוֹת
בַּפָּח כָּהֵם יוּקָשִׁים בְּנֵי הָאָדָם לְעֵת רָעָה כְּשֶׁתִּפּוֹל עֲלֵיהֶם פִּתְאֹם:
(יג) גַּם־זֹה רָאִיתִי חָכְמָה תַּחַת הַשָּׁמֶשׁ וּגְדוֹלָה הִיא אֵלָי: (יד) עִיר
קְטַנָּה וַאֲנָשִׁים בָּהּ מְעָט וּבָא־אֵלֶיהָ מֶלֶךְ גָּדוֹל וְסָבַב אֹתָהּ וּבָנָה
עָלֶיהָ מְצוֹדִים גְּדֹלִים: (טו) וּמָצָא בָהּ אִישׁ מִסְכֵּן חָכָם וּמִלַּט־הוּא
אֶת־הָעִיר בְּחָכְמָתוֹ וְאָדָם לֹא זָכַר אֶת־הָאִישׁ הַמִּסְכֵּן הַהוּא:
(טז) וְאָמַרְתִּי אָנִי טוֹבָה חָכְמָה מִגְּבוּרָה וְחָכְמַת הַמִּסְכֵּן בְּזוּיָה
וּדְבָרָיו אֵינָם נִשְׁמָעִים:

החכם: (יז) דִּבְרֵי חֲכָמִים בְּנַחַת נִשְׁמָעִים מִזַּעֲקַת מוֹשֵׁל בַּכְּסִילִים:
(יח) טוֹבָה חָכְמָה מִכְּלֵי קְרָב וְחוֹטֶא אֶחָד יְאַבֵּד טוֹבָה הַרְבֵּה:
י (א) זְבוּבֵי מָוֶת יַבְאִישׁ יַבִּיעַ שֶׁמֶן רוֹקֵחַ יָקָר מֵחָכְמָה מִכָּבוֹד
סִכְלוּת מְעָט: (ב) לֵב חָכָם לִימִינוֹ וְלֵב כְּסִיל לִשְׂמֹאלוֹ: (ג) וְגַם־
בַּדֶּרֶךְ (כשהסכל) [כְּשֶׁסָּכָל] הֹלֵךְ לִבּוֹ חָסֵר וְאָמַר לַכֹּל סָכָל הוּא:
(ד) אִם־רוּחַ הַמּוֹשֵׁל תַּעֲלֶה עָלֶיךָ מְקוֹמְךָ אַל־תַּנַּח כִּי מַרְפֵּא יַנִּיחַ
חֲטָאִים גְּדוֹלִים: (ה) יֵשׁ רָעָה רָאִיתִי תַּחַת הַשָּׁמֶשׁ כִּשְׁגָגָה שֶׁיֹּצָא
מִלִּפְנֵי הַשַּׁלִּיט: (ו) נִתַּן הַסֶּכֶל בַּמְּרוֹמִים רַבִּים וַעֲשִׁירִים בַּשֵּׁפֶל
יֵשֵׁבוּ: (ז) רָאִיתִי עֲבָדִים עַל־סוּסִים וְשָׂרִים הֹלְכִים כַּעֲבָדִים עַל־
הָאָרֶץ: (ח) חֹפֵר גּוּמָּץ בּוֹ יִפּוֹל וּפֹרֵץ גָּדֵר יִשְּׁכֶנּוּ נָחָשׁ: (ט) מַסִּיעַ
אֲבָנִים יֵעָצֵב בָּהֶם בּוֹקֵעַ עֵצִים יִסָּכֶן בָּם: (י) אִם־קֵהָה הַבַּרְזֶל וְהוּא
לֹא־פָנִים קִלְקַל וַחֲיָלִים יְגַבֵּר וְיִתְרוֹן (הכשיר) [הַכְשֵׁר] חָכְמָה:

(יא) אִם־יִשֹּׁ֥ךְ הַנָּחָ֖שׁ בְּלוֹא־לָ֑חַשׁ וְאֵ֣ין יִתְר֔וֹן לְבַ֖עַל הַלָּשֽׁוֹן: (יב) דִּבְרֵ֥י
פִי־חָכָ֖ם חֵ֑ן וְשִׂפְת֥וֹת כְּסִ֖יל תְּבַלְּעֶֽנּוּ: (יג) תְּחִלַּ֥ת דִּבְרֵי־פִ֖יהוּ סִכְל֑וּת
וְאַחֲרִ֣ית פִּ֔יהוּ הוֹלֵל֖וּת רָעָֽה: (יד) וְהַסָּכָ֖ל יַרְבֶּ֣ה דְבָרִ֑ים לֹא־יֵדַ֤ע
הָֽאָדָם֙ מַה־שֶּׁיִּֽהְיֶ֔ה וַאֲשֶׁ֤ר יִהְיֶה֙ מֵֽאַחֲרָ֔יו מִ֖י יַגִּ֥יד לֽוֹ: (טו) עֲמַ֥ל
הַכְּסִילִ֖ים תְּיַגְּעֶ֑נּוּ אֲשֶׁ֥ר לֹֽא־יָדַ֖ע לָלֶ֥כֶת אֶל־עִֽיר: (טז) אִֽי־לָ֣ךְ אֶ֔רֶץ
שֶׁמַּלְכֵּ֖ךְ נָ֑עַר וְשָׂרַ֖יִךְ בַּבֹּ֥קֶר יֹאכֵֽלוּ: (יז) אַשְׁרֵ֣יךְ אֶ֔רֶץ שֶׁמַּלְכֵּ֖ךְ בֶּן־
חוֹרִ֑ים וְשָׂרַ֙יִךְ֙ בָּעֵ֣ת יֹאכֵ֔לוּ בִּגְבוּרָ֖ה וְלֹ֥א בַשְּׁתִֽי: (יח) בַּעֲצַלְתַּ֖יִם יִמַּ֣ךְ
הַמְּקָרֶ֑ה וּבְשִׁפְל֥וּת יָדַ֖יִם יִדְלֹ֥ף הַבָּֽיִת: (יט) לִשְׂחוֹק֙ עֹשִׂ֣ים לֶ֔חֶם וְיַ֖יִן
יְשַׂמַּ֣ח חַיִּ֑ים וְהַכֶּ֖סֶף יַעֲנֶ֥ה אֶת־הַכֹּֽל:

ירא האלוהים: (כ) גַּ֣ם בְּמַדָּעֲךָ֗ מֶ֚לֶךְ אַל־תְּקַלֵּ֔ל וּבְחַדְרֵי֙ מִשְׁכָּ֣בְךָ֔ אַל־
תְּקַלֵּ֖ל עָשִׁ֑יר כִּ֣י ע֤וֹף הַשָּׁמַ֙יִם֙ יוֹלִ֣יךְ אֶת־הַקּ֔וֹל וּבַ֥עַל (הכנפים)
[כְּנָפַ֖יִם] יַגֵּ֥יד דָּבָֽר: יא (א) שַׁלַּ֥ח לַחְמְךָ֖ עַל־פְּנֵ֣י הַמָּ֑יִם כִּֽי־בְרֹ֥ב
הַיָּמִ֖ים תִּמְצָאֶֽנּוּ: (ב) תֶּן־חֵ֥לֶק לְשִׁבְעָ֖ה וְגַ֣ם לִשְׁמוֹנָ֑ה כִּ֚י לֹ֣א תֵדַ֔ע
מַה־יִּהְיֶ֥ה רָעָ֖ה עַל־הָאָֽרֶץ: (ג) אִם־יִמָּלְא֨וּ הֶעָבִ֥ים גֶּשֶׁם֮ עַל־הָאָ֣רֶץ
יָרִ֒יקוּ֒ וְאִם־יִפּ֥וֹל עֵ֛ץ בַּדָּר֖וֹם וְאִ֣ם בַּצָּפ֑וֹן מְק֛וֹם שֶׁיִּפּ֥וֹל הָעֵ֖ץ שָׁ֥ם
יְהֽוּא: (ד) שֹׁמֵ֥ר ר֖וּחַ לֹ֣א יִזְרָ֑ע וְרֹאֶ֥ה בֶעָבִ֖ים לֹ֥א יִקְצֽוֹר: (ה) כַּאֲשֶׁ֨ר
אֵֽינְךָ֤ יוֹדֵ֙עַ֙ מַה־דֶּ֣רֶךְ הָר֔וּחַ כַּעֲצָמִ֖ים בְּבֶ֣טֶן הַמְּלֵאָ֑ה כָּ֗כָה לֹ֤א תֵדַע֙
אֶת־מַעֲשֵׂ֣ה הָאֱלֹהִ֔ים אֲשֶׁ֥ר יַעֲשֶׂ֖ה אֶת־הַכֹּֽל: (ו) בַּבֹּ֙קֶר֙ זְרַ֣ע אֶת־
זַרְעֶ֔ךָ וְלָעֶ֖רֶב אַל־תַּנַּ֣ח יָדֶ֑ךָ כִּי֩ אֵֽינְךָ֨ יוֹדֵ֜עַ אֵ֣י זֶ֤ה יִכְשַׁר֙ הֲזֶ֣ה אוֹ־זֶ֔ה
וְאִם־שְׁנֵיהֶ֥ם כְּאֶחָ֖ד טוֹבִֽים: (ז) וּמָת֖וֹק הָא֑וֹר וְט֥וֹב לַֽעֵינַ֖יִם לִרְא֥וֹת
אֶת־הַשָּֽׁמֶשׁ: (ח) כִּ֣י אִם־שָׁנִ֥ים הַרְבֵּ֛ה יִחְיֶ֥ה הָאָדָ֖ם בְּכֻלָּ֣ם יִשְׂמָ֑ח
וְיִזְכֹּר֙ אֶת־יְמֵ֣י הַחֹ֔שֶׁךְ כִּֽי־הַרְבֵּ֥ה יִהְי֖וּ כָּל־שֶׁבָּ֥א הָֽבֶל: (ט) שְׂמַ֧ח
בָּח֣וּר בְּיַלְדוּתֶ֗יךָ וִֽיטִֽיבְךָ֤ לִבְּךָ֙ בִּימֵ֣י בְחוּרוֹתֶ֔ךָ וְהַלֵּךְ֙ בְּדַרְכֵ֣י לִבְּךָ֔
וּבְמַרְאֵ֖י עֵינֶ֑יךָ וְדָ֕ע כִּ֧י עַל־כָּל־אֵ֛לֶּה יְבִיאֲךָ֥ הָאֱלֹהִ֖ים בַּמִּשְׁפָּֽט:
(י) וְהָסֵ֤ר כַּ֙עַס֙ מִלִּבֶּ֔ךָ וְהַעֲבֵ֥ר רָעָ֖ה מִבְּשָׂרֶ֑ךָ כִּֽי־הַיַּלְד֥וּת וְהַשַּׁחֲר֖וּת

הֲבֶל: יב (א) וּזְכֹר֙ אֶת־בּ֣וֹרְאֶ֔יךָ בִּימֵ֖י בְּחוּרֹתֶ֑יךָ עַ֣ד אֲשֶׁ֤ר לֹא־יָבֹ֙אוּ֙
יְמֵ֣י הָֽרָעָ֔ה וְהִגִּ֣יעוּ שָׁנִ֔ים אֲשֶׁ֣ר תֹּאמַ֔ר אֵֽין־לִ֥י בָהֶ֖ם חֵֽפֶץ: (ב) עַ֣ד
אֲשֶׁ֤ר לֹֽא־תֶחְשַׁךְ֙ הַשֶּׁ֔מֶשׁ וְהָא֔וֹר וְהַיָּרֵ֖חַ וְהַכּוֹכָבִ֑ים וְשָׁ֥בוּ הֶעָבִ֖ים
אַחַ֥ר הַגָּֽשֶׁם: (ג) בַּיּ֗וֹם שֶׁיָּזֻ֙עוּ֙ שֹׁמְרֵ֣י הַבַּ֔יִת וְהִֽתְעַוְּת֖וּ אַנְשֵׁ֣י הֶחָ֑יִל
וּבָטְל֤וּ הַטֹּֽחֲנוֹת֙ כִּ֣י מִעֵ֔טוּ וְחָשְׁכ֖וּ הָרֹא֥וֹת בָּאֲרֻבּֽוֹת: (ד) וְסֻגְּר֤וּ
דְלָתַ֙יִם֙ בַּשּׁ֔וּק בִּשְׁפַ֖ל ק֣וֹל הַטַּחֲנָ֑ה וְיָקוּם֙ לְק֣וֹל הַצִּפּ֔וֹר וְיִשַּׁ֖חוּ כָּל־
בְּנ֥וֹת הַשִּֽׁיר: (ה) גַּ֣ם מִגָּבֹ֤הַּ יִרָ֙אוּ֙ וְחַתְחַתִּ֣ים בַּדֶּ֔רֶךְ וְיָנֵ֤אץ הַשָּׁקֵד֙
וְיִסְתַּבֵּ֣ל הֶֽחָגָ֔ב וְתָפֵ֖ר הָאֲבִיּוֹנָ֑ה כִּֽי־הֹלֵ֤ךְ הָאָדָם֙ אֶל־בֵּ֣ית עוֹלָמ֔וֹ
וְסָבְב֥וּ בַשּׁ֖וּק הַסֹּפְדִֽים: (ו) עַ֣ד אֲשֶׁ֤ר לֹֽא־(ירחק) [יֵרָתֵק֙] חֶ֣בֶל
הַכֶּ֔סֶף וְתָרֻ֖ץ גֻּלַּ֣ת הַזָּהָ֑ב וְתִשָּׁ֤בֶר כַּד֙ עַל־הַמַּבּ֔וּעַ וְנָרֹ֥ץ הַגַּלְגַּ֖ל
אֶל־הַבּֽוֹר: (ז) וְיָשֹׁ֥ב הֶעָפָ֛ר עַל־הָאָ֖רֶץ כְּשֶׁהָיָ֑ה וְהָר֣וּחַ תָּשׁ֔וּב אֶל־
הָאֱלֹהִ֖ים אֲשֶׁ֥ר נְתָנָֽהּ:

(ח) הֲבֵ֧ל הֲבָלִ֛ים אָמַ֥ר הַקּוֹהֶ֖לֶת הַכֹּ֥ל הָֽבֶל: (ט) וְיֹתֵ֕ר שֶׁהָיָ֥ה
קֹהֶ֖לֶת חָכָ֑ם ע֗וֹד לִמַּד־דַּ֙עַת֙ אֶת־הָעָ֔ם וְאִזֵּ֣ן וְחִקֵּ֔ר תִּקֵּ֖ן מְשָׁלִ֥ים
הַרְבֵּֽה: (י) בִּקֵּ֣שׁ קֹהֶ֔לֶת לִמְצֹ֖א דִּבְרֵי־חֵ֑פֶץ וְכָת֣וּב יֹ֔שֶׁר דִּבְרֵ֖י אֱמֶֽת:
(יא) דִּבְרֵ֤י חֲכָמִים֙ כַּדָּ֣רְבֹנ֔וֹת וּֽכְמַשְׂמְר֥וֹת נְטוּעִ֖ים בַּעֲלֵ֣י אֲסֻפּ֑וֹת נִתְּנ֖וּ
מֵרֹעֶ֥ה אֶחָֽד: (יב) וְיֹתֵ֥ר מֵהֵ֖מָּה בְּנִ֣י הִזָּהֵ֑ר עֲשׂ֨וֹת סְפָרִ֤ים הַרְבֵּה֙ אֵ֣ין
קֵ֔ץ וְלַ֥הַג הַרְבֵּ֖ה יְגִעַ֥ת בָּשָֽׂר:

ירא האלוהים: (יג) ס֥וֹף דָּבָ֖ר הַכֹּ֣ל נִשְׁמָ֑ע אֶת־הָאֱלֹהִ֤ים יְרָא֙ וְאֶת־
מִצְוֺתָ֣יו שְׁמ֔וֹר כִּי־זֶ֖ה כָּל־הָאָדָֽם: (יד) כִּ֤י אֶת־כָּל־מַעֲשֶׂ֔ה הָאֱלֹהִ֛ים
יָבִ֥א בְמִשְׁפָּ֖ט עַ֣ל כָּל־נֶעְלָ֑ם אִם־ט֖וֹב וְאִם־רָֽע:

ה. ביאור

עיקרי השקפת עולמו של הנהנתן

אחרי שלושה פסוקים של הקדמה קצרה (ב׳ כד-כו)[15], הנהנתן פותח את נאומו הגדול הראשון ב׳שיר העתים׳ (פרק ג׳).

זהו שיר דטרמיניסטי הקובע את גורלן של תופעות הבניין וההרס השונות בעולם על פי רצונו של הקב"ה, בוראן, ומה יתרון העמל, הרוצה להנהיג את העולם על פי דרכו? וכי יוכל לשנות את גזרת הבורא?! יתר על כן, הקב"ה, שהוא טוב, ודאי עשה את הכול בדרך הטובה ביותר, ומדוע ישנה זאת האדם? והרי "את הכל עשה יפה בעתו"!

מַה יִּתְרוֹן הָעוֹשֶׂה בַּאֲשֶׁר הוּא עָמֵל. רָאִיתִי אֶת הָעִנְיָן אֲשֶׁר נָתַן אלוהים לִבְנֵי הָאָדָם לַעֲנוֹת בּוֹ. אֶת הַכֹּל עָשָׂה יָפֶה בְעִתּוֹ גַּם אֶת הָעֹלָם נָתַן בְּלִבָּם מִבְּלִי אֲשֶׁר לֹא יִמְצָא הָאָדָם אֶת הַמַּעֲשֶׂה אֲשֶׁר עָשָׂה הָאֱלֹהִים מֵרֹאשׁ וְעַד סוֹף (ג׳ ט-יא).

לכן לא נותר לאדם אלא ליהנות מן העולם שהקב"ה נתן לו, שהרי הקב"ה טוב ומטרתו להיטיב[16]. על האדם לשבת ולשמוח בטובה שנתן לו ה׳, לבטוח בו ולהודות לו, וכך ימלא את תפקידו כאדם בדרך הטובה ביותר. אין לו אלא לירוא מפני הקב"ה יראה פסיבית, ולהכיר לו טובה, ולשם כך ברא הקב"ה את עולמו.

יָדַעְתִּי כִּי אֵין טוֹב בָּם כִּי אִם לִשְׂמוֹחַ וְלַעֲשׂוֹת טוֹב בְּחַיָּיו. וְגַם כָּל הָאָדָם שֶׁיֹּאכַל וְשָׁתָה וְרָאָה טוֹב בְּכָל עֲמָלוֹ מַתַּת אֱלֹהִים הִיא יָדַעְתִּי

15. פירוש הפסוק "אין טוב באדם שיאכל ושתה והראה את נפשו טוב בעמלו" הוא לעניות דעתי: ׳אין טוב באדם **אלא** שיאכל ושתה׳, והוא משבח אכילה ושתייה זו.
16. השוו לדברי הרמח"ל, דרך ה׳ פרק א׳.

כִּי כָּל אֲשֶׁר יַעֲשֶׂה הָאֱלֹהִים הוּא יִהְיֶה לְעוֹלָם עָלָיו אֵין לְהוֹסִיף וּמִמֶּנּוּ אֵין לִגְרֹעַ וְהָאֱלֹהִים עָשָׂה שֶׁיִּרְאוּ מִלְּפָנָיו (שם יב-יד).

השקפה דומה מצאנו לכאורה[17] גם בחז"ל (שבת קנג ע"א):

אמר רבן יוחנן בן זכאי: משל למלך שזימן את עבדיו לסעודה ולא קבע להם זמן. פיקחין שבהן קישטו את עצמן וישבו על פתח בית המלך, אמרו: כלום חסר לבית המלך? טיפשין שבהן הלכו למלאכתן, אמרו: כלום יש סעודה בלא טורח? בפתאום ביקש המלך את עבדיו. פיקחין שבהן נכנסו לפניו כשהן מקושטין, והטיפשים נכנסו לפניו כשהן מלוכלכין. שמח המלך לקראת פיקחים וכעס לקראת טיפשים. אמר: הללו שקישטו את עצמן לסעודה - ישבו ויאכלו וישתו, הללו שלא קישטו עצמן לסעודה - יעמדו ויראו.

כלומר, אדם אינו צריך לטרוח בעבור סעודתו, אלא עליו להמתין להיות סמוך על שולחנו של המלך. תפקידו אינו אלא ליהנות, לאכול ולשתות. נוכל לחלק בין השקפתו של הנהנתן לדבריו של רבן יוחנן בן זכאי, אך נקצר כעת, ונסתפק בתירוץ השטחי והמוכר, שרבן יוחנן בן זכאי דיבר על התענוגות בעולם הבא, ואילו הנהנתן דנן מבקש את התענוגות בהאי עלמא.

אך עדיין נותר לאדם גם תפקיד פעיל בעולם, והוא ייסוד השפע שנתן הקב"ה על אדני הצדק והמשפט, וחלוקתו בין מוטביו בדרך הראויה. וכל עוד "מקום המשפט שמה הרשע, ומקום הצדק

17. נדגיש: 'לכאורה' בלבד! להערכתנו כוונת רבן יוחנן בן זכאי בנמשל היא לקישוט שמקשטים עבדי ה' את עצמם בתורה ובמעשים טובים ולא בקישוטי סרק בעלמא.

שמה הרשע" (ג' טז), איך ימלא האדם את תפקידו בעולם באכילה ובשתייה בלבד?

כאן הנהנתן הפסיבי מוצא פתרון: "את הצדיק ואת הרשע ישפוט האלהים... שָׁם" (שם יז), כלומר, בעולם האמת, הצדק והמשפט. ממילא עולמנו יכול להתנהל בלא צדק ובלא משפט, בביטחון שאלו יגיעו בבוא זמנם.

ננסח זאת בלשונו של קהלת:

לַכֹּל זְמָן וְעֵת לְכָל חֵפֶץ תַּחַת הַשָּׁמָיִם.

פסוק זה, שבתחילת דבריו, מתחלף מכוח "מקום המשפט שמה הרשע ומקום הצדק שמה הרשע":

כִּי עֵת לְכָל חֵפֶץ וְעַל כָּל הַמַּעֲשֶׂה שָׁם.

"שם", כלומר: מעל השמים, בעולם האמת, מחליף את "תחת השמים".

אך מסקנה זו מביאה להפרדה חדה בין עולם השקר הקיים כאן, "תחת השמים", שבו מקום המשפט והצדק "שמה הרשע", לבין עולם הצדקה והמשפט (העולם הבא) הנמצא "שם". עולם השקר והרשע מאבד באחת את כל חנו, והנאותיו ושמחותיו הופכות למעין שמחת הבהמה באוכל המצוי לה, שמחה שאין מאחוריה ערך אמתי. רוח האדם הופכת להיות דומה לרוח הבהמה ו"מקום אחד להם", ובטל מותרו מן הבהמה (ראו ג' יח-כא). השמחה המתוארת בסוף פרק ג' היא ביטוי של ייאוש בעולמו של הנהנתן, של שמחה והנאה ריקות וחלולות[18].

18. כאן עלינו להעיר על השקפת עולם זו, שבה האדם הוא נהנה בלבד, שהרי מטרת הטוב, הקב"ה, היא להיטיב עמו.
אדם שקיבל חינוך טוב יביט בדרך כלל בעין רעה על מי שההנאה היא מרכז

וְרָאִיתִי כִּי אֵין טוֹב מֵאֲשֶׁר יִשְׂמַח הָאָדָם בְּמַעֲשָׂיו כִּי הוּא חֶלְקוֹ כִּי מִי יְבִיאֶנּוּ לִרְאוֹת בְּמֶה שֶׁיִּהְיֶה אַחֲרָיו (ג׳ כב).

חייו, גם כשהיא עטופה באצטלה ׳דתית׳ של הבנת מטרת רצון ה׳ בעולם. אמנם כך משמע לכאורה בדברי הרמח״ל בספרו הטהור ׳מסילת ישרים׳ (פרק א׳):

> יסוד החסידות ושרש העבודה התמימה הוא שיתברר ויתאמת אצל האדם מה חובתו בעולמו ולמה צריך שישים מבטו ומגמתו בכל אשר הוא עמל כל ימי חייו. והנה מה שהורונו חכמינו זכרונם לברכה הוא שהאדם לא נברא אלא להתענג על ה׳ וליהנות מזיו שכינתו שזהו התענוג האמיתי והעידון הגדול מכל העידונים שיכולים להמצא.

הראי״ה קוק (אורות הקודש ג׳, מגמת העדן והטוב העליון, עמ׳ קנז) כבר הקשה על הרמח״ל מחושנו המוסרי, הנסלד מאהבת התענוג שבדברי הרמח״ל. המרפא שנותן לנו הרמח״ל, שמדובר בתענוג שבעולם הבא, אינו מרגיע. הראי״ה עונה בדרכו שלו, עיין שם.

אמנם פרק א׳ במעשה הבריאה אכן מותיר את האדם עם קבלת ברכתו של הקב״ה ועם המזון שהקב״ה מצווה עליו בעולם, ואינו נותן לו שום תפקיד בתיקון העולם. דווקא היצירה שבפרק ב׳, פרק גן העדן, נותנת לאדם תורה ומצוות ותפקיד בקיום גן העדן, לעובדה ולשומרה.

פרק א׳ מתאר על פי חז״ל את העולם הנברא במידת הדין. כמארח טוב הקב״ה מזמן בו את האדם לסעודה שערך לכבודו. האדם מקבל את טובו של הקב״ה, אך כאורח טוב אסור לו לערער במשהו על מה שהמארח נתן לו. אוי לו לאורח שינסה לחטוף משהו ממנת חברו, מוזמן אחר לסעודה, או שיתלונן או יחמיץ פנים על שמנת העוף שקיבל חברו גדולה יותר. אוי לו לאורח שיעיר למארח שצבע המפיות אינו תואם את צבע מפת השולחן או שהמנה השנייה מוגשת באיחור. אורח כזה ימצא עצמו, בצדק גמור, מושלך מן הסעודה מכל המדרגות, שהרי לא שילם בעד סעודתו, וכולה טובה שבעל הבית עושה עמו.

זוהי מידת הדין! על האדם לקבל את דינו של הקב״ה בלא ערעור.

בין אבותינו הקדושים מייצג יצחק את הופעת מידת הדין. הוא אכן פשט את צווארו בלא כל ערעור בהר המוריה. הוא קיבל עליו את הדין גם בעת שהפלשתים גירשוהו ממקום למקום. בעת שהתבררה לו התרמית שרימוהו אשתו ובנו בעת הענקת הברכות, אמר ״גם ברוך יהיה״, וקיבל עליו את הדין. לכן, ובצדק, היה עולמו הרוחני מורכב מסעודה דשנה של בשר ויין, ועליהם חלה ברכתו לבנו. על הנהנתן מכוח אמונתו בה׳, וכפי שמציג הנהנתן את עצמו בחלק הראשון של פרקנו, לקבל את דינו של הקב״ה בלא כל ערעור. האם אנו מסוגלים לכך?

בעקבות ייאושו, הנהנתן מצטרף אל העמל (סוף פרק ה' ותחילת פרק ו') ומנסה ליצור צירוף מנצח של עמל והנאה. הצירוף נכשל. בניתוח צירוף זה נעסוק להלן בפרק על העמל. הנהנתן נעלם מן הדיון לפרק זמן ארוך, ושב לקראת סוף הספר, בסוף פרק ח' ובהמשכו בפרק ט' בנאומו האחרון, עם עמדה חדשה כלפי היחס בין שני העולמות.

מסקנת הייאוש של הנהנתן

בנאומו האחרון הנהנתן מקבע הנחת יסוד של חוסר צדק בעולם כלפי הצדיק והרשע ודוחה את פתרונו הקודם, הפתרון "שם", בעולם הבא. הוא אינו מאמין עוד בעולם שאחר המוות, ו"מקרה אחד לצדיק ולרשע" ו"אין מעשה וחשבון ודעת וחכמה בשאול אשר אתה הולך שמה".

> הַכֹּל כַּאֲשֶׁר לַכֹּל מִקְרֶה אֶחָד לַצַּדִּיק וְלָרָשָׁע לַטּוֹב וְלַטָּהוֹר וְלַטָּמֵא וְלַזֹּבֵחַ וְלַאֲשֶׁר אֵינֶנּוּ זֹבֵחַ כַּטּוֹב כַּחֹטֶא הַנִּשְׁבָּע כַּאֲשֶׁר שְׁבוּעָה יָרֵא (ט' ב).

ושוב:

> כִּי אֵין מַעֲשֶׂה וְחֶשְׁבּוֹן וְדַעַת וְחָכְמָה בִּשְׁאוֹל אֲשֶׁר אַתָּה הֹלֵךְ שָׁמָּה (שם י).

לא נותר לאדם לעשות דבר, אלא לתפוס פיסת חיים אחרונה לפני מותו, לפני החידלון הגמור, שאין אחריו דבר:

> כִּי מִי אֲשֶׁר (יבחר) [יְחֻבַּר] אֶל כָּל הַחַיִּים יֵשׁ בִּטָּחוֹן כִּי לְכֶלֶב חַי הוּא טוֹב מִן הָאַרְיֵה הַמֵּת. כִּי הַחַיִּים יוֹדְעִים שֶׁיָּמֻתוּ וְהַמֵּתִים אֵינָם יוֹדְעִים מְאוּמָה וְאֵין עוֹד לָהֶם שָׂכָר כִּי נִשְׁכַּח זִכְרָם. גַּם

אַהֲבָתָם גַּם שִׂנְאָתָם גַּם קִנְאָתָם כְּבָר אָבָדָה וְחֵלֶק אֵין לָהֶם עוֹד לְעוֹלָם בְּכֹל אֲשֶׁר נַעֲשָׂה תַּחַת הַשָּׁמֶשׁ (שם ד-ו).

וכשאין צדק - אין תכלית של אמת, ונותרת ההנאה הזמנית של "אכל ושתה כי מחר נמות"[19] ושל תפוס כפי יכולתך.

לֵךְ אֱכֹל בְּשִׂמְחָה לַחְמֶךָ וּשְׁתֵה בְלֶב טוֹב יֵינֶךָ כִּי כְבָר רָצָה הָאֱלֹהִים אֶת מַעֲשֶׂיךָ. בְּכָל עֵת יִהְיוּ בְגָדֶיךָ לְבָנִים וְשֶׁמֶן עַל רֹאשְׁךָ אַל יֶחְסָר. רְאֵה חַיִּים עִם אִשָּׁה אֲשֶׁר אָהַבְתָּ כָּל יְמֵי חַיֵּי הֶבְלֶךָ אֲשֶׁר נָתַן לְךָ תַּחַת הַשֶּׁמֶשׁ כֹּל יְמֵי הֶבְלֶךָ כִּי הוּא חֶלְקְךָ בַּחַיִּים וּבַעֲמָלְךָ אֲשֶׁר אַתָּה עָמֵל תַּחַת הַשָּׁמֶשׁ. כֹּל אֲשֶׁר תִּמְצָא יָדְךָ לַעֲשׂוֹת בְּכֹחֲךָ עֲשֵׂה (שם ז-י).

זה ייאוש גמור, שבו "בכל עת יהיו בגדיך לבנים" מתפרש גם על המוות הקרוב והתכריכים וגם על בגדי חגיגה ושמחה זמנית כל עוד אפשר.

בפרק ז' (א-ח, יבואר להלן בדברי החכם) טען החכם נגד הנהנתן שהוא מנסה להתעלם מן המוות האורב לו. זיכרון יום המוות אמור להשבית את ההנאות הזולות הממלאות את חייו של הנהנתן. על כך עונה הנהנתן לקראת סוף נאומו:

כִּי גַּם לֹא יֵדַע הָאָדָם אֶת עִתּוֹ כַּדָּגִים שֶׁנֶּאֱחָזִים בִּמְצוֹדָה רָעָה וְכַצִּפֳּרִים הָאֲחֻזוֹת בַּפָּח כָּהֵם יוּקָשִׁים בְּנֵי הָאָדָם לְעֵת רָעָה כְּשֶׁתִּפּוֹל עֲלֵיהֶם פִּתְאֹם (שם יב).

19. ראו ישעיהו כ"ב יג.

כלומר, אל לו לאדם לעסוק במופלא ממנו, ביום המוות, שאין האדם יודע כלל מתי יבוא. בכך צודק הנהנתן. אך הוא מתעלם מן הוודאות שהמוות אכן בוא יבוא, גם אם לא נדע מתי.

הנהנתן מסיים ב"עיר קטנה ואנשים בה מעט" ובטענה שאין ערך לחכמה כשהיא חכמת המסכן, משום שאדם לא זכר את האיש המסכן ההוא. ואם החכמה טובה מן הגבורה, עדיין עושרו של הנהנתן עדיף מכולם.

עיקרי השקפת עולמו של העמל

הֶעָמֵל הוא היכולת להטביע באמצעות עבודה קשה חותם (אישי) על העולם ולתקנו. תיקון העולם עשוי להיות בעניינים חומריים, כהפרחת שדות וכרמים ובניית בתים (בעיקר בפרק ב'). הוא עשוי להיות גם תיקון החברה בענייני צדקה ומשפט (בפרק ד'), המטרידים מאוד את קהלת. העמל אמור להביא גם לצבירת רכוש, ואז תעלה השאלה: לשם מה? הרכוש עשוי להעניק חיי הנאה למי שמנצל אותו לשם כך (מחציתו השנייה של פרק ה' ומחציתו הראשונה של פרק ו'). צבירת הרכוש יכולה להביא גם לסיפוק עצמי, שמחמתו מחזיק האדם ברכוש שצבר כתעודה לכוחו ולעוצם ידו, והוא מעבירו בעת מותו לבנו, המצווה: "להקים שם המת על נחלתו" ולהמשיך את המפעל שאביו־מורישו יסד.

העמֵל המוצג בספר ניסה את כל דרכי העמָל ואת כל פירות העמל, וכעמיתו הנהנתן, שהוצג לעיל, יצא אף הוא מאוכזב ממפעלו. בפרק ב' הוא מתאר את מעשיו שהגדיל בהם ("הגדלתי מעשי"). אך כשם שהמוות הקרב גרם לייאושו מן החכמה (ראה בפרק הבא), כך הוא גרם לייאושו ממפעלי עמלו.

וְשָׂנֵאתִי אֲנִי אֶת כָּל עֲמָלִי שֶׁאֲנִי עָמֵל תַּחַת הַשָּׁמֶשׁ שֶׁאַנִּיחֶנּוּ לָאָדָם שֶׁיִּהְיֶה אַחֲרָי. וּמִי יוֹדֵעַ הֶחָכָם יִהְיֶה אוֹ סָכָל וְיִשְׁלַט בְּכָל עֲמָלִי שֶׁעָמַלְתִּי וְשֶׁחָכַמְתִּי תַּחַת הַשָּׁמֶשׁ גַּם זֶה הָבֶל. וְסַבּוֹתִי אֲנִי לְיַאֵשׁ אֶת לִבִּי עַל כָּל הֶעָמָל שֶׁעָמַלְתִּי תַּחַת הַשָּׁמֶשׁ. כִּי יֵשׁ אָדָם שֶׁעֲמָלוֹ בְּחָכְמָה וּבְדַעַת וּבְכִשְׁרוֹן וּלְאָדָם שֶׁלֹּא עָמַל בּוֹ יִתְּנֶנּוּ חֶלְקוֹ גַּם זֶה הֶבֶל וְרָעָה רַבָּה (ב' יח-כ).

בתסכולו של העמל בפרק ב' עסקנו בהרחבה לעיל, וכאן נעסוק בדבריו סביב 'השולחן העגול' מול חבריו.

בפרק ד', בנאומו הארוך והעיקרי, העמל עובר לתיקון כלל החברה. הוא אינו מקבל את עמדת הנהנתן, ש"את הצדיק ואת הרשע ישפוט האלוהים". דמעת העשוקים ממררת את טעם חייו, וטוב לו מותו או אי־היוולדו (פסוקים א-ג).

הוא פוסל את גישתו הקודמת, את עמלו לשם הטבעת חותמו האישי וצבירת רכוש לשמה, שהרי עמל זה - אין בו הנאה, שאינו אלא "קנאת איש מרעהו" (פסוק ד). הוא שב ופוסל את רעיון הטרחה לשם הירושה, שהרי יש מי שאין לו יורשים (פסוק ח). הוא מציע אפוא הקמת חברה קואופרטיבית (משהו דמוי הקיבוץ המיתולוגי), שבה "טובים השנים מן האחד... והחוט המשולש לא במהרה ינתק" (פסוקים ט-יב). בחברה כזו אין קנאה, ותמיד יש למי להוריש. האנשים תומכים זה בזה, והיא עשויה להיות גם פתרון לשאלות הצדק והמשפט.

אך מי ינהיג אותה? אולי הוא, שלמה? אך אין הוא אלא "מלך זקן וכסיל שלא ידע להזהר עוד" (פסוק יג), וכמוכח מפרשת נשיו שהיטו את לבבו, מהדד האדומי שקרע את הנגב מממלכתו ומרזון בן אלידע שקרע את ארם הכבושה מממלכתו (ראה מלכים-א י"א).

האם את הממלכה ינהיג הילד המסכן והחכם שיצא מבית האסורים לאחר שמרד (פסוקים יג-יד), ירבעם בן נבט, בן האלמנה משבט אפרים? אך קהלת צופה את החיים תחת הנהגתו של "הילד השני אשר יעמד תחתיו" (פסוק טו, ירבעם, כאמור), ורואה ש"גם האחרונים לא ישמחו בו" (פסוק טז), וכפי שאכן קרה לירבעם, שהמיט על ממלכתו אסון אחר אסון (ראו בעיקר דברי־הימים-ב י"ג, על תבוסתו הקשה לאביה בן רחבעם ועל מספר הרוגיו העצום, ואת רשימת עשרים ושתיים הערים שכבש שישק מירבעם בכתובת שישק בכרנך, ואכמ"ל). כאן באכזבתו, העמל מפנה את הזירה ואת רשות הדיבור לירא האלוהים, והוא שב ומדבר אחריו את נאומו האחרון (ה' יב - ו' ו).

ירא האלוהים (ד' יז - ה' יא) עתיד לטעון, ועוד נעמוד על כך, שהעָמָל, שהופך בלשונו ל'עבודה' (ה' ח, יא), הוא ערכי וחשוב גם בלא תוצאותיו[20]. העָמֵל טוען לעומתו שאם יאבד פרי עמלו, ולא יזכה להוריש את הונו לבנו, יש בדבר עוול בלתי נסלח. כאן הוא מגיע למסקנתו האחרונה, שיש לאכול וליהנות מפרי העמל, ולא להמתין עמו לימים רחוקים ועד להורשתו, שמא ייאבד בצוק העתים. העמל חובר לנהנתן, ושניהם מדברים בשפה משותפת נגד ירא האלוהים:

הִנֵּה אֲשֶׁר רָאִיתִי אָנִי טוֹב אֲשֶׁר יָפֶה לֶאֱכוֹל וְלִשְׁתּוֹת וְלִרְאוֹת טוֹבָה בְּכָל עֲמָלוֹ שֶׁיַּעֲמֹל תַּחַת הַשֶּׁמֶשׁ מִסְפַּר יְמֵי (חיו) [חַיָּיו] אֲשֶׁר נָתַן לוֹ הָאֱלֹהִים כִּי הוּא חֶלְקוֹ. גַּם כָּל הָאָדָם אֲשֶׁר נָתַן לוֹ

20. יש מקום לתהות על ה'מקריות' על שגם בדורותינו המילה 'עמל' ייצגה את ההסתדרות החילונית (המנון האינטרנציונל, רשת החינוך הארצית של ההסתדרות על כל שלוחותיה, השכונה 'גבעת עמל' ועוד) והמילה 'עבודה' ייצגה את תנועת 'בני עקיבא' בסיסמה 'תורה ועבודה'.

> הָאֱלֹהִים עֹשֶׁר וּנְכָסִים וְהִשְׁלִיטוֹ לֶאֱכֹל מִמֶּנּוּ וְלָשֵׂאת אֶת חֶלְקוֹ וְלִשְׂמֹחַ בַּעֲמָלוֹ זֹה מַתַּת אֱלֹהִים הִיא. כִּי לֹא הַרְבֵּה יִזְכֹּר אֶת יְמֵי חַיָּיו כִּי הָאֱלֹהִים מַעֲנֶה בְּשִׂמְחַת לִבּוֹ (ה׳ יז-יט).

כלומר, עמל קצר ימים וקצר פירות, עמל שהנאתו בצדו, הוא הפרי העלוב משהו, שאליו יכול האדם לשאוף בעולמנו המוגבל, אליו ותו לא!

מסקנת הייאוש של העמל

אך הנה מתברר שלעתים אף עמל זה אינו מתקיים והאדם אינו זוכה ליהנות מפרי עמלו:

> יֵשׁ רָעָה אֲשֶׁר רָאִיתִי תַּחַת הַשָּׁמֶשׁ וְרַבָּה הִיא עַל הָאָדָם. אִישׁ אֲשֶׁר יִתֶּן לוֹ הָאֱלֹהִים עֹשֶׁר וּנְכָסִים וְכָבוֹד וְאֵינֶנּוּ חָסֵר לְנַפְשׁוֹ מִכֹּל אֲשֶׁר יִתְאַוֶּה וְלֹא יַשְׁלִיטֶנּוּ הָאֱלֹהִים לֶאֱכֹל מִמֶּנּוּ כִּי אִישׁ נָכְרִי יֹאכְלֶנּוּ זֶה הֶבֶל וָחֳלִי רָע הוּא (ו׳ א-ב).

לפיכך העמל מסיק מסקנה מיואשת ממפעל חייו:

> אָמַרְתִּי טוֹב מִמֶּנּוּ הַנָּפֶל. כִּי בַהֶבֶל בָּא וּבַחֹשֶׁךְ יֵלֵךְ וּבַחֹשֶׁךְ שְׁמוֹ יְכֻסֶּה. גַּם שֶׁמֶשׁ לֹא רָאָה וְלֹא יָדָע נַחַת לָזֶה מִזֶּה (שם ג-ד).

והיא ממש כראשית דבריו בפרק ד׳:

> וְטוֹב מִשְּׁנֵיהֶם אֵת אֲשֶׁר עֲדֶן לֹא הָיָה אֲשֶׁר לֹא רָאָה אֶת הַמַּעֲשֶׂה הָרָע אֲשֶׁר נַעֲשָׂה תַּחַת הַשָּׁמֶשׁ (ד׳ ג).

״כל עמל האדם אל פיהו וגם הנפש לא תמלא״, אין לעמל תוחלת בעולם, לא עם הנהנתן ולא בלעדיו. העמל יורד מן הזירה מובס,

ומפנה את מקומו בחציו השני של הספר לחכם. החל מפרק ז׳, יתעמת החכם (במקום העמל) עם הנהנתן ועם ירא האלוהים.

עיקרי השקפת עולמו של החכם

החכם מתחיל את דבריו לדעתנו בו׳ ז, ביתרונו של החכם על הנהנתן[21].

בפרק ז׳ (א-כב) החכם בנאומו הראשון מתעמת עם שלושת קודמיו, עם הנהנתן (א-ח1), עם העמל (ח2-יד) ועם ירא האלוהים (טו-כב).

החכם טוען כלפי הנהנתן שברצותו לנצל את ההווה בלבד, הנהנתן אינו מביא בחשבון את יום המוות הממתין לו מעבר לפינה. לכן, השם הטוב המלווה את האדם אל קבורתו עדיף מן השמן שסכים אותו ביום לידתו (פסוק א). וכן טוב יום המוות מיום היוולדו (שם). בית האבל עדיף מבית המשתה על לידתו של התינוק, והאחרית עדיפה מן הראשית (פסוקים ב, ח). עדיפותה של האחרית מן הראשית היא משום שהיא האמת ואין בה אשליה. שהרי תקוות הראשית עתידות להתנפץ אל סלעיה הקודרים של האחרית, של המוות ושל האבל. לכן, עדיפה גערת החכם משירם השמח של הכסילים: הנהנתנים (פסוק ה). גם המתנות המורעפות על ראש התינוק הנולד בעת המשתה מאבדות את הלב (פסוק ז). הקוצים, הסירים הבוערים תחת סיר התבשיל, מרעישים בעת שריפתם בקול עליז. אך כעבור

21. בעיקר פסוקים ח-ט: ״כִּי מַה יּוֹתֵר לֶחָכָם מִן הַכְּסִיל מַה לֶּעָנִי יוֹדֵעַ לַהֲלֹךְ נֶגֶד הַחַיִּים. טוֹב מַרְאֵה עֵינַיִם מֵהֲלָךְ נָפֶשׁ״. העני היודע הוא החכם. ״החיים״ הם חיי הנהנתנות. ״מראה עיניים״ הוא החכמה, ולעיל כשפירטנו את הדמויות שבקהלת קשרנו את מראה העיניים לחכם שעיניו בראשו. ״הלך נפש״ הוא התאווה, כליו של הנהנתן.

שניות ספורות הם כלים ואינם (פסוק ו). החכם רואה את הנולד. אך כאן הנולד אינו התינוק הבא אל העולם במשתה ושמחה. הנולד הוא המוות הקודר, והוא המכתיב את צעדיו ואת עולמו של החכם.

נוסיף לדברי החכם כלפי הנהנתן בפרק ז׳ גם את דבריו עמו בוויכוח האחרון, שבסוף פרק ט׳ ותחילת פרק י׳. הנהנתן הכיר שם בחשיבות החכמה, שהרי איש חכם מילט את העיר בחכמתו מידי המלך שצר עליה (ט׳ יג-טו). אך הוא טען ש"חכמת המסכן בזויה ודבריו אינם נשמעים" (ט׳ טז). ולכן "אדם לא זכר את האיש המסכן ההוא" (ט׳ טו). כלומר, עצמת הכסף, המאפשר חיים טובים, עדיפה על חכמת המסכן. החכם עונה לו על כך:

> דִּבְרֵי חֲכָמִים בְּנַחַת נִשְׁמָעִים מִזַּעֲקַת מוֹשֵׁל בַּכְּסִילִים (ט׳ יז).

כלומר, אף שדברי החכם המסכן נאמרים בשקט (בנחת), משום שמחמת מסכנותו ועוניו אין לו מגבירי קול, דבריו השקטים נשמעים יותר מדברי הנהנתן, המושל בכסילים, הדובר בצעקה רמה. ובלשוננו: הקול החיצוני נשמע היטב, אך הוא אינו משפיע לטווח ארוך. הקול השקט של המסכן, בלא הדרה של החיצוניות, נשמע חרישי ואינו משפיע מיד, אך הוא משפיע יותר בצד הפנימי ולטווח הארוך. בהמשך עוד יאמר החכם לנהנתן, הכסיל:

> טוֹבָה חָכְמָה מִכְּלֵי קְרָב וְחוֹטֶא אֶחָד יְאַבֵּד טוֹבָה הַרְבֵּה. זְבוּבֵי מָוֶת יַבְאִישׁ יַבִּיעַ שֶׁמֶן רוֹקֵחַ יָקָר מֵחָכְמָה מִכָּבוֹד סִכְלוּת מְעָט (ט׳ יח - י׳ א).

תועלתו של החכם נופלת אל מול שטות אחת שעושה הכסיל, כשם שקל לזרוק אבן יקרה אל פי באר מים עמוקה מאשר לחלצה מן

הבאה. לכן זבוב אחד הורס כד מלא שמן רוקח, ומעט סכלות יקרה וכבדה מחכמה רבה.

הוויכוח עם העמל

נשוב לנאומו של החכם בפרק ז׳, ונעבור לחלקו השני (ח2-יד). שם החכם ממשיך ותוקף גם את העמל. העמל הוא מי ש"כל ימיו מכאובים, גם בלילה לא שכב לבו" (ב׳ כג). הוא כעוס וקצר רוח בשל עמלו ובשל דאגתו. הוא חש שתיקון העולם מונח על כתפיו. אין לו עניין בניצול העולם להנאתו כנהנתן, אין לו גם עניין בהתבוננות על העולם מן הצד, כאילו העולם אינו שייך לו ואינו חלק מאישיותו. וכפי שעושה החכם. הוא גם אינו דומה לירא האלוהים, שעוד נדון בו, הסומך על תיקון העולם של אלוהיו. הוא מקבל אחריות אישית על תיקון העולם ותיקון החברה, וכיוון שהעולם אינו מתוקן (בשל שגיאותיהם של האחרים, כמובן), הוא כועס. העמל הוא גם גבה רוח, שהרי אם האחריות עליו, הרי גם כוחו ועוצם ידו עשו את החיל הזה.

לעומתו, החכם הוא ארך רוח, אינו גבה רוח ואינו כועס (ראו ז׳ ט-י). הוא רואה מול עיניו את המוות הקרב, וכפי שתואר לעיל, והרי בעולם אין חיסרון גדול מן המוות. המוות גם אינו בשליטת האדם. כלומר, על האדם להשלים עם העובדה שהעולם שברא הקב"ה הוא עולם חסר. ואם עליו להשלים עם המוות, ודאי יוכל להשלים גם עם שאר החסרונות שבעולם, להיות יותר ארך רוח ולא לכעוס.

סבלנותו של החכם לעולם החסר מטבעו באה לידי ביטוי גם בקבלת ימים אלו כפי שהם בלא להתגעגע לימים טובים יותר:

אַל תֹּאמַר מֶה הָיָה שֶׁהַיָּמִים הָרִאשֹׁנִים הָיוּ טוֹבִים מֵאֵלֶּה כִּי לֹא מֵחָכְמָה שָׁאַלְתָּ עַל זֶה (ז׳ י).

בשני פסוקים הוא מתייחס לנחלתו של העמל ולכספו, וטוען שהחכמה עדיפה עליהם:

טוֹבָה חָכְמָה עִם נַחֲלָה וְיֹתֵר לְרֹאֵי הַשָּׁמֶשׁ (יא).

כלומר, עדיפה חכמה עם נחלה. אך יש יתרון ('ויֹתר') לחכמים ('רֹאי השמש'. בקהלת האור, השמש והראייה הם ביטויים לחכמה). ושוב:

כִּי בְּצֵל הַחָכְמָה בְּצֵל הַכָּסֶף וְיִתְרוֹן דַּעַת הַחָכְמָה תְּחַיֶּה בְעָלֶיהָ (יב).

עדיף לשבת בצלם של עץ הדעת ושל עץ הכסף והשפע החומרי כאחד. אך היתרון הוא של עץ הדעת והחכמה.

החכם מסיים את הפולמוס עם העמל בצורך לקבל את מעשה האלוהים גם אם הוא מעוות, משום שאין בכוח האדם לתקן את עיוותיו של האלוהים, וכך תתקיים מגמתו של האלוהים, שלא ימצא האדם אחריו מאומה, שהרי הקב"ה עשה את זה לעומת זה, ונתן לנו גם את הטוב וגם את הרע. ולכן:

בְּיוֹם טוֹבָה הֱיֵה בְטוֹב, וּבְיוֹם רָעָה רְאֵה (יד).

הלשון הנופל על לשון "וּבְיוֹם רָעָה רְאֵה" פירושו: ביום טובה תוכל לשמוח. ביום רעה תהיה חכם (נזכיר שוב ש'ראייה' בקהלת היא ביטוי לחכמה), ותדע להשלים עם החיסרון ולקבלו בסבלנות ובלא כעס.

הוויכוח עם ירא האלוהים

החכם ממשיך ומתפלמס עם ירא האלוהים, התמים, הסבור שכל מה שברא הקב"ה - לטובה בראו (פסוקים טו-כב). הפולמוס עובר לבעיית הגמול שהקב"ה גומל לצדיקים ולרשעים. החכם מתאר

שלעתים הצדיק אובד בצדקו והרשע מאריך ברעתו (פסוק טו). שוב, ההתבוננות במוות כגורם מכונן בעולם מביאה את החכם להשלים עם החיסרון, וגם עם חסרונות הנהגת הקב"ה את העולם. ובלשון קצרה: בעולם החסר שלנו, לא תמיד הקב"ה צודק במשפטו.

העולה ממשפט קשה זה הוא שאין סיבה להיות צדיק הרבה, משום שהצדקות בלא הגמול הראוי ובשל החשש שהצדיק יאבד בצדקו עלולה לגרום לאכזבה קשה:

אַל תְּהִי צַדִּיק הַרְבֵּה וְאַל תִּתְחַכַּם יוֹתֵר, לָמָּה תִּשּׁוֹמֵם? (טז).

מצד שני, ודאי שאין סיבה להיות רשע. הרשעה עלולה לרדוף את החוטא ולקצר את ימיו גם על פי כללי החכמה הנוהגים בעולם, ובלא לשלב את התערבותו של הקב"ה (פסוק יז). לכן כדאי להיות בינוני, ולכוון את הרשעה ואת הצדק לפי המתבקש מן התנאים המזדמנים. לכן:

טוֹב אֲשֶׁר תֶּאֱחֹז בָּזֶה וְגַם מִזֶּה אַל תַּנַּח אֶת יָדֶךָ (יח).

והכוונה: פנייה לירא האלוהים לאחוז גם בצדקות וגם ברשעה, ולהשתמש בשתיהן לפי שיקולי הכדאיות.

הוא ממשיך וטוען שהחכמה תעוז לחכם, ועדיפה מכל דרך אחרת (פסוק יט), משום שגם הצדקות אינה צדקות, והיא שואפת לבינוניות, שהרי "אדם אין צדיק בארץ אשר יעשה טוב ולא יחטא" (פסוק כ).

החכם מסיים את דבריו בעצה טובה למתנהגים בדרך הצדקות:

גַּם לְכָל הַדְּבָרִים אֲשֶׁר יְדַבֵּרוּ אַל תִּתֵּן לִבֶּךָ אֲשֶׁר לֹא תִשְׁמַע אֶת עַבְדְּךָ מְקַלְלֶךָ. כִּי גַּם פְּעָמִים רַבּוֹת יָדַע לִבֶּךָ אֲשֶׁר גַּם (את) [אַתָּה] קִלַּלְתָּ אֲחֵרִים (כא-כב).

כלומר: אל תצטער ואל תיקח ללב כשמאן דהו יפגע בך, יעליב אותך, יקלל אותך, ישמיץ אותך או יבגוד בך. שהרי אם אינך צדיק גמור, ואם נהגת על פי עצת החכם, לאחוז גם בצדקות וגם ברשעה, אתה יודע שגם אתה לעתים מקלל אחרים, ושזו דרכו של עולם. ומדוע תצטער כשאחר עשה זאת לך?

לסיכום טענות החכם בנאום זה: המוות כגורם מכונן בתודעתו של החכם מביאו להשלים עם החיסרון בעולם. הוא מעדיף את יום האבל ויום הקבורה על אשליות השמחה של הנהנתן. הוא מעדיף את הסבלנות כלפי החסרונות על קֹוצר רוחו של העמל ושאיפת השלמות שלו. הוא מעדיף את הבינוניות בהתנהגות ובצדקות על עבודת ה׳ בלא תנאי והאמונה התמימה של ירא האלוהים, שהרי גם הקב״ה ׳טועה׳ לעתים בעולמו החסר. דרכו של החכם היא ההשלמה עם החיסרון, המאפשרת לו את שלוות הרוח עד יום מותו.

שאלת הגמול אצל החכם

לחכם יש עוד שני נאומים במחציתו השנייה של הספר: הוויכוח עם ירא האלוהים במחציתו הראשונה של פרק ח׳ (א-יג), ונאום הסיכום המיואש בפרק י׳.

בוויכוח עם ירא האלוהים בפרק ח׳ דבריו קצרים, והם מתייחסים לשאלת הגמול העולה שם. אנו נתייחס אליה בהרחבה בניתוח נאומו של ירא האלוהים. החכם, המבקר את השגחתו של הקב״ה בעולם בשאלת הגמול, טוען שלא די שהצדק ייעשה (בעתיד הרחוק או בעולם הבא). עליו גם להיראות (בעולמנו, ובטווח הנראה לעין)! שהרי אחת ממטרות הגמול, מלבד בקשת הצדק באשר הוא, היא להרתיע את הרשע ממעשיו הרעים. ואם הגמול רחוק ונסתר - לא יירא הרשע מלהרשיע לעשות.

וּבְכֵן רָאִיתִי רְשָׁעִים קְבֻרִים וָבָאוּ וּמִמְּקוֹם קָדוֹשׁ יְהַלֵּכוּ וְיִשְׁתַּכְּחוּ בָעִיר אֲשֶׁר כֵּן עָשׂוּ גַּם זֶה הָבֶל (ח׳ י).

ירא האלוהים טען שהרשע לא יימלט ממותו (נעמוד על טענתו וביאורה בפרק הבא) וממשפטו לפני האלוהים. החכם עונה לו בלעג שכבר ראה את הרשעים יוצאים חיים מקבריהם ומגיעים העירה ועושים בה את מעשי רשעותם. אין זו תחיית המתים לרשעים. זהו לעג הטוען כלפי ירא האלוהים שהרשעים כלל לא מתו. הם חיים ובועטים! עוד הוא טוען ישירות שאם העונש מאת ה׳ אינו מגיע מיד, ימשיכו הרשעים ברשעותם וידכאו את העולם, החפץ במעט צדק:

אֲשֶׁר אֵין נַעֲשָׂה פִתְגָם מַעֲשֵׂה הָרָעָה מְהֵרָה עַל כֵּן מָלֵא לֵב בְּנֵי הָאָדָם בָּהֶם לַעֲשׂוֹת רָע. אֲשֶׁר חֹטֶא עֹשֶׂה רָע מְאַת וּמַאֲרִיךְ לוֹ... (יא-יב)

דבריו נקטעים בשלב מסוים על ידי בר־הפלוגתא שלו, ירא האלוהים, ולכן המשפט האחרון אינו שלם.

מסקנת הייאוש של החכם

כאמור לעיל, את נאומו האחרון בפרק י׳ החכם מתחיל בפולמוס עם הנהנתן בשאלת כוח ההשפעה של החכם על האירועים לעומת כוח השפעתו של ה"מושל בכסילים", הנהנתן. הוא ממשיך ביכולתו לרצות כל שליט, ולהציל בכך את העיר. ועדיין התמיהה לא זזה ממקומה: איך הטובה הרבה שהחכם משפיע על עירו אינה מוכרת? האומנם צדק הנהנתן כשטען ש"חכמת המסכן בזויה ודבריו אינם נשמעים"?

יתר על כן: לחכם יש דרכים רבות להציל את העיר בעת

המלחמה, ולא רק הדיפלומטיה השקטה (ואולי החנופה) שנקט בה בעת שמילט את העיר בחכמתו (ט׳ טו, י׳ ד) מן המלך הגדול הצר על העיר. הוא מסוגל להכשיר את נשק הברזל למלחמה (י׳ י). הוא היודע איך לבקוע את העצים, להסיע את האבנים ולהניחם היטב כדי לבנות את מתרסי ההגנה (י׳ ט), וכן איך לחפור את שוחות ההגנה ואיך לפרוץ את הגדרות הנצרכות לכך בעת המלחמה בלא להסתכן סיכון מיותר מפני נפילה ונחשים, או מבלי להיפגע מקהות הברזל שתביא לנפילת העץ הנחטב על חוטב העצים (י׳ ח–יא). זאת, בעוד שהכסיל הנהנתן אף אינו יודע את הדרך אל העיר הזקוקה לעזרה (י׳ טו), ואף בכך הוא זקוק לעצתו ולניווטו של החכם.

נשוב אפוא לשאלה המנסרת בחלל הפרק: איך הטובה הרבה שהחכם משפיע על עירו ומגן עליה מפני צר אינה מביאה להכרה בחשיבותו? תשובתו העגומה של החכם היא:

יֵשׁ רָעָה רָאִיתִי תַּחַת הַשָּׁמֶשׁ כִּשְׁגָגָה שֶׁיֹּצָא מִלִּפְנֵי הַשַּׁלִּיט. נִתַּן הַסֶּכֶל בַּמְּרוֹמִים רַבִּים וַעֲשִׁירִים בַּשֵּׁפֶל יֵשֵׁבוּ. רָאִיתִי עֲבָדִים עַל סוּסִים וְשָׂרִים הֹלְכִים כַּעֲבָדִים עַל הָאָרֶץ (י׳ ה–ז).

נראה שהשליט בפסוקים אלו הוא הקב״ה עצמו, ולפנינו עוד ׳טעות׳ שעשה בהנהגת עולמו. כשם ש״יש צדיק אובד בצדקו ויש רשע מאריך ברעתו״ (ז׳ טו) - כך החכמים, הראויים לשלטון, הולכים כעבדים על הארץ. הראויים להיות עשירים יושבים בשפל, ואילו ה׳מושל בכסילים׳ (ט׳ יז) מקבל את הכבוד, את השלטון ואת ה׳סוס׳. וכל זה הוא ״כשגגה שיֹצא מלפני השליט״. החכם ימשיך ויספיד את ההחמצה במינוי השליט הלא־ראוי:

אִי לָךְ אֶרֶץ שֶׁמַּלְכֵּךְ נָעַר וְשָׂרַיִךְ בַּבֹּקֶר יֹאכֵלוּ. אַשְׁרֵיךְ אֶרֶץ שֶׁמַּלְכֵּךְ בֶּן חוֹרִים וְשָׂרַיִךְ בָּעֵת יֹאכֵלוּ בִּגְבוּרָה וְלֹא בַשְּׁתִי.

> בַּעֲצַלְתַּיִם יִמַּךְ הַמְּקָרֶה וּבְשִׁפְלוּת יָדַיִם יִדְלֹף הַבָּיִת. לִשְׂחוֹק עֹשִׂים לֶחֶם וְיַיִן יְשַׂמַּח חַיִּים וְהַכֶּסֶף יַעֲנֶה אֶת הַכֹּל (י׳ טז-יט).

אילו החכם, ׳בן החורים׳, היה מולך, היו השרים אוכלים רק לאחר עבודתם. תקרת הבית לא הייתה נבנית בידי מהנדס עצל, היא לא הייתה מתמוטטת והבית לא היה דולף. אך כשהמלך הוא כסיל ו׳נער׳, השרים פותחים את יומם בסעודה ובשתיית יין, ״והכסף יענה את הכל״, הבית מתמוטט, הממלכה מתמוטטת, העולם מתמוטט. מדוע אפוא החכם לא קיבל את שכרו ואת הכבוד הראוי לו?

בפרק ז׳ (טו-כב), בעת הפולמוס עם ירא האלוהים, התייחס החכם לעיוותים בהשגחה האלוהית על הצדיק בשלווה פילוסופית, בסבלנות ובהבנה, ויעץ לירא האלוהים לעזוב את דרכו. כשדבר דומה קורה לחכם עצמו, תגובתו שונה, תגובתו קנאית ולא ריאלית. ירא האלוהים יענה לו בדרכו שלו ויספר לו על חכמת ההישרדות בעולם פגום וקבלת הדין בעולם הפגום, הוא יאמר לחכם את החכמה שהחכם עצמו יעץ שם לירא האלוהים:

> גַּם בְּמַדָּעֲךָ[22] מֶלֶךְ אַל תְּקַלֵּל וּבְחַדְרֵי מִשְׁכָּבְךָ אַל תְּקַלֵּל עָשִׁיר כִּי עוֹף הַשָּׁמַיִם יוֹלִיךְ אֶת הַקּוֹל וּבַעַל (הכנפים) [כְּנָפַיִם] יַגֵּיד דָּבָר (י׳ כ).

כאמור, תשובה זו היא מעין דבריו של החכם עצמו אל ירא האלוהים שאינו מקבל בעולם את גמולו המיידי. החכם טוען שהשגחת ה׳ בעולמנו הפגום פגומה גם היא. הוא אמר זאת בשלווה ובסבלנות.

22. ״במדעך״ פירושו: בעת שאתה שוכב עם אשתך (כלשון ״והאדם ידע את חוה אשתו״), כלומר, במקום הכמוס ביותר.

כאן הוא מתקומם נגד מקומו הצדדי בחברה ועל היותו בעל השפעה כה מועטה. ירא האלוהים עונה לחכם במטבעו של החכם: חכמת ההישרדות שלך מחייבת אותך שלא לבוא בביקורת קשה כל כך על השלטון הקיים, שלטון הכסילים, שמא יבולע לך. קבל אפוא את חסרונו של העולם בחוסר ההערכה כלפיך בשלווה ובהבנה.

מכל מקום, בייאושו הקולני של החכם מן העולם המסודר שלא כרוחו, נוטש גם החכם את שולחן הדיונים, ומותיר את הפרקים האחרונים ומסקנת הספר ליחיד שלא התייאש - ירא האלוהים.

עיקרי השקפת עולמו של ירא האלוהים

גם ירא האלוהים נואם שלושה נאומים. הנאום העיקרי הוא השלישי והאחרון. הוא הנאום החותם את הספר, וממילא הוא הקובע את מסקנת הספר לאחר הלבטים והוויכוחים הקיימים בו.

הנאום הראשון של ירא האלוהים (ד׳ יז - ה׳ יא) הוא תשובה לדברי העמל בפרק ד׳. נאומו של העמל החל בדמעת העשוקים, האמורה למרר את חיינו עד לבלי נשוא, ובא עד לטענה שנוח לו לאדם שלא נברא משנברא:

וְשַׁבְתִּי אֲנִי וָאֶרְאֶה אֶת כָּל הָעֲשֻׁקִים אֲשֶׁר נַעֲשִׂים תַּחַת הַשָּׁמֶשׁ וְהִנֵּה דִּמְעַת הָעֲשֻׁקִים וְאֵין לָהֶם מְנַחֵם וּמִיַּד עֹשְׁקֵיהֶם כֹּחַ וְאֵין לָהֶם מְנַחֵם. וְשַׁבֵּחַ אֲנִי אֶת הַמֵּתִים שֶׁכְּבָר מֵתוּ מִן הַחַיִּים אֲשֶׁר הֵמָּה חַיִּים עֲדֶנָה. וְטוֹב מִשְּׁנֵיהֶם אֵת אֲשֶׁר עֲדֶן לֹא הָיָה אֲשֶׁר לֹא רָאָה אֶת הַמַּעֲשֶׂה הָרָע אֲשֶׁר נַעֲשָׂה תַּחַת הַשָּׁמֶשׁ (ד׳ א-ג).

העמל הציע בניית חברה מסוג מסוים כדי לפתור את הבעיה, אך פתרונו נדחה ונפל.

נאומו של ירא האלוהים הוא גם תשובה לנהנתן (ג׳ טז-יז), שהציע את דרכו שלו לפתרון בעיית הצדק והמשפט, והיא להמתין לעולם הבא, ששם ישפוט האלוהים את הצדיק ואת הרשע, ובעולמנו להישאר בלא צדק ובלא משפט.

ירא האלוהים מייעץ לעמל להמשיך מ׳ארמון המלכות׳ שבנה לעצמו (ראה ד׳ יג-טז) אל בית האלוהים, מלכו של עולם:

> שְׁמֹר (רגליך) [רַגְלְךָ] כַּאֲשֶׁר תֵּלֵךְ אֶל בֵּית הָאֱלֹהִים וְקָרוֹב לִשְׁמֹעַ מִתֵּת הַכְּסִילִים זָבַח כִּי אֵינָם יוֹדְעִים לַעֲשׂוֹת רָע (שם יז).

דבריו של ירא האלוהים מזכירים את נבואת שמואל: "הנה שמֹע מזבח טוב, להקשיב מחלב אילים" (שמואל-א ט"ו כב). אך דומה שבקהלת יש לדברים יתר תוקף. ונבאר בפירוט את העניין:

ירא האלוהים מפרט את טענותיו בפרק ה׳ (א-יא), ועד פסוק ו הוא עוסק באזהרת הנדר, שלא לנדור, ובחובת מי שנדר לקיים את נדרו. אך הוא משתמש לא רק בלשון ׳נדר׳ (ארבע פעמים), אלא גם בלשון ׳דבר׳ (ארבע פעמים) וכן בביטויים: ׳קול׳ (פעמיים) ו׳פה׳. הדיבור והמילים האלה הנגזרות ממנו הם ההפך של השמיעה, שהוא דן עליה בד׳ יז, שהזכרנו לעיל. השומע מקבל עליו עולו של אחר, וכאן - של האלוהים. המדבר והנודר מבטיחים לעשות דברים בעצמם. העמל בפרק ד׳ ראה את עצמו אחראי לפטור את בעיית הצדק והמשפט בעולם, ועל בסיס זה בנה את החברה ואת מלכותו עליה. הוא דומה למועמד פוליטי המפזר הבטחות גאולה אידיאלית לפני הבחירות. ירא האלוהים שואל אותו בפרקנו: איזה כיסוי יש להבטחות אלו? היוכל העמל, המלך החדש של החברה ה׳אידיאלית׳, לקיימן?! הוא מזכיר לו שנדר בלא קיום הוא חטא, העלול לגרום לקצפו של אלוהים על הנודר. ובלשון אחרת: אל לו לנודר ולמבטיח

לסמוך על היותו מסוגל לקיים את הבטחותיו, ומוטב שלא יבטיח (ה' ג-ד). ממילא, אל לו להתהדר בנוצות השליט האידיאלי. מכאן הוא מגיע למשפט המכריע בנאומו, להשקפתו על חוסר הצדק והמשפט בחברה, שאלה שגם העמל, ולפניו הנהנתן, התייחסו אליה. הוא אינו מסכים עם הנהנתן, שניתק את הצדק והמשפט מן העולם, ושלחם ל"שם" (ג' יז), כלומר לעולם שכולו טוב. הוא חולק גם על העמל, שנטל על עצמו אל כל האחריות, ואם נדמה לו שאין מנחם לדמעת העשוקים, הוא מקלל את יום היוולדו (ד' א-ג). פתרונו של ירא האלוהים הוא:

אִם עֹשֶׁק רָשׁ וְגֵזֶל מִשְׁפָּט וָצֶדֶק תִּרְאֶה בַמְּדִינָה אַל תִּתְמַהּ עַל הַחֵפֶץ כִּי גָבֹהַּ מֵעַל גָּבֹהַּ שֹׁמֵר וּגְבֹהִים עֲלֵיהֶם (ה' ז).

כלומר: על האדם להביא את הצדקה ואת המשפט אל העולם הנזקק להם. אך אל לו לקלל את יום היוולדו אם אינו מצליח, משום שמעליו יש שופט נוסף, שמעליו יש שופט נוסף, ובקצה הפירמידה ניצב שופט כל הארץ, הקב"ה, והוא עתיד לנחם את העשוק בצדקת משפטו. ירא האלוהים מציע סולם מוצב ארצה וראשו מגיע השמימה, שלשלת אחת שהקב"ה בראשה, והאדם הוא שותפו הזוטר והנאמן של הקב"ה בתיקון העולם. בלשון חז"ל היינו מזהים את דברי ירא האלוהים עם המשנה (אבות ב' טז): "לא עליך המלאכה לגמור, ולא אתה בן חורין להיבטל ממנה".

ואם תקשה, מה צורך יש לקב"ה בעזרת האדם לתיקון העולם? תשובתך היא שראוי לו לאדם שיעבוד על תיקון העולם ולא שיקבלנו מאת ה' כמתנת חינם הראויה לבטלנים המסירים מעל עצמם כל אחריות:

וְיִתְרוֹן אֶרֶץ בַּכֹּל (היא) [הוּא] מֶלֶךְ לְשָׂדֶה נֶעֱבָד (קהלת ה' ח).

מטרת העבודה אינה רווח כספי, שהרי "אוהב כסף לא ישבע כסף", ו"ברבות הטובה רבו אוכליה" (ה' ט-י). מטרת העבודה היא חיי הטוהר שהיא מבטיחה ושנת הישרים של העובד על מיטתו.

> מְתוּקָה שְׁנַת הָעֹבֵד אִם מְעַט וְאִם הַרְבֵּה יֹאכֵל וְהַשָּׂבָע לֶעָשִׁיר אֵינֶנּוּ מַנִּיחַ לוֹ לִישׁוֹן (שם יא).

שוב נשים לב שירא האלוהים משתמש במושג 'עבודה' ולא במושג 'עמל', שמשמעו במקרא: עמל שווא.

המחלוקת בין החכם לירא האלוהים בנוגע למשמעות המוות

נאומו השני של ירא האלוהים (ז' כג - ח' יג, למעט מספר משפטים שהחכם אומר בפרק ח' בוויכוח עם ירא האלוהים, ועמדנו עליהם לעיל, בפרק על השקפתו של החכם) מתפלמס עם נאומו הראשון של החכם ועם קריאות הביניים של החכם בתוך נאומו. החכם התייחס בציניות אל השגחת ה' על הצדיק ועל הרשע, והסיק מסקנות מאוד לא יראות אלוהים מ"יש צדיק אובד בצדקו ויש רשע מאריך ברעתו" (ז' טו). ירא האלוהים מגיב בשלילה על חכמת החכם ואומר:

> כָּל זֹה נִסִּיתִי בַחָכְמָה אָמַרְתִּי אֶחְכָּמָה וְהִיא רְחוֹקָה מִמֶּנִּי. רָחוֹק מַה שֶּׁהָיָה וְעָמֹק עָמֹק מִי יִמְצָאֶנּוּ (ז' כג-כד).

מסתבר שהאישה המתוארת בדבריו אינה בת־אדם, אלא היא החכמה, שנמשלה פעמים רבות לאישה (ראה למשל במשלי פרקים ח'-ט'). אלא שמדובר כאן בחכמה השלילית, הספקנית והכפרנית, שאותה מבטא החכם בספרנו, וכנגדה יוצא ירא האלוהים:

> וּמוֹצֶא אֲנִי מַר מִמָּוֶת אֶת הָאִשָּׁה אֲשֶׁר הִיא מְצוֹדִים וַחֲרָמִים לִבָּהּ

אֲסוּרִים יָדֶיהָ טוֹב לִפְנֵי הָאֱלֹהִים יִמָּלֵט מִמֶּנָּה וְחוֹטֵא יִלָּכֶד בָּהּ... וְאִשָּׁה בְכָל אֵלֶּה לֹא מָצָאתִי (שם כו-כח).

לא ניתן ללמד זכות על החכם שלבו אנסו במסקנתו הספקנית, הכופרת:

לְבַד רְאֵה זֶה מָצָאתִי אֲשֶׁר עָשָׂה הָאֱלֹהִים אֶת הָאָדָם יָשָׁר וְהֵמָּה בִקְשׁוּ חִשְּׁבֹנוֹת רַבִּים (שם כט).

משסיים בפרק ז׳ את דבריו הקשים כלפי החכם, בפרק ח׳, ירא האלוהים עובר להציע את עקרונותיו. הוא מציע לשומעי לקחו לשמור את מצוות ה׳מלך׳: הקב״ה, ואת שבועת הנאמנות אליו. הסיבה שהוא מנמק זאת אינה אידאולוגית־דתית, אלא אמונה צרופה במשפטו של הקב״ה, וכהמשך לדבריו בפרק ה׳. שם הזכיר ירא האלוהים את משפטו של הקב״ה כפתרון לשאלת הצדקה והמשפט בעולם, ואילו בפרק ח׳ הוא דן במשפטו של הקב״ה כסיבה מדוע לא יוכל האדם להימלט מלשמור את מצוותיו, שהרי ״כל אשר יחפץ יעשה״ (ח׳ ג) ו״מי יאמר לו מה תעשה״ (שם ד). עת המשפט לכל חפץ היא הנימוק מדוע עלינו לשמור את מצוותיו, יתברך.

בפסוק ח ירא האלוהים אומר את עיקר חידושו בפרק ובספר בכלל, והוא חידוש גדול גם בקנה מידה כלל מקראי:

אֵין אָדָם שַׁלִּיט בָּרוּחַ לִכְלוֹא אֶת הָרוּחַ וְאֵין שִׁלְטוֹן בְּיוֹם הַמָּוֶת וְאֵין מִשְׁלַחַת בַּמִּלְחָמָה וְלֹא יְמַלֵּט רֶשַׁע אֶת בְּעָלָיו (שם ח).

ירא האלוהים ממשיך כאן את קו המחשבה של החכם בפרק ז׳ בדבריו אל הנהנתן. החכם התרכז בבית האבל וביום המוות, וטען שהנאותיו של הכסיל הנהנתן הן אשליה, המתעלמת ביודעין מן

האחרית, המוות, המוחק כל תועלת מן ההנאה הרגעית. החכם ראה במוות את עיקר החיסרון שבבריאה, וטען שעל האדם להשלים עם החיסרון שבבריאה, ולא לבקש את השלמות בענייני העולם וגם לא את השלמות בצדקות וביראת השמים. המוות הוביל את חשיבתו של החכם.

ירא האלוהים מסכים עם החכם על חשיבותו של המוות כגורם המכונן את חשיבתו של האדם, ועל האיסור להתעלם ממנו כפי שעושה הנהנתן. אך הוא מסב את חשיבותו של המוות אל מקום אחר. להשקפת ירא האלוהים, יום המוות זהה עם יום הדין, יום משפטו של הקב"ה את האדם.

בפסוק ח הנזכר אומר ירא האלוהים שאדם אינו שליט ברוחו - רוח חייו הנמצאת בבשרו, ואינו יכול לכלוא אותה בתוך גופו בעת שיגיע זמנה להיפרד מגופו. כלומר, ביום שנגזר עליו למות הוא לא יצליח למנוע את המוות. זו גם משמעות הפסוק: "ואין שלטון ביום המות". האדם אינו יכול לשלוט ברוחו שלא תצא מגופו. כל זה דומה למשלחת שלום בשדות המלחמה, שאינה יכולה לעשות את תפקידה, שלא תצליח למנוע את המוות שבשדות הקטל. ולכן רשע לא ימלט את בעליו. בעולם הזה, בעודו בחיים, הרשע יכול להימלט מן העונש, שהרי הקב"ה אינו פוקד על כל רשע את דינו בחייו. אך משיגיע יום המוות - לא ימלט הרשע את בעליו, משום שעל כורחו הוא מת ועל כורחו הוא עתיד ליתן דין וחשבון לפני הקב"ה על מעשיו.

סיכום ארבע הדעות לגבי המוות

באמירה דרמטית זו, המחדשת לנו את יום המשפט שלאחר המוות, נוכל לסכם את יחסם של המתווכחים השונים בקהלת לבעיית המוות:

הנהנתן מתעלם מן המוות בתירוץ של: "כי לא ידע האדם את עתו" (ט' יב). הוא נהנה מחייו כאילו אין המוות אורב לו מעבר לפינה.

העמל מנסה להיאבק במוות באמצעות הותרת חותמו ומפעליו בבריאה ובאמצעות הירושה שהוא מוריש לבנו, הירושה המקימה את שמו על נחלתו גם לאחר מותו[23].

החכם משלים עם החיסרון של המוות, ואף מוכן לשתף עמו פעולה בבית האבל. המוות פוקח את עיניו על החיסרון המובנה בעולם.

ירא האלוהים מפיק מן המוות תועלת. המוות מזכיר לו את יום הדין שאין להימלט ממנו. המוות מכונן את חייו בהיותו גורם לכך שיעשה את רצון בוראו, כדי שיזכה ביום הדין שיבוא תכף למוות.

השקפתו של ירא האלוהים שופכת אור מסוים על עשרה דורות שהיו מאדם עד נוח לאחר חטא האכילה מעץ הדעת. חז"ל (אבות ה' ב) אומרים ש"כל הדורות היו מכעיסין ובאין עד שהביא עליהם את מי המבול". שמא דורות אלו הרבו להכעיס משום שיום המוות נראה להם רחוק כל כך. וכי מדוע אדם בן ארבע מאות שנה יהרהר בתשובה אם לפניו עוד חמש מאות שנות חיים? קיצור הימים הוא מה שגורם לאדם לשוב בתשובה בזכרו את יום הדין הקרוב, וכפי שכותב המשורר בתהילים צ'[24] ועוד.

23. כך ראתה התורה את תהליך הייבום. הבן הנולד מן היבמה "יקום על שם אחיו המת ולא ימחה מו מישראל" (דברים כ"ה ו). זוהי מטרת הייבום גם ברות (ד' י): "וְגַם אֶת רוּת הַמֹּאֲבִיָּה אֵשֶׁת מַחְלוֹן קָנִיתִי לִי לְאִשָּׁה לְהָקִים שֵׁם הַמֵּת עַל נַחֲלָתוֹ וְלֹא יִכָּרֵת שֵׁם הַמֵּת מֵעִם אֶחָיו וּמִשַּׁעַר מְקוֹמוֹ".

24. "בְּטֶרֶם הָרִים יֻלָּדוּ וַתְּחוֹלֵל אֶרֶץ וְתֵבֵל... תָּשֵׁב אֱנוֹשׁ עַד דַּכָּא וַתֹּאמֶר שׁוּבוּ בְנֵי אָדָם. כִּי אֶלֶף שָׁנִים בְּעֵינֶיךָ כְּיוֹם אֶתְמוֹל כִּי יַעֲבֹר וְאַשְׁמוּרָה בַלָּיְלָה...

כנגד טענת החכם על הזמן הארוך העובר על הרשע עד שהקב"ה עושה את דינו, ירא האלוהים מביע בסוף דבריו את ביטחונו במשפט ה':

גַּם יוֹדֵעַ אָנִי אֲשֶׁר יִהְיֶה טּוֹב לְיִרְאֵי הָאֱלֹהִים אֲשֶׁר יִירְאוּ מִלְּפָנָיו. וְטוֹב לֹא יִהְיֶה לָרָשָׁע וְלֹא יַאֲרִיךְ יָמִים כַּצֵּל אֲשֶׁר אֵינֶנּוּ יָרֵא מִלִּפְנֵי אֱלֹהִים (ח' יב-יג).

תשובת ירא האלוהים ל'סוף כל האדם'

כאמור, נאומו האחרון והארוך של ירא האלוהים הוא המכריע והקובע את מסקנת ספר קהלת לאחר הוויכוחים הגדולים. הנהנתן, העמל והחכם התייאשו ממסקנותיהם. המחבר נותן לירא האלוהים את זכות המילה האחרונה, והוא הנאום שמופיע בפרקים י"א-י"ב.

נאומו של ירא האלוהים כאן הוא מים עמוקים שאין להם סוף. עמדנו על כמה מדבריו לעיל, בפרק על דברי קהלת הראשונים והאחרונים. נשוב אל הנקודה שבה עסקנו בהקדמה ונרחיב אותה כאן:

בפרק י"א, בנאום ירא האלוהים חוזר על עצמו ביטוי חוסר הידיעה ארבע פעמים:

תֶּן חֵלֶק לְשִׁבְעָה וְגַם לִשְׁמוֹנָה כִּי לֹא תֵדַע מַה יִּהְיֶה רָעָה עַל הָאָרֶץ (י"א ב).

כַּאֲשֶׁר אֵינְךָ יוֹדֵעַ מַה דֶּרֶךְ הָרוּחַ כַּעֲצָמִים בְּבֶטֶן הַמְּלֵאָה כָּכָה לֹא תֵדַע אֶת מַעֲשֵׂה הָאֱלֹהִים אֲשֶׁר יַעֲשֶׂה אֶת הַכֹּל (ה).

יְמֵי שְׁנוֹתֵינוּ בָהֶם שִׁבְעִים שָׁנָה וְאִם בִּגְבוּרֹת שְׁמוֹנִים שָׁנָה וְרָהְבָּם עָמָל וָאָוֶן כִּי גָז חִישׁ וַנָּעֻפָה... שׁוּבָה ה' עַד מָתָי וְהִנָּחֵם עַל עֲבָדֶיךָ" (תהילים צ' ב-יג).

> בַּבֹּקֶר זְרַע אֶת זַרְעֶךָ וְלָעֶרֶב אַל תַּנַּח יָדֶךָ כִּי אֵינְךָ יוֹדֵעַ אֵי זֶה יִכְשַׁר הֲזֶה אוֹ זֶה וְאִם שְׁנֵיהֶם כְּאֶחָד טוֹבִים (ו).

גם כאן דבריו של ירא האלוהים נאמרים בתגובה לדברי החכם בפרק י׳, ונראה שהם ההמשך של דבריו בנאום הקודם:

> כִּי אֵינֶנּוּ יֹדֵעַ מַה שֶּׁיִּהְיֶה כִּי כַּאֲשֶׁר יִהְיֶה מִי יַגִּיד לוֹ (ח׳ ז).

החכם הגיב על כך בלעג:

> וְהַסָּכָל יַרְבֶּה דְבָרִים לֹא יֵדַע הָאָדָם מַה שֶּׁיִּהְיֶה וַאֲשֶׁר יִהְיֶה מֵאַחֲרָיו מִי יַגִּיד לוֹ (י׳ יד).

הוא רואה בכך את ירא האלוהים כסכל המרבה בדברים.

בפרק י״א ירא האלוהים טוען שאכן דברים רבים לא ידע האדם. לכן עליו להישמר מן הפורענות ולתכנן את כלכלתו על בסיס יום הפורענות ״כי לא תדע מה יהיה רעה על הארץ״. האדם אינו יודע איך תיכנס רוח החיים לעובר חסר־החיים שבבטן האישה המלאה (=המעוברת), וכך לא ידע את כל סודות משפטו של הקב״ה. גם תקוותו מזרע היום (זרע השדה) ומזרע הערב (זרע האדם) מבוססת על תקווה ולא על ידיעה. אלא שחוסר הידיעה לפי ירא האלוהים אינו חיסרון כפי שטוען החכם. במקום שמסתיימת הדעת, אליבא דירא האלוהים - שם מתחילה האמונה בקב״ה, והיא מקור התקווה והאופטימיות של הזורע את שני הזרעים הנזכרים, ה״מאמין בחייו של עולם (=הקב״ה) וזורע״ (במדבר רבה י״ג טו).

האומנם אין מקום לשכל ולחכמה במשנתו של ירא האלוהים? האומנם הכול מבוסס על חוסר הידיעה? ירא האלוהים ממשיך את דבריו:

וּמָתוֹק הָאוֹר וְטוֹב לַעֵינַיִם לִרְאוֹת אֶת הַשָּׁמֶשׁ (י"א ז).

כבר הזכרנו, שהאור, השמש והעיניים בקהלת הם ביטויים לחכמה. ופירוש הפסוק לפי זהו הוא: על אף צליל ה'אינך יודע' ו'לא תדע' שנשמע לעיל, יש מקום גם לחכמה ולידיעה:

שְׂמַח בָּחוּר בְּיַלְדוּתֶיךָ וִיטִיבְךָ לִבְּךָ בִּימֵי בְחוּרוֹתֶךָ וְהַלֵּךְ בְּדַרְכֵי לִבְּךָ וּבְמַרְאֵי עֵינֶיךָ וְדָע כִּי עַל כָּל אֵלֶּה יְבִיאֲךָ הָאֱלֹהִים בַּמִּשְׁפָּט (שם ט).

דבר אחד על האדם לדעת: צמיחת הזרע והצלחתו אינה ודאית וכן שאר ענייני העולם, אך משפטו של האדם לפני האלוהים הוא ודאי לגמרי. הזקנה ואבדן הכוח, המתוארים בהרחבה בפרק י"ב, נועדו להזכיר לאדם את יום הדין הקרב ובא. אך אשרי מי שזוכר את בוראו גם בלא הזכרה עגומה זו.

משפטו של האדם הוא תכף למותו. שהרי אז מתקיים:

וְיָשֹׁב הֶעָפָר עַל הָאָרֶץ כְּשֶׁהָיָה וְהָרוּחַ תָּשׁוּב אֶל הָאֱלֹהִים אֲשֶׁר נְתָנָהּ (י"ב ז).

בעת המוות הרוח אינה נמוגה. היא שבה לפני נותנהּ ומוסרת לפניו דין וחשבון על מעשיה בעולם בעת שהייתה בגופו של האדם. זהו חידושו הגדול של קהלת במקרא.

סיום הספר מתבקש מאליו בדברי ירא האלוהים:

סוֹף דָּבָר הַכֹּל נִשְׁמָע אֶת הָאֱלֹהִים יְרָא וְאֶת מִצְוֹתָיו שְׁמוֹר כִּי זֶה כָּל הָאָדָם. כִּי אֶת כָּל מַעֲשֶׂה הָאֱלֹהִים יָבִא בְמִשְׁפָּט עַל כָּל נֶעְלָם אִם טוֹב וְאִם רָע (י"ב יג).

דומה שיש במשפט זה גם תשובה לדבריו של החכם על בית האבל שממנו למד החכם על סוף כל האדם:

טוֹב לָלֶכֶת אֶל בֵּית אֵבֶל מִלֶּכֶת אֶל בֵּית מִשְׁתֶּה בַּאֲשֶׁר הוּא סוֹף כָּל הָאָדָם (ז׳ ב).

תשובת ירא האלוהים ל׳סוף כל האדם׳ היא:

סוֹף דָּבָר הַכֹּל נִשְׁמָע אֶת הָאֱלֹהִים יְרָא וְאֶת מִצְוֹתָיו שְׁמוֹר כִּי זֶה כָּל הָאָדָם[25].

*

חשיבותו הגדולה של ספר קהלת בין ספרי המקרא היא לדעתי העולה בבירור מדברי ירא האלוהים, שיש משפט אחר המוות. הרוח אינה גוועת יחד עם הגוף[26], אלא עולה אל האלוהים אשר נתנה לעמוד לפניו למשפט, לקראת עולם הגמול. המקרא אינו עוסק במשפט שאחרי החיים, פרט לפסוקים בודדים, בעיקר בסיומו של ספר דניאל, הדנים על יום הדין שבעקבות תחיית המתים[27]. חשיבותו של המשפט אחרי המוות גדולה לא רק בגלל המשמעות שהיא נותנת למוות. היא המבטיחה לנו את צדקת משפטו של הקב״ה, שהרי בעולם הזה לא תמיד אנו רואים אותה.

הַצּוּר תָּמִים פָּעֳלוֹ כִּי כָל דְּרָכָיו מִשְׁפָּט אֵל אֱמוּנָה וְאֵין עָוֶל צַדִּיק וְיָשָׁר הוּא (דברים ל״ב ד).

25. גם זאת, כמו רוב חכמתי בספר זה למדתי ממו״ר הר״י בן נון.
26. כדברי ברוך שפינוזה, שעוררו את חמתם של חכמי ישראל, ופילוסופים רבים חשבו כך לפניו, כבר בימי היוונים.
27. עסקנו בכך בהרחבה בפרק י״ד בספרנו ׳דניאל, גלות והתגלות׳, אלון שבות תשס״ו.

קריאת מגילת קהלת בחג הסוכות

יעקב מדן

המנהג לקרוא את מגילת קהלת בבית הכנסת בסוכות נזכר במסכת סופרים (י"ד א) ובראשונים[1] והובא להלכה ברמ"א (אורח חיים ת"צ ט; תרס"ג ב)[2] בשם המהרי"ל.

1. ראה סידור רש"י סי' רכב ושז. ובעקבותיו במחזור ויטרי סי' רסז, שיב, תקכז ועוד. ובסי' שפ כתב משום "חלק לשבעה" (קהלת י"א ב, וקהלת רבה פרשה י"א, ויבואר להלן) וכן בסידור רש"י סי' רכב. וכן באבודרהם תפילות פסח, ובעוד פוסקים רבים.
2. והגר"א בסי' תצ סעיף ט אות יד כתב שיש לברך על מגילת קהלת. ועיין משנה ברורה שם ס"ק יט, ובאליה רבה חלק עליו. וכבר נחלקו על ברכה זו בראשונים. ונראה שהמחלוקת תלויה בחילופי גרסאות במסכת סופרים שם. סברה יחידאית ומשונה בעיניי מצאתי בהגהות למנהגים לר' אייזיק מטירנא (חג סוכות אות א), שאין מברכים על קריאתה משום שנכתבה שלא ברוח הקודש, אלא שלמה בחכמתו אמרה. דברים אלו מבוססים על שיטת בית שמאי במסכת ידיים (ג' ה), ומשמע שבית הלל חולקים על כך. ואיך יעלה היום על הדעת להוציא את קהלת מספרי המקרא או לומר שחלילה לא כל ספרי המקרא נכתבו ברוח הקודש. ושמא תלמיד טועה כתבו. וגם בהגהות מיימוניות להלכות תעניות ה' ב משמע שאין מברכים עליה.

הנימוקים לקריאת מגילת קהלת בחג הסוכות

המגילה מזכירה לאדם שצבירת הרכוש אינה תכלית לעצמה

נימוק מרכזי הנזכר בפוסקים לקריאת קהלת בסוכות הוא היות חג הסוכות זמן שמחתנו, וקהלת שואל: "ולשמחה מה זֹּה עֹשָׂה" (קהלת ב׳ ב)[3]. משמע, למרות היות חג הסוכות זמן של שמחה, יש להסתייג משמחה ללא גבולות, וזיכרון הכתוב בקהלת בא להגבילה.

הפוסקים לא ביארו מה רע בשמחת המצווה של החג ולשם מה להגבילה. ושמא הראשונים חששו לשמחה שיש בה הוללות.

אך נראה שהשמחה של חג הסוכות אינה רק שמחה של מצווה, אלא שמחת חג האסיף, שהעָמֵל רואה בו את היבול שצבר ואת רכושו הגדל. זוהי אכן שמחה שיש בה סכנה, ושיש מקום להתריע מפני פריצתה ללא גבולות וללא מחשבה. התורה עצמה חששה מכך:

> וּבְקָרְךָ וְצֹאנְךָ יִרְבְּיֻן וְכֶסֶף וְזָהָב יִרְבֶּה לָּךְ וְכֹל אֲשֶׁר לְךָ יִרְבֶּה. וְרָם לְבָבֶךָ וְשָׁכַחְתָּ אֶת ה׳ אֱלֹהֶיךָ (דברים ח׳ יג-יד).

אך לחשש מפני זחיחות הדעת בשל הרכוש הגדל בעמלו של האדם יש סיבות נוספות, וקהלת עוסק בהן:

> הִגְדַּלְתִּי מַעֲשָׂי בָּנִיתִי לִי בָּתִּים נָטַעְתִּי לִי כְּרָמִים. עָשִׂיתִי לִי גַּנּוֹת וּפַרְדֵּסִים וְנָטַעְתִּי בָהֶם עֵץ כָּל פֶּרִי. עָשִׂיתִי לִי בְּרֵכוֹת מָיִם לְהַשְׁקוֹת מֵהֶם יַעַר צוֹמֵחַ עֵצִים. קָנִיתִי עֲבָדִים וּשְׁפָחוֹת וּבְנֵי בַיִת הָיָה לִי גַּם מִקְנֶה בָקָר וָצֹאן הַרְבֵּה הָיָה לִי מִכֹּל שֶׁהָיוּ לְפָנַי בִּירוּשָׁלָםִ. כָּנַסְתִּי לִי גַּם כֶּסֶף וְזָהָב וּסְגֻלַּת מְלָכִים וְהַמְּדִינוֹת עָשִׂיתִי לִי שָׁרִים וְשָׁרוֹת וְתַעֲנוּגֹת בְּנֵי הָאָדָם שִׁדָּה וְשִׁדּוֹת. וְגָדַלְתִּי

3. ראה שלחן ערוך סי׳ תצ במגן אברהם ס״ק ח ובמשנה ברורה ס״ק יז.

וְהוֹסַפְתִּי מִכֹּל שֶׁהָיָה לְפָנַי בִּירוּשָׁלָ͏ִם אַף חָכְמָתִי עָמְדָה לִּי. וְכֹל אֲשֶׁר שָׁאֲלוּ עֵינַי לֹא אָצַלְתִּי מֵהֶם לֹא מָנַעְתִּי אֶת לִבִּי מִכָּל שִׂמְחָה כִּי לִבִּי שָׂמֵחַ מִכָּל עֲמָלִי וְזֶה הָיָה חֶלְקִי מִכָּל עֲמָלִי. וּפָנִיתִי אֲנִי בְּכָל מַעֲשַׂי שֶׁעָשׂוּ יָדַי וּבֶעָמָל שֶׁעָמַלְתִּי לַעֲשׂוֹת וְהִנֵּה הַכֹּל הֶבֶל וּרְעוּת רוּחַ וְאֵין יִתְרוֹן תַּחַת הַשָּׁמֶשׁ (קהלת ב׳ ד–יא).

וְשָׂנֵאתִי אֲנִי אֶת כָּל עֲמָלִי שֶׁאֲנִי עָמֵל תַּחַת הַשָּׁמֶשׁ שֶׁאַנִּיחֶנּוּ לָאָדָם שֶׁיִּהְיֶה אַחֲרָי (שם יח).

יֵשׁ אֶחָד וְאֵין שֵׁנִי גַּם בֵּן וָאָח אֵין לוֹ וְאֵין קֵץ לְכָל עֲמָלוֹ גַּם (עיניו) [עֵינוֹ] לֹא תִשְׂבַּע עֹשֶׁר וּלְמִי אֲנִי עָמֵל וּמְחַסֵּר אֶת נַפְשִׁי מִטּוֹבָה גַּם זֶה הֶבֶל וְעִנְיַן רָע הוּא (ד׳ ח).

יֵשׁ רָעָה חוֹלָה רָאִיתִי תַּחַת הַשָּׁמֶשׁ עֹשֶׁר שָׁמוּר לִבְעָלָיו לְרָעָתוֹ (ה׳ יב).

וְגַם זֹה רָעָה חוֹלָה כָּל עֻמַּת שֶׁבָּא כֵּן יֵלֵךְ וּמַה יִּתְרוֹן לוֹ שֶׁיַּעֲמֹל לָרוּחַ (שם טו).

אִישׁ אֲשֶׁר יִתֶּן לוֹ הָאֱלֹהִים עֹשֶׁר וּנְכָסִים וְכָבוֹד וְאֵינֶנּוּ חָסֵר לְנַפְשׁוֹ מִכֹּל אֲשֶׁר יִתְאַוֶּה וְלֹא יַשְׁלִיטֶנּוּ הָאֱלֹהִים לֶאֱכֹל מִמֶּנּוּ כִּי אִישׁ נָכְרִי יֹאכֲלֶנּוּ זֶה הֶבֶל וָחֳלִי רָע הוּא (ו׳ ב).

קהלת טוען וחוזר וטוען שצבירת רכוש אינה תכלית ראויה, אין בה כשלעצמה שמחה של אמת, ויש לבקש תכלית ראויה ממנה.

יש ביציאה מבית הקבע לסוכה, דירת העראי, כדי לבטא רעיון זה של המאיסה בקניין וברכוש, או לפחות של צמצום משקלם בסדר העדיפויות.

מגילת האמונה

נימוק אחר לקריאת קהלת בסוכות מצאנו בראשונים בשם המדרש:

וקורין כל הציבור ספר קהלת מיושב. ליתן חלק לשבעה וגם לשמונה[4].

דבריו מבוססים על המדרש על הפסוק:

> תֶּן חֵלֶק לְשִׁבְעָה וְגַם לִשְׁמוֹנָה כִּי לֹא תֵדַע מַה יִּהְיֶה רָעָה עַל הָאָרֶץ (קהלת י"א ב).

ובמדרש:

> ר' לוי אמר: תן חלק לשבעה אלו ז' ימי הסוכה, וגם לשמונה ביום שמיני עצרת (קהלת רבה פרשה י"א).

ועדיין דומה כי רב הסתום על הנגלה באמירה שהנימוק לקרוא את כל מגילת קהלת בסוכות מבוסס על דעה אחת במדרש על פסוק בודד. נראה שנימוק זה הפוך מקודמו, ונעיין בהקשר כולו:

> שַׁלַּח לַחְמְךָ עַל פְּנֵי הַמָּיִם כִּי בְרֹב הַיָּמִים תִּמְצָאֶנּוּ. תֶּן חֵלֶק לְשִׁבְעָה וְגַם לִשְׁמוֹנָה כִּי לֹא תֵדַע מַה יִּהְיֶה רָעָה עַל הָאָרֶץ. אִם יִמָּלְאוּ הֶעָבִים גֶּשֶׁם עַל הָאָרֶץ יָרִיקוּ וְאִם יִפּוֹל עֵץ בַּדָּרוֹם וְאִם בַּצָּפוֹן מְקוֹם שֶׁיִּפּוֹל הָעֵץ שָׁם יְהוּא. שֹׁמֵר רוּחַ לֹא יִזְרָע וְרֹאֶה בֶעָבִים לֹא יִקְצוֹר. כַּאֲשֶׁר אֵינְךָ יוֹדֵעַ מַה דֶּרֶךְ הָרוּחַ כַּעֲצָמִים בְּבֶטֶן הַמְּלֵאָה כָּכָה לֹא תֵדַע אֶת מַעֲשֵׂה הָאֱלֹהִים אֲשֶׁר יַעֲשֶׂה אֶת הַכֹּל. בַּבֹּקֶר זְרַע אֶת זַרְעֶךָ וְלָעֶרֶב אַל תַּנַּח יָדֶךָ כִּי אֵינְךָ יוֹדֵעַ אֵי זֶה יִכְשַׁר הֲזֶה אוֹ זֶה וְאִם שְׁנֵיהֶם כְּאֶחָד טוֹבִים (קהלת י"א א-ו).

4. סידור רש"י סי' רכב, וכן במחזור ויטרי סי' שפ.

הפרק אינו מקרין את הביטחון העצמי שמעניק חג האסיף, אלא דווקא את חוסר הביטחון, את תחושת התלות ברחמי ה׳ ואת הציפייה לישועה שמקרינה תפילת ׳הושע נא׳ שבחג הסוכות. פיוטי ה׳הושע נא׳ בהושענות האשכנזיות עוסקים בנושאים רבים. העיקרי שבהם הוא הציפייה לגשמים שיוריד ה׳ ברחמיו. כאן ייחודה של הערבה בין ארבעת המינים ושל ״יום שביעי של ערבה״ (משנה סוכה ד׳ ג), שהוא ׳הושענא רבה׳. כאן המתפלל אינו מזוהה עם האתרוג היקר והמהודר, אלא עם הערבה, שברגע שהיא מנותקת ממקור חיותה במים, מיד היא מתייבשת ונובלת. הציבור נושא עיניו לשמים: ״צמאים לישעך כארץ עייפה בלי מים״[5].

כאן מקומה של עבודת ניסוך המים בחג הסוכות. המים הנשאבים מן המעיין בסוכות הם המים הדלוחים ביותר בשנה. הם נשאבים כמעט מקרקעית המעיין לאחר קיץ שחון, שבו השמים והארץ לא סיפקו מים למקורות המעיין. המים רק נשאבו ממנו ודלדלו אותו. אך מים דלוחים אלו הם היקרים ביותר. הם ניתנים למזבח בעת מחסור ובעת צימאון, בסוף הקיץ, ממאגרי מים המרוקנים. בדברים רבים המתנה הנבחרת לה׳ היא הביכורים, הראשית. במים, המתנה הנבחרת לה׳ היא דווקא האחרית, כמו במעמד הר הכרמל, בשנת הבצורת השלישית, כשאליהו דורש מן העם להקריב למזבח את היקר מכולם:

וַיֹּאמֶר מִלְאוּ אַרְבָּעָה כַדִּים מַיִם וְיִצְקוּ עַל הָעֹלָה וְעַל הָעֵצִים, וַיֹּאמֶר שְׁנוּ, וַיִּשְׁנוּ, וַיֹּאמֶר שַׁלֵּשׁוּ, וַיְשַׁלֵּשׁוּ. וַיֵּלְכוּ הַמַּיִם סָבִיב לַמִּזְבֵּחַ וְגַם אֶת הַתְּעָלָה מִלֵּא מָיִם (מלכים-א י״ח לד-לה).

5. מתוך הפיוט ״למען תמים בדורותיו״, הנאמר בהושענא רבה.

כך גם בעת ניסוך המים. מכוחם של מים יקרים אלו מברך לנו ה׳ את גשמי השנה המתחדשת, את שדותינו ואת מעיינותינו.

כאן, בעת חוסר הביטחון בעתיד ובעת הציפייה לישועה, בא קהלת ומבקש לנטוע ביטחון ואמונה בלב הקורא הנואש והספקן:

שַׁלַּח לַחְמְךָ עַל פְּנֵי הַמָּיִם כִּי בְרֹב הַיָּמִים תִּמְצָאֶנּוּ.

כלומר, טול את זרעי תבואתך (=שלח לחמך), זרע אותם באדמה וצפה למי הגשמים שיבואו להחיותם (=על פני המים). לשון אחרת, למרות היובש, אל תתייאש מרחמי שמים ומן הגשמים שיבואו, שהרי המאמין בחי עולמים הוא הזורע[6].

שֹׁמֵר רוּחַ לֹא יִזְרָע וְרֹאֶה בֶעָבִים לֹא יִקְצוֹר.

אל תמתין עד שתראה את הרוח ואת הגשם. זרע עכשיו, כי לא תדע מה דרך הרוח ומהו מעשה האלוהים, ולא נותר לך אלא להאמין.

עת הזריעה ועת האמונה בגשם שירד ברחמי ה׳ היא במעבר בין סוכות לשמיני חג העצרת, כמדרש על ׳תן חלק לשבעה וגם לשמונה׳. קריאת קהלת נועדה להגביר את ביטחונו ואת אמונתו של הזורע לדרך זו, ולא למעט את שמחתו של האוסף, כדרך הראשונה.

המגילה מעוררת את האדם להבין מהי מטרת החיים למרות המעגליות שלהם

דומה שלא נוכל להתעלם מדרך שלישית להבנת הקשר בין חג הסוכות לקריאת מגילת קהלת, גם אם דרך זו לא הוזכרה בפוסקים.

6. עיינו: במדבר רבה פרשה י״ג טז; מדרש תהילים י״ט יד מהד׳ בובר עמ׳ פו. וראו גם: שבת לא ע״א.

כבר בפתיחה למגילה תוהה קהלת, היש תכלית לעולם הבנוי במחזוריות? והרי טיבה של מחזוריות היא שהחי בה יגיע במהלכו אל נקודת המוצא. ואם כך, לשם מה טרח וצעד כל ימיו?

מַה יִּתְרוֹן לָאָדָם בְּכָל עֲמָלוֹ שֶׁיַּעֲמֹל תַּחַת הַשָּׁמֶשׁ. דּוֹר הֹלֵךְ וְדוֹר בָּא וְהָאָרֶץ לְעוֹלָם עֹמָדֶת. וְזָרַח הַשֶּׁמֶשׁ וּבָא הַשָּׁמֶשׁ וְאֶל מְקוֹמוֹ שׁוֹאֵף זוֹרֵחַ הוּא שָׁם. הוֹלֵךְ אֶל דָּרוֹם וְסוֹבֵב אֶל צָפוֹן סוֹבֵב סֹבֵב הוֹלֵךְ הָרוּחַ וְעַל סְבִיבֹתָיו שָׁב הָרוּחַ. כָּל הַנְּחָלִים הֹלְכִים אֶל הַיָּם וְהַיָּם אֵינֶנּוּ מָלֵא אֶל מְקוֹם שֶׁהַנְּחָלִים הֹלְכִים שָׁם הֵם שָׁבִים לָלָכֶת... מַה שֶּׁהָיָה הוּא שֶׁיִּהְיֶה וּמַה שֶּׁנַּעֲשָׂה הוּא שֶׁיֵּעָשֶׂה וְאֵין כָּל חָדָשׁ תַּחַת הַשָּׁמֶשׁ. יֵשׁ דָּבָר שֶׁיֹּאמַר רְאֵה זֶה חָדָשׁ הוּא כְּבָר הָיָה לְעֹלָמִים אֲשֶׁר הָיָה מִלְּפָנֵנוּ (קהלת א׳ ג-י).

הַכֹּל הוֹלֵךְ אֶל מָקוֹם אֶחָד הַכֹּל הָיָה מִן הֶעָפָר וְהַכֹּל שָׁב אֶל הֶעָפָר (שם ג׳ כ).

השמש מסתובבת, ולמעשה אינה מגיעה לשום מקום בתנועתה. כך גם המים, הרוח והעפר, שממנו נוצר האדם.

לשם מה אפוא כל עמלו של האדם, ומה תכליתו?

שאלתו של קהלת קשה בכל ימות השנה, אך היא קשה שבעתיים עם סיום שנה אחת ותחילתה של שנה חדשה. ניתן להביט על כך באופטימיות ובעליזות, כנעמי שמר בשירה על מעגל השנה וחודשיו:

ובבוא אלול אלינו ריח סתיו עלה, והתחלנו את שירנו מהתחלה.

אך דומה כי מבטו של קהלת על כך מעמיק יותר: אם שבנו במחזור השנתי לאותה נקודה, ושוב אנו חורשים וזורעים ושוב נאסוף, מהי מטרת חיינו?!

תחילתה של השנה, סיום המחזור החקלאי באסיף ותחילתו של המחזור החדש בחרישה מעלים את שאלתו של קהלת מול פנינו ומחייבים את האדם לענות לה תשובת אמת, שתמצא את תכלית האמת המנחה את האדם להתקדם אליה למרות המעגליות והמחזוריות.

במעבר בין השנים, בין האסיף לבין הזריעה, על האדם להתבונן בספר קהלת.

קהלת במעמד הקהל

לשלושת הנימוקים שכתבנו בפרק הקודם לקריאת קהלת בחג הסוכות יש להוסיף נימוק רביעי, והוא העיקרי מבחינת מאמרנו, שהקשר בין קהלת לחג הסוכות עובר דרך מצוות 'הקהל', המתקיימת אחת לשבע שנים בחג הסוכות.

> קהלת, למה נקרא שמו קהלת? שהיו דבריו נאמרין בהקהל, על שם שאמר (מלכים-א ח' א): "אז יקהל שלמה" (קהלת רבה פרשה א' ב)[7].

אכן, ידענו מן המקראות שמעמד "אז יקהל שלמה" היה בחג הסוכות ובימים הסמוכים לו. היה זה מעמד חנוכת המקדש בחג הסוכות, ותפילתו הראשונה של שלמה בעת השראת השכינה במקדש:

> וַיִּקָּהֲלוּ אֶל הַמֶּלֶךְ שְׁלֹמֹה כָּל אִישׁ יִשְׂרָאֵל בְּיֶרַח הָאֵתָנִים בֶּחָג הוּא הַחֹדֶשׁ הַשְּׁבִיעִי (מלכים-א ח' ב).

7. ודומה לו בקהלת זוטא פרשה א'. ראה גם תשובות בעלי התוספות [מהדורת א"י איגוס], ניו יורק תשי"ד, עמ' 286, תחילת דרשת הרמב"ן לספר קהלת, מהד' ח"ד שעוועל, ירושלים תשכ"ד, עמ' קעט, ועוד.

אך לא ידענו מן המקראות שהיה זה חג סוכות שהיה בו מעמד הקהל. גם מן המדרש לא נדע אם היה זה מעמד הקהל כסדרו בסוכות של מוצאי שנת שמיטה, או שהמלך (וסנהדרין שבדורו) יזמו מעמד הקהל בחג הסוכות של חנוכת המקדש בשל חשיבות האירוע[8].

עיקר מעמד הקהל הוא חידוש הברית בין הקב"ה לבין עם

8. אנו נוטים לאפשרות השנייה. בעל סדר עולם וחז"ל בכל מקום סוברים שהשנה החמישית לגלות יהויכין הייתה שנת שלושים ליובל. על פי חשבון זה, החורבן היה במוצאי שמיטה, וכנאמר במפורש במדרש תהילים (צ"ד ו). על פי חשבוננו (והוא נגד כל המפרשים!) הייתה חנוכת הבית שלוש מאות ותשעים שנה לפני חורבנו. הייתה זו השנה הרביעית לשמיטה. על פי חשבונם של המפרשים הייתה חנוכת הבית ארבע מאות ושלוש שנים לפני חורבנו. גם היא לא הייתה מוצאי שמיטה. מדרש סדר עולם רבה טוען כדברינו (אף שחשבונו הכולל שונה מדברינו), שחנוכת המקדש הייתה בשנה הרביעית לשמיטה (תחילת פרק טו, מהד' ד"ב רטנר, ניו יורק תשכ"ו, עמ' 63).
אמנם, קיימות אפשרויות נוספות לחישוב השנים.
עוד יש להביא כאן את דברי חד מן קמאי מתשובות בעלי התוספות (לעיל הערה 7, נספח א סעיף 20): "...אבל קהלת בזקנותו, ולא לימד לישראל אלא בבא כל ישראל ליראות פני השם, בהקהל העם והנשים והטף, לכך אמר 'מלך בירושלים', שלא לימד אותם אלא בירושלים". מדבריו משמע שאין לקשור בין שנת 'הקהל' ששלמה אמר בה את ספר קהלת לבין שנת חנוכת המקדש. ונימוקו הוא שהרי את קהלת אמר שלמה בזקנותו: "תני רבי חייא רבה רק לעת זקנת שלמה שרתה עליו רוח הקודש ואמר ג' ספרים: משלי וקהלת ושיר השירים. ר' יונתן אמר: שיר השירים כתב תחלה, ואחר כך משלי ואחר כך קהלת, ומייתי לה ר' יונתן מדרך ארץ, כשאדם נער - אומר דברי זמר, הגדיל - אומר דברי משלות, הזקין - אומר דברי הבלים. ר' ינאי חמוי דר' אמי אמר: הכל מודים שקהלת בסוף אמרה" (שיר השירים רבה פרשה א' י). ובסדר עולם רבה פרק טו משמע ששרתה עליו רוח הקודש ואמר שלושה ספרים אלו רק סמוך למיתתו ממש. אמנם יש במדרש גם דעות אחרות, ואפשר שאמר את קהלת בצעירותו. זאת ועוד: על פי חשבוננו הנזכר לעיל המקדש נחנך בשנת עשרים וארבע לשלמה, כשש עשרה שנים לפני מותו. אפשר ששנה זו הוגדרה בפי חז"ל כזקנותו.
מכל מקום, לדעתנו, שהמלך והסנהדרין יכלו לקבוע מעמד הקהל גם שלא במוצאי שמיטה, ייתכן שזה היה פשר המעמד בימי יאשיהו (ראה מלכים-ב כ"ג א-ג), כמעמד הקהל (אף שלא נזכרה בו מילה זו), שהרי יאשיהו אסף את כל העם וכרת עמם ברית על התורה ומצוותיה, וזוהי מטרת מצוות הקהל, וכן

ישראל, ברית שנכרתה בהר סיני ונשנתה בערבות מואב, ויש לחדשה לפחות אחת לשבע שנים. תוכנה העיקרי הוא קריאת ספר הברית, פרשת ברכות וקללות, וכפי שהיה במעמד הר סיני, השכר על קיום הברית והעונש על חילולה. על פי המשנה (סוטה ז׳ ח) היו קוראים את ספר הברית שבמשנה תורה, פרשת ברכות וקללות בברית שנכרתה בערבות מואב, ופרשיות בודדות נוספות.

אך לפרשת הברכות והקללות שבמשנה תורה יש נספח:

פֶּן יֵשׁ בָּכֶם אִישׁ אוֹ אִשָּׁה אוֹ מִשְׁפָּחָה אוֹ שֵׁבֶט אֲשֶׁר לְבָבוֹ פֹנֶה הַיּוֹם מֵעִם ה׳ אֱלֹהֵינוּ לָלֶכֶת לַעֲבֹד אֶת אֱלֹהֵי הַגּוֹיִם הָהֵם, פֶּן יֵשׁ בָּכֶם שֹׁרֶשׁ פֹּרֶה רֹאשׁ וְלַעֲנָה, וְהָיָה בְּשָׁמְעוֹ אֶת דִּבְרֵי הָאָלָה הַזֹּאת וְהִתְבָּרֵךְ בִּלְבָבוֹ לֵאמֹר: שָׁלוֹם יִהְיֶה לִּי כִּי בִּשְׁרִרוּת לִבִּי אֵלֵךְ (דברים כ״ט יז-יח).

הברית נכרתה עם כלל העם. קיומה וחילולה והשכר והעונש על כך הם על ראשו של העם כולו. אך התורה רואה צורך להתייחס גם ליחיד המחליט על דעת עצמו לפרוש מן הברית, וכיוון שעונשו של חילול הברית תלוי באומה כולה, הוא בטוח שאם יחללנה לבדו, לא יחול עליו כל עונש.

לא לגמרי ברור מה עונשו של החוטא הפרטי ב׳נספח׳ הנזכר, שהרי התורה שָׁבה לדון בו בעונש כללי על כל הארץ ועל כל העם, ״כמהפכת סדֹם ועמורה אדמה (וצביים) [וצבוים] אשר הפך ה׳ באפו ובחמתו״ (שם כב).

היה גם בימי עזרא ונחמיה בחודש השביעי מאחד לחודש ועד אחרי סוכות (ראה נחמיה ח׳).

השכר והעונש של הציבור ושל האדם הפרטי

אפשר שכאן בא ספר קהלת להשלים את החסר בברית הברכות והקללות שבתורה, העונש הברור על היחיד המפר את הברית.

העונש על כלל העם מתחייב במערכות שאנו מכירים, שבהן העם מתקיים כציבור שלם. העונש המתחייב הוא: בצורת וקללת האדמה, מלחמה וקללת התבוסה ושלטון האויב, דבר, מחלות וירידת קרנם של ישראל בגויים ובעיקר סילוק שכינה מהם. בדרך הטבע, עונש כזה אינו מבחין בפרטים בין צדיק לרשע. רעב ובצורת, מלחמה ותבוסה הם נחלת כולם:

> וְאָמַרְתָּ לְאַדְמַת יִשְׂרָאֵל, כֹּה אָמַר ה׳, הִנְנִי אֵלַיִךְ וְהוֹצֵאתִי חַרְבִּי מִתַּעְרָהּ וְהִכְרַתִּי מִמֵּךְ צַדִּיק וְרָשָׁע (יחזקאל כ״א ח).

הפרט מקבל את שכרו ואת עונשו בעיקר בעולם הבא, שבו "כל צדיק וצדיק נותנין לו מדור לפי כבודו" (שבת קנב ע"א)[9]. אלא ששכר ועונש אלו לא נתפרשו לגמרי בתורה, העוסקת בעיקר בברית עם העם כולו.

קהלת הוא היחיד שמפרש את המשפט, השכר והעונש הצפויים בעולם הבא ליחיד אחרי מיתתו, ויש בדבריו השלמה נחוצה ומתבקשת לספר הברית הנאמר בתורה, וממילא לצורך ללמד אותו לעם בעת מעמד הקהל, העוסק בהתחייבות לשמירת התורה:

> אָמַרְתִּי אֲנִי בְּלִבִּי, אֶת הַצַּדִּיק וְאֶת הָרָשָׁע יִשְׁפֹּט הָאֱלֹהִים כִּי עֵת לְכָל חֵפֶץ וְעַל כָּל הַמַּעֲשֶׂה שָׁם[10] (קהלת ג׳ יז).
>
> מִי יוֹדֵעַ רוּחַ בְּנֵי הָאָדָם הָעֹלָה הִיא לְמָעְלָה (שם כא).

9. וראה גם בבא מציעא פג ע"ב, בבא בתרא עה ע"א ועוד מקומות רבים.
10. "שם" הכוונה: מעל השמים, כלומר בעולם הבא. בניגוד לנאמר לעיל: "לכל

נראה שפסוקים אלו רומזים על משפטו של ה׳ בעת שרוחו של האדם תעלה מעלה ל״שם״.

בהמשך הספר יאמר קהלת במפורש שאדם אינו שליט לקבוע מתי יהיה יום מותו. וביום שייגזר עליו המוות, רוחו תצא מקרבו והוא לא יוכל לכלאה בקרבו. וכשם שאינו שליט על יום מותו ועל קצבת חייו, כך עליו לידע שלא יימלט ברשעו מדינו של הקב״ה ביום הדין שאחרי המוות, בעולם הבא:

אֵין אָדָם שַׁלִּיט בָּרוּחַ לִכְלוֹא אֶת הָרוּחַ וְאֵין שִׁלְטוֹן בְּיוֹם הַמָּוֶת וְאֵין מִשְׁלַחַת בַּמִּלְחָמָה וְלֹא יְמַלֵּט רֶשַׁע אֶת בְּעָלָיו (קהלת ח׳ ח).

קהלת מסיים את ספרו בתיאור קשה של ימי הזקנה עד שלא יבואו ימי הרעה, ובצורך לזכור את הבורא ואת מצוותיו עד שלא יבוא יום הדין, שיבוא לאחר שהרוח תשוב אל האלוהים אשר נתנה.

וּזְכֹר אֶת בּוֹרְאֶיךָ בִּימֵי בְּחוּרֹתֶיךָ עַד אֲשֶׁר לֹא יָבֹאוּ יְמֵי הָרָעָה וְהִגִּיעוּ שָׁנִים אֲשֶׁר תֹּאמַר אֵין לִי בָהֶם חֵפֶץ (שם י״ב א).

וְיָשֹׁב הֶעָפָר עַל הָאָרֶץ כְּשֶׁהָיָה וְהָרוּחַ תָּשׁוּב אֶל הָאֱלֹהִים אֲשֶׁר נְתָנָהּ (שם ז).

הוא חותם את ספרו במסקנה:

סוֹף דָּבָר, הַכֹּל נִשְׁמָע אֶת הָאֱלֹהִים יְרָא וְאֶת מִצְוֹתָיו שְׁמוֹר כִּי זֶה **כָּל הָאָדָם**. כִּי אֶת כָּל מַעֲשֶׂה הָאֱלֹהִים יָבִא בְמִשְׁפָּט עַל כָּל נֶעְלָם אִם טוֹב וְאִם רָע (שם י״ב יג-יד).

זמן, ועת לכל חפץ תחת השמים״ (קהלת ג׳ א). גם פירוש זה למדתי מתורתו של מו״ר הרב יואל בן־נון.

וכוונתו היא ליום שאחרי המוות, וכמוכח מן ההקבלה[11]:

טוֹב לָלֶכֶת אֶל בֵּית אֵבֶל מִלֶּכֶת אֶל בֵּית מִשְׁתֶּה בַּאֲשֶׁר הוּא **סוֹף כָּל הָאָדָם** וְהַחַי יִתֵּן אֶל לִבּוֹ (שם ז׳ ב).

קהלת והמקדש

אפשר שניתן למצוא קשר מהותי בין ספר קהלת לחנוכת המקדש, שנאמר בה: ״אז יקהל שלמה״, ועל פי המדרש נאמר בה ספר קהלת. וזאת מלבד ההזכרה המפורשת של המקדש:

שְׁמֹר (רגליך) [רַגְלְךָ] כַּאֲשֶׁר תֵּלֵךְ אֶל בֵּית הָאֱלֹהִים וְקָרוֹב לִשְׁמֹעַ מִתֵּת הַכְּסִילִים זָבַח (קהלת ד׳ יז).

במקומות רבים המקדש הוא בבואה של העולם הבא, וליתר דיוק - של גן העדן, וזאת בשל השכינה השורה בו תדיר. נביא לכך דוגמה אחת מני רבות מיחזקאל:

בֶּן אָדָם, שָׂא קִינָה עַל מֶלֶךְ צוֹר וְאָמַרְתָּ לּוֹ, כֹּה אָמַר אֲדֹנָי ה׳, אַתָּה חוֹתֵם תָּכְנִית מָלֵא חָכְמָה וּכְלִיל יֹפִי. בְּעֵדֶן גַּן אֱלֹהִים הָיִיתָ כָּל אֶבֶן יְקָרָה מְסֻכָתֶךָ אֹדֶם פִּטְדָה וְיָהֲלֹם תַּרְשִׁישׁ שֹׁהַם וְיָשְׁפֵה סַפִּיר נֹפֶךְ וּבָרְקַת וְזָהָב מְלֶאכֶת תֻּפֶּיךָ וּנְקָבֶיךָ בָּךְ בְּיוֹם הִבָּרַאֲךָ כּוֹנָנוּ. אַתְּ כְּרוּב מִמְשַׁח הַסּוֹכֵךְ וּנְתַתִּיךָ בְּהַר קֹדֶשׁ אֱלֹהִים הָיִיתָ בְּתוֹךְ אַבְנֵי אֵשׁ הִתְהַלָּכְתָּ. תָּמִים אַתָּה בִּדְרָכֶיךָ מִיּוֹם הִבָּרְאָךְ עַד נִמְצָא עַוְלָתָה בָּךְ. בְּרֹב רְכֻלָּתְךָ מָלוּ תוֹכְךָ חָמָס וַתֶּחֱטָא וָאֲחַלֶּלְךָ מֵהַר אֱלֹהִים וָאַבֶּדְךָ כְּרוּב הַסֹּכֵךְ מִתּוֹךְ אַבְנֵי אֵשׁ (יחזקאל כ״ח יב–טז).

11. גם אותה למדתי מתורתו של מו״ר הנ״ל.

מצד אחד, מלך צור מתואר כאדם מושלם בגן עדן (דוגמת אדם הראשון עד שלא נתמעטה דמותו בעקבות החטא), ומצד שני בהר קודש אלוהים. הכרובים הסוככים המתוארים בנבואה קיימים בגן העדן (בראשית ג׳ כד) וגם במשכן, על הכפורת (שמות כ״ה כ). גם האבנים הטובות שבגן העדן בנבואה הן אבני החושן שבמקדש (שם כ״ח יז-כ), ואף אבני האפוד המקבילות להן (שם ח) מצויות גם בגן העדן (בראשית ב׳ יב).

ליום הדין שאחרי המוות המתואר בקהלת יש מקבילה גם במקדש. הנביא מתאר את המקדש כמקום המשפט דווקא בין האומות:

> וְהָלְכוּ עַמִּים רַבִּים וְאָמְרוּ, לְכוּ וְנַעֲלֶה אֶל הַר ה׳ אֶל בֵּית אֱלֹהֵי יַעֲקֹב וְיֹרֵנוּ מִדְּרָכָיו וְנֵלְכָה בְּאֹרְחֹתָיו כִּי מִצִּיּוֹן תֵּצֵא תוֹרָה וּדְבַר ה׳ מִירוּשָׁלָםִ. וְשָׁפַט בֵּין הַגּוֹיִם וְהוֹכִיחַ לְעַמִּים רַבִּים (ישעיהו ב׳ ג-ד).

אך שלמה מתאר את המקדש כמקום הדין גם ליחיד:

> לִהְיוֹת עֵינֶךָ פְתֻחוֹת אֶל הַבַּיִת הַזֶּה לַיְלָה וָיוֹם אֶל הַמָּקוֹם אֲשֶׁר אָמַרְתָּ יִהְיֶה שְׁמִי שָׁם לִשְׁמֹעַ אֶל הַתְּפִלָּה אֲשֶׁר יִתְפַּלֵּל עַבְדְּךָ אֶל הַמָּקוֹם הַזֶּה... אֵת אֲשֶׁר יֶחֱטָא אִישׁ לְרֵעֵהוּ וְנָשָׁא בוֹ אָלָה לְהַאֲלֹתוֹ וּבָא אָלָה לִפְנֵי מִזְבַּחֲךָ בַּבַּיִת הַזֶּה. וְאַתָּה תִּשְׁמַע הַשָּׁמַיִם וְעָשִׂיתָ וְשָׁפַטְתָּ אֶת עֲבָדֶיךָ לְהַרְשִׁיעַ רָשָׁע לָתֵת דַּרְכּוֹ בְּרֹאשׁוֹ וּלְהַצְדִּיק צַדִּיק לָתֶת לוֹ כְּצִדְקָתוֹ (מלכים-א ח׳ כט-לב).

ובעת חנוכת המקדש, במעמד הקהל העוסק במשפט, בשכר ובעונש לכלל העם על קיום הברית עם הקב״ה או על חילולה, במקדש, שהוא מקום משפט ה׳ (יחד עם הסליחה והכפרה) על החוטא היחיד, שלמה

מלמד את העם על מקום המשפט שלאחר המוות ליחיד, בעולם הבא, במקום ש"הרוח תשוב אל האלהים אשר נתנה", ושם "לא ימלט רשע את בעליו".

סוכות - החג המסיים את ימי הדין

יום משפטו של האדם העומד לפני ה', שהוא כאמור מסקנת ספר קהלת, מתקשר אף הוא לחג הסוכות, שבו אנו קוראים את ספר קהלת.

חג הסוכות, בנוסף להיותו אחד משלושת הרגלים, הוא גם הצלע השלישית של חגי החודש השביעי, ראש השנה ויום הכיפורים, חגי חודש הדין וימי המשפט. כאן הסוכה אינה הסוכה הפשוטה של הנודד במדבר, שנועדה להחליף לשבוע ימים את ביתו השבע של האוסף את תבואתו. כאן הסוכה עשויה מענני כבוד[12], וכנאמר על הסוכה בישעיהו:

12. על פי שיטת רבי אליעזר (ראה סוכה יא ע"ב).
אמר הכותב: לצורך הבנת שני היסודות בסוכה ומחלוקתם של רבי אליעזר ורבי עקיבא אם היו סוכות ממש או שהסוכות הן כנגד ענני הכבוד יש להאריך מעט. לדברי ר' עקיבא, סוכתנו היא זכר לדלותם של ישראל במדבר, בעת שלא היו להם בית ונחלה, והן גרו בסוכות כפשטן. חג הסוכות הוא המשכן של תלאות יציאת מצרים עד שבאו בני ישראל אל נחלתם. לדעת ר' אליעזר באה סוכתנו לרומם אותנו למדרגתם של ישראל בעת שענני כבודו של הקב"ה חפפו עליהם, דוגמת הכהן הגדול ביום הכיפורים.
באשר לסוכות שבני ישראל היו בהן במדבר, להערכתנו אין מחלוקת בין התנאים הנזכרים, ושניהם צדקו כאחת. בשנה הראשונה לצאתם ממצרים בא חג הסוכות בעקבות סליחתו של הקב"ה על מעשה העגל, והשראת מידות רחמיו על עם ישראל, וכפי שנגלה בענן למשה בהר סיני. היו אלו סוכות של ענני כבוד, שהתקיימה בהן בקשתו של משה: "ובמה יודע אפוא כי מצאתי חן בעיניך אני ועמך... ונפלינו אני ועמך מכל העם אשר על פני האדמה" (שמות ל"ג טז). אך בשנה השנייה היה חטא המרגלים, ובעקבותיו נסתלקה השכינה מן המחנה לשלושים ושמונה שנים, ואפילו הנבואה לא שרתה על משה רבנו

> וּבָרָא ה׳ עַל כָּל מְכוֹן הַר צִיּוֹן וְעַל מִקְרָאֶהָ עָנָן יוֹמָם וְעָשָׁן וְנֹגַהּ אֵשׁ לֶהָבָה לָיְלָה כִּי עַל כָּל כָּבוֹד חֻפָּה. וְסֻכָּה תִּהְיֶה לְצֵל יוֹמָם מֵחֹרֶב וּלְמַחְסֶה וּלְמִסְתּוֹר מִזֶּרֶם וּמִמָּטָר (ד׳ ה-ו).

סוכת ענני הכבוד ממשיכה את התהליך שהחל ביום הכיפורים, בעת שהכוהן הגדול נכנס אל קודש הקודשים לכפר על עם ישראל אל מול ענן הקטורת, שנועד לייצג את הענן שבו נראה ה׳ אל משה בעת שאמר לו את שלוש עשרה מידות הרחמים:

> וַיֹּאמֶר ה׳ אֶל מֹשֶׁה דַּבֵּר אֶל אַהֲרֹן אָחִיךָ וְאַל יָבֹא בְכָל עֵת אֶל הַקֹּדֶשׁ מִבֵּית לַפָּרֹכֶת אֶל פְּנֵי הַכַּפֹּרֶת אֲשֶׁר עַל הָאָרֹן וְלֹא יָמוּת כִּי בֶּעָנָן אֵרָאֶה עַל הַכַּפֹּרֶת (ויקרא ט״ז ב).
>
> וְנָתַן אֶת הַקְּטֹרֶת עַל הָאֵשׁ לִפְנֵי ה׳ וְכִסָּה עֲנַן הַקְּטֹרֶת אֶת הַכַּפֹּרֶת אֲשֶׁר עַל הָעֵדוּת וְלֹא יָמוּת (שם יג).
>
> וְכִפֶּר עַל הַקֹּדֶשׁ מִטֻּמְאֹת בְּנֵי יִשְׂרָאֵל וּמִפִּשְׁעֵיהֶם לְכָל חַטֹּאתָם וְכֵן יַעֲשֶׂה לְאֹהֶל מוֹעֵד הַשֹּׁכֵן אִתָּם בְּתוֹךְ טֻמְאֹתָם (שם טז).

כאמור, מראה דומה היה גם ביום הכיפורים של השנה הראשונה לצאת בני ישראל ממצרים, עם תום הסדרה השלישית של ארבעים הימים, בעת הכפרה על מעשה העגל, בעת אמירת שלוש עשרה מידות הרחמים:

באותן שנים (עיינו למשל, רש״י דברים ב׳ טז-יז). קשה להניח שעם ישראל חי באותן שנים תחת ענני כבוד, ויש להניח שחי בסוכות כפשוטן. שם יכלו בני עמלק לתקוף אותו ולהקיז את דמו מדי יום ביומו, וכפי שעשו בחטא המעפילים. הרחבנו על כך במאמרנו ׳עמלק׳, בתוך: על דרך האבות, א׳ בזק (עורך), אלון שבות תשס״ג, עמ׳ 317-397. כאמור, מבחינה היסטורית צדקו דברי שני התנאים, ולא נחלקו אלא לזכר מה הסוכות שלנו.

וַיֵּרֶד ה׳ בֶּעָנָן וַיִּתְיַצֵּב עִמּוֹ שָׁם וַיִּקְרָא בְשֵׁם ה׳. וַיַּעֲבֹר ה׳ עַל פָּנָיו וַיִּקְרָא, ה׳ ה׳ אֵל רַחוּם וְחַנּוּן אֶרֶךְ אַפַּיִם וְרַב חֶסֶד וֶאֱמֶת. נֹצֵר חֶסֶד לָאֲלָפִים נֹשֵׂא עָוֹן וָפֶשַׁע וְחַטָּאָה וְנַקֵּה לֹא יְנַקֶּה פֹּקֵד עֲוֹן אָבוֹת עַל בָּנִים וְעַל בְּנֵי בָנִים עַל שִׁלֵּשִׁים וְעַל רִבֵּעִים (שמות ל״ד ה-ז).

בחג הסוכות נכנס כל עם ישראל אל תוך הענן, בסוכת ענני הכבוד שחפפה על בני ישראל במדבר. אז נכרתת מחדש הברית בין ה׳ לבין ישראל על ברכותיה (״ונקה״) וקללותיה (״לא ינקה״).

סיכום הקשר בין קהלת לחג הסוכות

לעתים קרובות קהלת הוא כספר החתום בעיני הקורא. במגילות רות ואסתר מתפתחת עלילה רצופה. מגילות איכה ושיר השירים מתרכזות כל אחת בנושא מוגדר, האבלות על החורבן ואהבת הדוד והרעיה. מגילת קהלת מדלגת מעניין לעניין ללא סדר ברור, ונושאה המרכזי נותר פעמים רבות מעורפל. על כן יכול דרשן מזדמן לקשור כמעט כל נושא שיחפוץ בו לקהלת, ובמקרה שלנו, לגבב נימוקים רבים ושונים על קשר אפשרי בין מגילת קהלת לחג הסוכות, בדרך שאינה מעוררת אמון אצל הקורא.

להלן ננסה לטעון שאנו הלכנו בדרך שונה, אף שהבאנו ארבעה נימוקים שונים לקשר בין קהלת לבין חג הסוכות. אנו נטען שארבעת הנימוקים הן השתקפויות של עניין אחד, ושהוא לב הקשר בין קהלת לחג הסוכות.

קהלת פתח את ספרו בתנועה המעגלית ובבעיית המחזוריות בעולם. התנועה המעגלית היא הרמונית וקרובה לשלמות, אך דווקא

בשל כך ובשל העובדה שהאדם יכול לצפות את המהלכים הבאים בתנועה הזאת, רב בה מפח הנפש[13]. האדם חש כי אף על פי שהוא יודע הכול, חייו אינם מובילים לשום מטרה, ולעולם הוא שב אל נקודת ההתחלה. האדם עומד לפני סימן שאלה דומה כל חג סוכות, בעת שהנה השלימה את מעגלה והציבה את האדם מחדש בנקודת ההתחלה.

המרחק מכאן לתחושת הזרא שבשובע, הממלא את האדם וממית בקרבו כל שאיפה לחתירה קדימה אל שְׁלֵמות של אמת, ולשאלה מה באמת יצא לו מכל עמלו, הוא מרחק קצר. קהלת מתאר היטב את העושר הרב שצבר ולעומתו את חוסר תחושת הסיפוק מכך. זוהי תחושה שגם החקלאי האוסף את יבולו הרב בחג הסוכות עלול לחוש בזמן שמחתנו, וממילא לשאלתו של קהלת: "ולשמחה מה זֹּה עֹשָׂה?".

אך תחושת המעגל של שובע הגוף והרכוש ושל שובע הדעת של מי ששבילו של המעגל נהיר לו אינה תחושה נכונה. השנה החדשה עלולה להיות שונה מקודמתה ורעה ממנה. שמא לא ירדו גשמים ושמא תתרגש חלילה צרה אחרת. ימי הדין שבתחילת השנה ושאלתו חסרת התשובה של הקדוש רבי אמנון ממגנצא[14]: "מי יחיה ומי ימות? מי בקִצו ומי לא בקִצו?... מי ישלו ומי יתַיסר? מי ישפל ומי ירום?" ממשיכה לנקר ולהעלות ספקות. המוות הבלתי צפוי מתואר בצבעים עזים וקודרים בקהלת:

13. סופר הילדים הדני הנס כריסטיאן אנדרסן עוסק בכישרון רב בשאלה זו בסיפורו על הזמיר של מלך סין. בסיפור, הזמיר האמיתי, השר כל יום שיר חדש מלבו, מתחרה בציפור מלאכותית ומלכותית מזהב, שמתוכנת בה שיר אחד בלבד המופעל על ידי קפיץ, ושמעלתה אצל השומעים היא שלעולם ניתן לצפות מה תשיר, והם, השומעים, אינם צפויים להשפלה שבהפתעה.

14. פסקה זו בדברי הקדוש רבי אמנון לקוחה כנראה מתפילת רבי אלעזר הקליר.

> שַׁבְתִּי וְרָאֹה תַחַת הַשֶּׁמֶשׁ כִּי לֹא לַקַּלִּים הַמֵּרוֹץ וְלֹא לַגִּבּוֹרִים הַמִּלְחָמָה וְגַם לֹא לַחֲכָמִים לֶחֶם וְגַם לֹא לַנְּבֹנִים עֹשֶׁר וְגַם לֹא לַיֹּדְעִים חֵן כִּי עֵת וָפֶגַע יִקְרֶה אֶת כֻּלָּם. כִּי גַּם לֹא יֵדַע הָאָדָם אֶת עִתּוֹ כַּדָּגִים שֶׁנֶּאֱחָזִים בִּמְצוֹדָה רָעָה וְכַצִּפֳּרִים הָאֲחֻזוֹת בַּפָּח כָּהֵם יוּקָשִׁים בְּנֵי הָאָדָם לְעֵת רָעָה כְּשֶׁתִּפּוֹל עֲלֵיהֶם פִּתְאֹם (קהלת ט׳ יא-יב).

ואכן לאחר חיבוטי נפש רבים קהלת מגיע עם הקורא המלווה אותו אל תחושת חוסר הביטחון של הזורע את תבואתו מיד אחרי חג הסוכות, ואינו יודע אם ה׳ יברכנה ואם תצמח. דווקא שם מנסה קהלת להעניק תחושת ביטחון לזורע. אך תחושת ביטחון זו אינה מכוח היותו יודע הכול; דווקא מכוח חוסר ידיעתו צומח ועולה כוח החזק מן הידיעה - כוח האמונה. האמונה בה׳ חי העולמים, בחסדו וברחמיו.

האמונה מותירה את ידיעת האדם ואת שכלו לכאורה כחסרי משמעות[15], אך הידיעה היא כוח חשוב בנפשו של האדם:

> שַׁלַּח לַחְמְךָ עַל פְּנֵי הַמָּיִם כִּי בְרֹב הַיָּמִים תִּמְצָאֶנּוּ. תֶּן חֵלֶק לְשִׁבְעָה וְגַם לִשְׁמוֹנָה **כִּי לֹא תֵדַע** מַה יִּהְיֶה רָעָה עַל הָאָרֶץ. אִם יִמָּלְאוּ הֶעָבִים גֶּשֶׁם עַל הָאָרֶץ יָרִיקוּ וְאִם יִפּוֹל עֵץ בַּדָּרוֹם וְאִם בַּצָּפוֹן מְקוֹם שֶׁיִּפּוֹל הָעֵץ שָׁם יְהוּא. שֹׁמֵר רוּחַ לֹא יִזְרָע וְרֹאֶה בֶעָבִים לֹא יִקְצוֹר. כַּאֲשֶׁר **אֵינְךָ יוֹדֵעַ** מַה דֶּרֶךְ הָרוּחַ כַּעֲצָמִים בְּבֶטֶן הַמְּלֵאָה כָּכָה **לֹא תֵדַע** אֶת מַעֲשֵׂה הָאֱלֹהִים אֲשֶׁר יַעֲשֶׂה אֶת הַכֹּל. בַּבֹּקֶר זְרַע אֶת זַרְעֶךָ וְלָעֶרֶב אַל תַּנַּח יָדֶךָ **כִּי אֵינְךָ יוֹדֵעַ** אֵי זֶה יִכְשַׁר הֲזֶה אוֹ זֶה וְאִם שְׁנֵיהֶם כְּאֶחָד טוֹבִים. וּמָתוֹק

15. כמו בנוסח העולה רבות מכתבי מוהר״ן מברסלב זיע״א. ואין כאן מקום להאריך. עיין למשל: ליקוטי מוהר״ן תורה ס״ד סעיף ב, ד״ה ״והנה ע״י אמונה״, מהד׳ ש׳ לוריא, ערד תשס״א, עמ׳ קסב.

> הָאוֹר וְטוֹב לַעֵינַיִם לִרְאוֹת אֶת הַשָּׁמֶשׁ. כִּי אִם שָׁנִים הַרְבֵּה יִחְיֶה הָאָדָם בְּכֻלָּם יִשְׂמָח וְיִזְכֹּר אֶת יְמֵי הַחֹשֶׁךְ כִּי הַרְבֵּה יִהְיוּ כָּל שֶׁבָּא הָבֶל. שְׂמַח בָּחוּר בְּיַלְדוּתֶיךָ וִיטִיבְךָ לִבְּךָ בִּימֵי בְחוּרוֹתֶךָ וְהַלֵּךְ בְּדַרְכֵי לִבְּךָ וּבְמַרְאֵי עֵינֶיךָ **וְדָע** כִּי עַל כָּל אֵלֶּה יְבִיאֲךָ הָאֱלֹהִים בַּמִּשְׁפָּט (קהלת י״א א–ט).

ארבע פעמים מדגיש קהלת את חוסר הידיעה, ידיעה הנובעת מן התנועה המעגלית האין־סופית, שאינה משתנה. הרהב שהיה מנת חלקו של המחבר בתחילת המגילה נעלם עם חוסר הידיעה ההולך ומתגבר. ועדיין נותרה הידיעה בתחום אחד בלבד: הוודאות הגמורה שיום יבוא והאדם יעמוד למשפט לפני בוראו וייתן לפניו דין וחשבון על כל מעשיו ומחדליו, יקבל את שכרם וישלם את מחירם. משפטו של האדם חובר אל ספר הברית הנקרא בחג הסוכות במוצאי השמיטה.

קהלת והשנה החדשה

מכאן לעומק הפרדוקס המצוי בטענתו של קהלת, והנועד ללוות את האדם בחג הסוכות ואחריו מעת התקדשה עליו השנה החדשה: מי ששכח את נדודי המדבר וזכה בבית ובנחלה, בשדה ובכרם נוטה לחשוב שענייניו בעולם הזה קבועים ומסודרים, והשנה המתחדשת אינה אלא סיום שגרתי וקבוע של מעגל והתחדשותו בדרך ידועה מראש. אם יש בעיניו עולם סתום, נעלם, רב חידות ובלתי ידוע, זהו העולם הבא, עולם המשפט. שהרי איש לא ראה מה קורה שם. ומי שראה, כבר אינו מסוגל להעיד בפנינו על כך.

במוצאי ימי הדין של חודש תשרי קהלת מעמיד מולנו את חוסר הוודאות ואת הנעלם הרב הכרוכים בחיים השגרתיים בעולם

הזה, למרות הקביעות של הבית ושל הנחלה. הוא מראה לנו שהוודאות הגדולה שיש לנו בעולם היא דווקא ביום הדין לעולם הבא, ושהקב"ה יעמיד אותנו למשפט על כל נעלם.

ארבעת הנימוקים נארגים למסכת אחת ולתמונה אחת במגילת קהלת ובחג הסוכות, החותם לנו את ימי הדין, הפותח לנו שנה חדשה, המביא אותנו אל הגורן האסוף ומלא היבול ואל החרדות של ערב תפילת הגשם, וכמובן, אל ספר הברית, המתחדשת במוצאי השמיטה.

מדרש עלילה –
רקע למערכות קהלת

(מדרש אגדה, שילוב של היגיון ודמיון מבין הפסוקים והשורות)

יואל בן־נון

קהלת אינו כתוב כסיפור היסטורי, ואפשר בקלות להתעלם מהרמזים לשלמה בסוף ימיו ולשאלת הירושה - מי ישב על כסא שלמה אחריו - ולקרוא רק את הוויכוח ההגותי, החכמתי, הדתי והמוסרי כספר עיון פילוסופי.

אבל אפשר להציע גם קריאה מדרשית־היסטורית דרך ׳מדרש עלילה׳, הבא לספר סיפור על ההתלבטות הגדולה, לא על משמעות החיים מול המוות באופן כללי, אלא על מפעלו הגדול של שלמה בן דוד: ״שֶׁאַנִּיחֶנּוּ לאדם שיהיה אחרי - ומי יודע החכם יהיה או סכל, וישלַט בכל עמלי שעמלתי ושחכמתי תחת השמש... וסבותי אני ליַאֵש את לִבִּי...״.

קריאה כזאת איננה אפשרית במסגרת הפשט, כי היא דורשת השלמות סיפוריות שאינן כתובות,[1] ולכן צריך להיעזר בדמיון

1. כפי שהשלים התרגום לקהלת ב׳ יח, שפירש את המגילה בדרך זו (ראו במאמרו של הרב מדן עמ׳ 126); גם הרב ראובן מרגליות (המקרא והמסורה, ירושלים תשמ״ט, עמ׳ כב–כז) פירש את הרקע לקהלת בדרך זו.

ספרותי. לכן כתבתי מדרש עלילה העוקב אחרי סוף חייו של שלמה המלך, ומאפשר לקרוא את ההתלבטויות הקיומיות על רקע המשבר הגדול בסוף חיי שלמה, בקביעת היורש ובהעברת כיסא המלוכה לרחבעם, שלא הצליח לשמור על ממלכה מאוחדת, והמפעל הגדול של אביו וסבו, שלמה ודוד, קרס ברובו.

בנקודה אחת חרגתי מהמתואר בספר מלכים, כשהקדמתי את יציאת רחבעם לשכם לזמן גסיסתו ומותו של שלמה בירושלים.

רקע עלילתי למערכה ראשונה:

המלך שלמה התהפך על משכבו בלבטים קשים: מי ימלוך על ישראל אחרַי? מי ישב על כיסאי תחתַי? מי יקבל לידיו את כל מעשי אשר הגדלתי לעשות בירושלים?

הגדלתי מַעֲשָׂי... (ב' ב–י). [אבל מה יהיה]
כי מה (=מי) האדם שיבוא אחרי המלך,
[וינהל] את אשר כבר עָשׂוּהוּ (שם יב).

אף אחד מבניו אינו נראה לו ראוי באמת! הוא עובר על שמותיהם אחד אחד ועל שמות אימותיהם אחת לאחת ואינו מוצא מנוחה בנפשו.

ושָׂנֵאתי את החיים...
ושָׂנֵאתי אני את כל עמלי, שאני עָמֵל תחת השמש,
שֶׁאַנִּיחֶנּוּ לָאדם שיהיה אַחרָי.
ומי יודע הֶחכם יהיה או סָכָל,
ויִשלַט בכל עמלי שעמלתי ושחָכַמתי תחת השמש...
וסַבּוֹתִי אני ליַאֵשׁ את לבי,
על כל הֶעָמָל שעָמַלתי תחת השמש.
כי יש אדם שֶׁעֲמָלו בחכמה ובדעת ובְכִשְׁרוֹן,

ולאדם שלא עָמַל בו יִתְּנֶנּוּ חֶלְקוֹ,
גם זה הבל ורעה רבה (ב' יז–כא).

רקע עלילתי למערכה שנייה (הפותחת בשיר העתים):

לַכֹּל זמן, ועֵת לכל חֵפֶץ תחת השמים... (ג' א–ח).

הגיע העת לקבל הכרעה. המלך שלמה כינס את יועציו הקרובים ביותר ושטח את ספקותיו בפניהם:

יש אחד ואין שני, גם בן ואח אין לו,
ואין קץ לכל עמלו, גם עֵינוֹ לא תִשְׂבַּע עֹשֶׁר,
ולמי אני עָמֵל ומְחַסֵּר את נפשי מִטובה? (ד' ח).

לבסוף אמר המלך שרחבעם בן נעמה הוא 'האחד', המועמד היותר מתאים מכולם לשבת על כס המלוכה 'תחתַי'. הוא נאמן לירושלים, לבית ה' ולבית דוד. האחרים ("עם הילד השני") הם רודפי נשים ומשתאות, חומדי כבוד ושררה.

ראיתי את כל החיים המְהַלכים תחת השמש,
עם הילד השני אשר יַעמֹד תחתיו.
אין קץ לכל העם,
לכל אשר היה לפניהם... (ד' טו–טז).

רוב היועצים הנהנו אחרי המלך בהסכמה, כדרכם תמיד. רק חכם אחד אמר למלך שלמה: היזהר! הוא חלש מדי; בלִבו חשב, שלא בטוח אם יֵדַע רחבעם לנהוג בחכמה, אך לא העז לומר זאת.

טוב ילד מִסכֵּן וחכם,
מִמלך זקן וכסיל,

אשר לא ידע להִזָהֵר עוד (ד' יג).

המלך שלמה ענה לחכם המזהיר: גם אני הייתי 'נער ורך' כאשר המליך אותי דוד אבי. הזקנים שלנו יעמדו לימינו של רחבעם ויעזרו לו.

טובים השנים מן האחד,
אשר יש להם שכר טוב בעמלם.
כי אם יִפֹּלוּ, האחד יקים את חברו,
ואילו, האחד שֶׁיִפֹּל, ואין שני לַהֲקִימוֹ...
והחוט המְשֻׁלָּשׁ לא במהרה יִנָּתֵק (ד' ט–יב).

אך לִבו של שלמה אינו שלם עם הכרעתו.

הכל הולך אל מקום אחד,
הכֹּל היה מן העפר, והכֹּל שָׁב אל העפר.
מי יודע רוח בני האדם הָעֹלָה היא למעלה ...?
וראיתי כי אין טוב מאשר ישמח האדם במעשיו,
כי מי יְבִיאֶנּוּ לראות בְּמֶה שיהיה אחריו (ג' כ–כב).

רקע עלילתי למערכה שלישית (הפותחת בתוכחה של ירא האלוהים):

אַל תְּבַהֵל על פיך,
ולבך אל יְמַהֵר להוציא דבר לפני האלהים,
כי האלהים בשמים ואתה על הארץ,
על כן יהיו דבריך מעטים.
כי בא החלום ברֹב עִנְיָן,

וקול כסיל ברֹב דברים...
אל תִתֵן את פיך לַחֲטיא את בשרך,
ואל תאמר לפני המלאך כי שגגה היא,
למה יִקצֹף האלהים על קולך,
וחִבֵּל את מעשה ידיך.
כי ברֹב חֲלֹמות וַהֲבָלים ודברים הרבה,
כי את האלהים יְרָא (ה' א–ו).

שמועות נפוצו ברחבי הממלכה על מינוי יורש למלך שלמה, ומחרושת השמות והדיבורים עלה שרחבעם בן נעמה הוא המועמד המוביל. בידיו עושר ונכסים, רבים תומכים בו והוא מקושר היטב למוקדי כוח רבים:

גם כל האדם אשר יִתֶן לו האלהים עֹשֶר ונכסים,
והִשליטו לֶאֱכֹל ממנו ולשאת את חֶלקו, ולִשְׂמֹחַ בַּעֲמָלוֹ,
זה מַתַת אלהים היא (ה' יח).

אך נשמעו גם קולות אחרים – לרחבעם גם מתנגדים לא מעטים, והיו שהזכירו את מוצא אמו ואמרו: דיינו ברות המואבייה, למה לנו גם נעמה העמונית?

יש רעה אשר ראיתי תחת השמש,
וַרבה היא על האדם.
איש אשר יִתֶן לו האלהים עֹשֶר ונכסים וכבוד,
ואיננו חָסֵר לנפשו מִכֹּל אשר יִתְאַוֶה,
ולא יַשליטֶנו האלהים לֶאֱכֹל ממנו,
כי איש נכרי יאכלנו,
זה הבל וחֳלִי רע הוא (ו' א–ב).

רקע עלילתי למערכה רביעית
(הפותחת במענה החכם, הרומז ליום המוות הקרב):

טוב שֵׁם מִשֶּׁמֶן טוב,
ויום הַמָּוֶת מיום הִוָּלְדוֹ.
טוב ללכת אל בית אֵבֶל,
מִלֶּכֶת אל בית מִשְׁתֶּה,
בַּאֲשֶׁר הוא סוף כל האדם,
והחי יִתֵּן אל לִבּוֹ (ז' א–ב).

יועצי המלך שלמה באו אליו, השתחוו אפיים ואמרו לו: אדוננו מלכנו, מדברים יותר מדי על השאלה הבוערת, ואפילו עבדי המלך משמיעים דברים לא יפים. אנא שים קץ לשמועות ולדיבורים, שמקצתם דברים רעים, והודע ברבים על החלטתך, שאם לא כן, עלולה להתעורר סכנה ליציבות בית דוד:

החכמה תָּעֹז לחכם,
מֵעֲשָׂרָה שַׁלִּיטִים אשר היו בעיר.
כי אדם אין צדיק בארץ,
אשר יעשה [רק] טוב ולא יחטא.
גם לכל הדברים אשר יְדַבֵּרוּ אַל תִּתֵּן לִבֶּךָ,
אשר לא תִשְׁמַע את עַבְדְּךָ מְקַלְלֶךָ (ז' יט–כא).

המלך כינס את כל השרים והודיע כי 'רחבעם בן נעמה, הוא ימלוך אחרי, והוא יֵשֵׁב על כסאי':

טוב אחרית דבר, מֵרֵאשִׁיתוֹ (ז' ח).

התרגשות הגיעה לשיא. השמועה עשתה לה כנפיים. המסתייגים והחוששים - שתקו, כי 'סייג לחכמה, שתיקה'. רוב השרים שיבחו והיללו את חכמת המלך שאין לה שיעור ואת החלטתו הנבונה.

טובה חכמה עם נַחֲלָה,
וְיֹתֵר לְרֹאֵי השמש.
כי בְּצֵל החכמה בְּצֵל הכסף,
ויתרון דַּעַת – החכמה תְּחַיֶּה בְעָלֶיהָ (ז' יא–יב).

המלך התכנס בתוך עצמו וחשב על נעמה: האם היא אכן ראויה להיות אֵם המלך? אחת מאלף?

אשר עוד בִקשה נפשי ולא מצאתי,
אדם אחד מאלף מצאתי,
ואשה בכל אלה לא מצאתי (ז' כח).

רקע עלילתי למערכה חמישית:

מי כְּהֶחכם ומי יודע פֵּשֶׁר דבר? (ח' א).

בבית המלך פרצה תסיסה גדולה, חששות כבדים של הבנים הדחויים ושל אִמותיהם, בפרט של מי שאינם ידועים כמקורבי רחבעם ואמו. תסיסה גדולה עוד יותר בקרב הנשים.

אני [אומר לך] – פִּי מלך שְׁמֹר!...
אַל תִּבָּהֵל מפניו [אַל] תֵּלֵךְ,
אַל תַּעֲמֹד בְּדבר רע [נגד המלך],
כי כל אשר יַחְפֹּץ, יַעֲשֶׂה.

בַּאֲשֶׁר דְּבַר מלך, שִׁלטוֹן,
ומי יֹאמַר לו מה תַּעֲשֶׂה (ח' ב–ד).

החכם, שהזהיר מפני חולשת רחבעם, חשש לגורלו, והבין שלא יעמדו לו זכויותיו ועצותיו שהצילו את המלך שוב ושוב; הוא נזכר בסופו של אחיתפל.

יש הבל אשר נַעֲשָׂה על הארץ,
אשר יש צדיקים, אשר מגיע אֲלֵהֶם כמעשה הרשעים,
ויש רשעים שמגיע אֲלֵהֶם כמעשה הצדיקים,
אמרתי שגם זה הבל (ח' יד).
עיר קטנה ואנשים בָּהּ מעט,
ובא אליה מלך גדול וסָבַב אֹתָהּ, ובָנָה עליה מצודים גדלים.
ומָצָא בה (=ונמצא בה) איש מִסכֵּן חכם,
ומִלַּט הוא את העיר בחכמתו,
ואדם לא זכר את האיש המסכן ההוא.
ואמרתי אני: טובה חכמה מִגבורה,
וחכמת המסכן בְּזויה, ודבריו אינם נשמעים (ט' יד–טז).

רחבעם נערך למאמץ ההשתלטות על בית דוד, ושלח את אנשיו להרגיע.

שומֵר מצוה – לא יֵדַע דבר רע,
ועֵת ומשפט יֵדַע לב חכם (ח' ה).
כי מי אשר (יבחר) [יְחֻבַּר] אל כל החיים,
יש בטחון,
כי לכלב חי הוא טוב מן האריה המת (ט' ד).
לֵךְ אֱכֹל בשמחה לַחמֶךָ, וּשְׁתֵה בלב טוב יֵינֶךָ,
כי כבר רצה האלהים את מעשיך.
בכל עֵת. יהיו בגדיך לבנים,

ושמן על ראשך, אַל יחסר.
רְאֵה חיים עם אשה אשר אהבת...
כֹּל אשר תמצא יָדְךָ לעשות בְּכֹחֲךָ - עֲשֵׂה!... (שם ז–ח).

רקע עלילתי למערכה שישית ואחרונה:

ידיעות על תסיסה מסוכנת בשבטי אפרים ומנשה הריצו את רחבעם ויועציו, הזקנים והצעירים, צפונה, אל שכם, העיר הראשית לשבטי יוסף. שם התנהל משא ומתן קשה עם תומכי ירבעם בן נבט, שברח למצרים מפני המלך שלמה וכעת חזר. הזקנים ביקשו ויעצו לנהוג בחכמה ובמתינות, אך לב רחבעם היה עם הצעירים בני גילו, שהזהירו בתוקף מפני ויתורים ודרשו להפגין כוח:

דִּברֵי חכמים בנחת נשמעים,
מִזַּעֲקַת מושל בַּכסילים.
טובה חכמה מִכְּלֵי קרב,
וחוֹטֶא אחד יְאַבֵּד טובה הרבה (ט' יז–יח).
אם רוח המוֹשֵל תַּעֲלֶה עליך - מְקומךָ אַל תַּנַח (=אל תְּוַתֵּר),
כי מַרפֵּא (=רִפיון) יַנִיחַ חטאים גדולים (י' ד).
אִי לָךְ ארץ שֶׁמַּלכֵּךְ נָעַר,
ושָׂרַיִךְ בַּבֹּקֶר יֹאכֵלוּ (י' טז).

בדיוק אז החלה גסיסת המלך שלמה; רחבעם לא היה בירושלַים במות אביו. חכמים מעטים שחששו מפני הבאות נשארו ליד המלך הנוטה למות.

בַּיום שֶׁיָּזֻעוּ שֹׁמְרֵי הבית (=הידיים),
והִתעַוְּתוּ אנשי הֶחָיִל (=הרגליים),
וּבָטְלוּ הטֹּחֲנות (=השיניים) כי מִעֲטוּ,
וחָשְׁכוּ הרֹאוֹת (=העיניים) בָּאֲרֻבּוֹת.

וסִגְּרוּ דְלָתַיִם בַּשּׁוּק (=השפתיים),
בִּשְׁפַל קוֹל הַטַּחֲנָה (=הדיבור)...
כי הֹלֵךְ האדם אל בית עולמו, וסָבְבוּ בַשּׁוּק הסֹּפְדִים.
עַד אשר לא יֵרָתֵק חֶבֶל הכסף (=יתנתק חוט השדרה),
ותָרֻץ גֻּלַּת הזהב (=ותישבר הגוּלְגֹּלֶת),
ותִשָּׁבֶר כַּד על המַבּוּעַ (=יישבר הגוף),
ונָרֹץ הגלגל אל הבור (=יתרסקו החיים).
ויָשֹׁב העפר על הארץ כשהיה,
והרוח תָּשׁוּב אל האלהים אשר נְתָנָהּ.
הֲבֵל הֲבָלִים אָמַר הַקּוֹהֶלֶת – הכֹּל הבל (י"ב ג–ח).

רחבעם נכשל בעצת הכוח של הצעירים. מלכות דוד ושלמה הגדולה והחזקה התרסקה והתפלגה.

כי את כֹּל מַעֲשֶׂה האלהים יָבִא במשפט
על כֹּל נֶעְלָם, אִם טוב ואִם רע (י"ב יד).

ירושלַים נותרה עם הרבה זיכרונות ומחשבות.

סוף דבר הכֹּל נִשְׁמָע,
את האלהים יְרָא, ואת מצוֹתיו שְׁמוֹר,
כי זה כֹּל האדם (י"ב יג).